汉译人类学名著丛书

祈颂姑

——赞比亚本巴女孩的一次成人仪式

〔英〕奥德丽·理查兹 著

张举文 译

2017年·北京

Audrey I. Richards
CHISUNGU
A Girls'Initiation Ceremony among the Bemba of Northern Rhodesia
© 1982 Audrey I. Richards
All Rights Reserved
Authorised translation from the English language edition published by Routledge,
a member of the Taylor & Francis Group.
根据罗德里奇1982年版译出

奥德丽·伊莎贝尔·理查兹

[转自《仪式的阐释》(*The Interpretation of Ritual*),
简·拉封丹(J. S. La Fontaine)主编,1972]

汉译人类学名著丛书

总　　序

　　学术并非都是绷着脸讲大道理，研究也不限于泡图书馆。有这样一种学术研究，研究者对一个地方、一群人感兴趣，怀着浪漫的想象跑到那里生活，在与人亲密接触的过程中获得他们生活的故事，最后又回到自己原先的日常生活，开始有条有理地叙述那里的所见所闻——很遗憾，人类学的这种研究路径在中国还是很冷清。

　　"屹立于世界民族之林"的现代民族国家都要培育一个号称"社会科学"（广义的社会科学包括人文学科）的专业群体。这个群体在不同的国家和不同的历史时期无论被期望扮演多少不同的角色，都有一个本分，就是把呈现"社会事实"作为职业的基础。社会科学的分工比较细密或者说比较发达的许多国家在过去近一个世纪的时间里发展出一种扎进社区里搜寻社会事实、然后用叙述体加以呈现的精致方法和文体，这就是"民族志"（ethnography）。

　　"民族志"的基本含义是指对异民族的社会、文化现象的记述，希罗多德对埃及人家庭生活的描述，旅行者、探险家的游记，那些最早与"土著"打交道的商人和布道的传教士以及殖民时代"帝国官员"们关于土著人的报告，都被归入"民族志"这个广义的文体。这些大杂烩的内容可以被归入一个文体，主要基于两大因素：一是它们在风格上的异域情调（exotic）或新异感，二是它们表征着一个有着内在一致的精神（或民族精神）的群体（族群）。

具有专业素养的人类学家逐渐积累了记述异民族文化的技巧,把庞杂而散漫的民族志发展为以专门的方法论为依托的学术研究成果的载体,这就是以马林诺夫斯基为代表的"科学的民族志"。人类学把民族志发展到"科学"的水平,把这种文体与经过人类学专门训练的学人所从事的规范的田野作业捆绑在一起,成为其知识论和可靠资料的基础,因为一切都基于"我"在现场目睹(I witness),"我"对事实的叙述都基于对社会或文化的整体考虑。

民族志是社会文化人类学家所磨砺出来的学术利器,后来也被民族学界、社会学界、民俗学界广泛采用,并且与从业规模比较大的其他社会科学学科结合,发展出宗教人类学、政治人类学、法律人类学、经济人类学、历史人类学、教育人类学……

人类学的民族志及其所依托的田野作业作为一种组合成为学术规范,后来为多个学科所沿用,民族志既是社会科学的经验研究的一种文体,也是一种方法,即一种所谓的定性研究或者"质的研究"。这些学科本来就擅长定性研究,它们引入民族志的定性研究,使它们能够以整体的(holistic)观念去看待对象,并把对象在经验材料的层次整体性地呈现在文章里。民族志是在人类学对于前工业社会(或曰非西方社会、原始社会、传统社会、简单社会)的调查研究中精致起来的,但是多学科的运用使民族志早就成为也能够有效地对西方社会、现代社会进行调查研究的方法和文体。

作为现代社会科学的一个主要的奠基人,涂尔干强调对社会事实的把握是学术的基础。社会科学的使命首先是呈现社会事实,然后以此为据建立理解社会的角度,建立进入"社会"范畴的思想方式,并在这个过程之中不断磨砺有效呈现社会事实并对其加以解释的方法。

民族志依据社会整体观所支持的知识论来观察并呈现社会事实,对整个社会科学、对现代国家和现代世界具有独特的知识贡献。中国古训所讲的"实事求是"通常是文人学士以个人经历叙事明理。"事"所从出的范围是很狭窄的。现代国家需要知道尽可能广泛的社会事实,并且是超越个人随意性的事实。民族志是顺应现代社会的这种知识需要而获得发展机会的。

通过专门训练的学者群体呈现社会各方的"事",使之作为公共知识,作为公共舆论的根据,这为各种行动者提供了共同感知、共同想象的社会知识。现代社会的人际互动是在极大地超越个人直观经验的时间和空间范围展开的,由专业群体在深入调查后提供广泛的社会事实就成为现代社会良性化运作的一个条件。现代世界不可能都由民族志提供社会事实,但是民族志提供的"事"具有怎样的数量、质量和代表性,对于一个社会具有怎样的"实事求是"的能力会产生至关重要的影响。

社会需要叙事,需要叙事建立起码的对社会事实的共识。在现代国家的公共领域,有事实就出议题,有议题就能够产生共同思想。看到思想的表达,才见到人之成为人;在共同思想中才见到社会。新闻在呈现事实,但是新闻事实在厚度和纵深上远远不够,现代世界还需要社会科学对事实的呈现,尤其是民族志以厚重的方式对事实的呈现,因为民族志擅长在事实里呈现并理解整个社会与文化。这是那些经济比较发达、公共事务管理比较高明的国家的社会科学界比较注重民族志知识生产的事实所给予我们的启示。

在中国现代学术的建构中,民族志的缺失造成了社会科学的知识生产的许多缺陷。学术群体没有一个基本队伍担当起民族志事业,不能提供所关注的社会的基本事实,那么,在每个人脑子里的"社会事实"太不一样并且相互不可知、不可衔接的状态下,学术群体不易形成共同话题,不易形成相互关联而又保持差别和张力的观点,不易磨炼整体的思想智慧和分析技术。没有民族志,没有民族志的思想方法在整个社会科学中的扩散,关于社会的学术就难以"说事儿",难以把"事儿"说得有意思,难以把琐碎的现象勾连起来成为社会图像,难以在社会过程中理解人与文化。

因为民族志不发达,中国的社会科学在总体上不擅长以参与观察为依据的叙事表述。在一个较长的历史时期,中国社会在运作中所需要的对事实的叙述是由文学和艺术及其混合体的广场文艺来代劳的。收租院的故事,《创业史》《艳阳天》、诉苦会、批斗会,都是提供社会叙事的形式。在这些历史时期,如果知识界能够同时也提供社会科学的民族志叙事,中国社会对自己面临的问题的判断和选择会很不一样。专家作为第三方叙事对于作为大共同体的现代国家在内部维持明智的交往行为是不可缺少的。

民族志在呈现社会事实之外，还是一种发现或建构民族文化的文体。民族志学者以长期生活在一个社区的方式开展调查研究，他在社会中、在现实中、在百姓中、在常人生活中观察文化如何被表现出来。他通过对社会的把握而呈现一种文化，或者说他借助对于一种文化的认识而呈现一个社会。如果民族志写作持续地进行，一个民族、一个社会在文化上的丰富性就有较大的机会被呈现出来，一度被僵化、刻板化、污名化的文化就有较大的机会尽早获得准确、全面、公正的表述，生在其中的人民就有较大的机会由此发现自己的多样性，并容易使自己在生活中主动拥有较多的选择，从而使整个社会拥有各种更多的机会。

中国社会科学界无法回避民族志发育不良的问题。在中国有现代学科之前，西方已经占了现代学术的先机。中国社会科学界不重视民族志，西洋和东洋的学术界却出版了大量关于中国的民族志，描绘了他们眼中的中国社会的图像。这些图像是具有专业素养的学人所绘制的，我们不得不承认它们基于社会事实。然而，我们一方面难以认同它们是关于我们社会的完整图像，另一方面我们又没有生产出足够弥补或者替换它们的社会图像。要超越这个局面中我们杂糅着不服与无奈的心理，就必须发展起自己够水准的民族志，书写出自己所见证的社会图像供大家选择或偏爱、参考或参照。

这个译丛偏重选择作为人类学基石的经典民族志以及与民族志问题密切相连的一些人类学著作，是要以此为借鉴在中国社会科学界推动民族志研究，尽快让我们拥有足够多在学术上够水准、在观念上能表达中国学者的见识和主张的民族志。

我们对原著的选择主要基于民族志著作在写法上的原创性和学科史上的代表性，再就是考虑民族志文本的精致程度。概括地说，这个"汉译人类学名著丛书"的入选者或是民族志水准的标志性文本，或是反思民族志并促进民族志发展的人类学代表作。民族志最初的范本是由马林诺夫斯基、米德等人在实地调查大洋上的岛民之后创建的。我们选了米德的代表作。马林诺夫斯基的《西太平洋的航海者》是最重要的开创之作,好在它已经有了中文本。

我们今天向中国社会科学界推荐的民族志,当然不限于大洋上的岛民,不限于非洲部落,也不应该限于人类学。我们纳入了社会学家写美国工厂的民族志。我们原来也列入了保罗·威利斯(Paul Willis)描写英国工人家庭的孩子在中学毕业后成为工人之现象的民族志著作《学会劳动》,后来因为没有获得版权而留下遗憾。我们利用这个覆盖面要传达的是,中国社会科学的实地调查研究要走向全球社会,既要进入调查成本相对比较低的发展中国家,也要深入西洋东洋的主要发达国家,再高的成本,对于我们终究能够得到的收益来说都是值得的。

这个译丛着眼于选择有益于磨砺我们找"事"、说"事"的本事的大作,因为我们认为这种本事的不足是中国社会科学健康发展的软肋。关于民族志,关于人类学,可译可读的书很多;好在有很多中文出版社,好在同行中还有多位热心人。组织此类图书的翻译,既不是从我们开始,也不会止于我们的努力。大家互相拾遗补缺吧。

高 丙 中

2006年2月4日立春

成人仪式研究的一部
典范民族志著作(代译序)

张举文

在一个学术领域被称为经典的著作至少应具有两个特色:创新;启后。创新意味着在理论和(或)方法上凝聚前人智慧而从中有突破,并成为经得起时间考验的典范;启后是具有跨时代的意义,在多方面继续启发后人。从这个意义上说,《祈颂姑:赞比亚本巴女孩的一次成人仪式》(以下简称《祈颂姑》)无疑是人类学、民族学、民俗学等相关学科研究仪式,特别是女孩成人仪式,以及产生文本和撰写民族(俗)志等方面的一部经典,有着突出的学术价值。

《祈颂姑》作为一部经典,从其最初在田野的观察、访谈和文本采集,到二十多年后的出版问世,再经过半个多世纪的检验而被公认为经典,其历程就好像是一次仪式性过渡,尤如从胎儿长大成人。其"成人"的意义不仅是书中所承载的文本和学术思考,还在于在这个过程中所隐含的一些更为深刻的问题:学科与学派的"跑马占荒"与"画地为牢"问题;学术与学科的"谁说了算"的意识形态与范式霸权问题;性别与派别在对异文化与本文化的研究中"谁说得对"的问题;局内人与局外人或主位与客位的"该谁说"的问题;以及如何在动态的文化中截取和理解静态瞬间的"怎么说"的问题;等等。不仅如此,作者奥德丽·理查兹本人的经历,及其时代背景也是研读《祈颂姑》必不可少的作业,特别是她的女性角色与殖民时代中由她所代表的人类学的发展阶段等问题。所以,在这本书中所展示的内容与作者个人的、学科的和时代的精彩与缺憾,都同样能启迪今天的学者去鉴古识今,反思各自的田野工作和文本分析,以求能立足于小,而放眼于大。

概括而言,《祈颂姑》一书的重要贡献至少有三大方面:在理论上,它为仪式研究,特别是女孩成人仪式的研究,提供了独特的案例和跨学科的研究角度;在方法论上,它为基于田野记录的民族志写作,提供了前所未有的典范;在做人与做学者上,《祈颂姑》及其成书的历程体现出一位社会工作者对殖民主义的反思,也展示了一位社会人类学家为学科,甚至更广意义上的学术研究所做的开拓性贡献。以下将就这几方面做一些背景性简述,希望有助于读者在不同层次和角度汲取本书的精华。当然,有必要先从作者的经历与时代说起(有关理查兹生平与学术思想的更多著述参见本文参考书目)。

一、作为女学者与社会改革者的奥德丽·理查兹

生平简历

　　奥德丽·伊莎贝尔·理查兹(Audrey Isabel Richards 1899—1984)的一生至少有两个相关的方面值得今天的学者思考:作为一位(女性)人类学家;作为一位社会改革者。然而,她在这两方面的重要贡献,至今仍没有得到应得的正确认识,这一事实无疑展示了跨时代的社会和学术偏见。

　　理查兹1899年7月8日出生于伦敦。父亲是位出色的律师,获得过爵位,并曾在当时的殖民地印度加尔各答工作,之后成为法学教授。母亲来自"知识贵族"家庭,积极从事社会福利工作。这些背景深深影响了理查兹成年后对公众服务事业的热爱。理查兹在家中四个女孩中排行第二。她的童年时代是在印度度过的。回到英国后进入一所有名的寄宿学校(Downe House School)。大学就读于著名的女子学校,剑桥大学纽纳姆学院(Newnham College),主修是生物科学。1922年大学毕业后,她到德国做了两年社会救济工作,之后回到英国在纽纳姆学院开始读营养学硕士学位。期间开始关注文化需要与生物需要的问题,以及马林诺夫斯基的人类学思想。1928年,她进入伦敦经济学院成为马林诺夫斯基的学生。1930年,在马林诺夫斯基的指导下,获得社会人类学博士学位。论文题目是《一个野蛮部落的饥饿与工作》(Hunger and Work in a Savage Tribe)(于1932年出版)。这项对于本巴社会的研究不仅奠定了后来她的《祈颂姑》研究的基础,还确

定了她成为营养人类学的开拓者的兴趣。当时,马林诺夫斯基以他的课堂魅力和崭新的功能主义的社会人类学思想吸引了一批有为的学生,包括后来在学界颇有影响的福蒂斯(M. Fortes)、埃文思-普里查德(E. E. Evans-Pritchard)等,为英国以及世界人类学奠定了重要的根基。理查兹正是这一小批人类学家中的一位,也是当时少有的女博士之一。

1931年至1932年,理查兹只身来到英属殖民地北罗得西亚,亦即后来独立的国家赞比亚,开始了对本巴部落的调查,这也是继续和扩大她的博士论文的田野调查。这一年里,她集中调查了"祈颂姑"仪式,但是,当时完成的记录手稿直到1956年才得以出版为《祈颂姑》一书。1933—1934年,以及1957年,理查兹又先后多次回到非洲,在本巴和附近地区为殖民政府工作。

在她1955年从英国退休之前的二十多年里,理查兹奔波于殖民政府的工作与教学工作之间。1931—1937年间曾担任过伦敦经济学院的讲师。1935年,理查兹担任国际非洲语言与文化国际中心下属的饮食委员会(The Diet Committee of the International Institute of African Languages and Cultures)主任。期间还曾多次往返于英国和南非与乌干达等地。1938—1940年在南非的特兰斯瓦(Transvaal)地区工作,参与建立殖民地社会科学研究会(Colonial Social Science Research Council),并曾在1938年任南非金山大学(Witswatersran)的高级讲师。1941年她回到英国,在政府的殖民地办公室工作。1944年她再次回到伦敦经济学院教课。因为理查兹在各方面的出色工作,1945年她获得里弗斯纪念奖章(Rivers Memorial Medal)。她1946—1951年担任伦敦经济学院专职讲师,1948年,参与建立并任职乌干达的麦克勒里学院(Makerere College)东非社会研究所(Institute of Social Research in East African),1950—1955年担任该所所长,来往于英国与乌干达之间。1955年,她获得最优秀不列颠帝国勋章五个等级中的第三等司令勋章(CBE)。1956年,退休后的理查兹开始在她的母校纽纳姆学院教课,并建立了人类学研究所,组织成立了剑桥大学非洲研究中心(African Studies Center in Cambridge)。

1959—1961年,理查兹因为她卓越的人类学研究,而不是因为她作为一位女性而被选为英国皇家人类学学会有史以来第一位女会长。从1960

年代开始,理查兹开始关注自己居住的社区,运用人类学方法展开对"本文化"的研究,这也可以说是人类学从研究"异文化"转向对自身研究的先例之一。从1962年起,她与利奇等人类学家开始创立对"邻里"社区生活的人类学研究和学生培养工作。其成果体现在一系列有关出版物,如1981年出版的《处于核心的血缘关系:1960年代艾塞克斯西北的埃尔姆顿村的人类学》。1964—1965年,她担任英国的非洲研究学会(African Studies Association)第二任会长。1967年,作为英国社会人类学家被选为英国国家学术院院士(FBA)。1974年,被选为美国人文与科学院(AAAS)外国荣誉院士。1984年6月29日,理查兹在英国去世。

作为一位学者

理查兹师从于现代人类学的开拓者之一马林诺夫斯基,为社会(文化)人类学的创建与发展,以及人类学理论与方法等方面都做出了贡献。她的贡献在于成就本身,而不在于她作为女性;但正是因为她作为女性,在对女性有着很大歧视的社会和学术界,她的学术贡献过去没有受到应有的认识,而现在才得到越来越多的严肃的学者的敬意。这也是值得我们反思的。

理查兹作为人类学家的成就与贡献是多方面的,且经住了时间的考验(La Fountain 1992:89),突出表现在:人类学的理论与田野方法方面;营养与农业经济,以及作为营养人类学的开拓者方面(有关话题不在本文讨论范围);应用人类学与社会改革方面;仪式与母系血缘关系方面;性别角色的研究等方面。理查兹是第一位在非洲做田野记录的女性人类学家,也是第一位完整地记录了一次女孩成人礼的学者。理查兹对培养学生的关注、对学者与学生的同等尊重,以及她的贡献本身为她赢得了同行的极大敬意,这表现为:一部在她生前出版的纪念文集(《仪式的阐释》,1972年);牛津的"跨文化女性研究中心"在理查兹去世前设立的包括她在内的三位女性人类学家讲座(其他两位是Phyllis Kaberry和Barbara Ward);一部在她过世后出版的纪念文集(《多元文化中的女性个体与力量》,1992);以及现今牛津大学的年度"奥德丽·理查兹讲座"和英国的非洲研究会(ASAUK)始于1994年的两年一度的最佳非洲研究博士论文"理查兹奖"。当然,还有最新的《社会和文化人类学理论》对理查兹的高度评价(Mills 2013:699-702)。

作为一位女性学者,理查兹是位开拓性的女人类学家(Mills 2013:702)。尽管理查兹从博士毕业到退休一直积极从事教学,但她始终未能在高校得到终身教职。她的成就丝毫不亚于她的男性同学与同事。这似乎明显反映了那个时代在学术界对女性的明显歧视,这不仅存在于英国,也同样存在于美国等地。美国取得类似成就的女性人类学家,如本尼迪克特(R. Benedict)和米德(M. Mead),都没能得到终身教职。正如格拉德斯通(Gladstone)所指出的,即使是利奇等作为马林诺夫斯基的同事与好友,以及理查兹的同学,在回忆英国社会人类学的发展史时,也常常忽略掉理查兹等女性的成果与作用(1986:354),而马林诺夫斯基本人也常对他的女学生们挑剔和欺负(1992:28)。即使到1980年代,英国的人类学界仍有着明显的对女性的歧视(Caplan 1992:81)。这似乎已经解开了格拉德斯通始终感到困惑的"她为什么不是正教授"的谜(Gladstone 1992:26)。但是,这些对"女性"歧视的根本态度在人类学界是不分国界始终存在的,即使是在"后现代"反思的热潮中(Caplan 1992:68-73)。这一切导致了理查兹的多方面的贡献从未被整个学科所认知(Mills 2013:701)。

从英国人类学的发展史来看,"社会人类学"无疑要归功于马林诺夫斯基。但有意义的是,当时的女性为这个学科的发展起了重要作用。正如利奇回忆说,"大约从1924年起,在牛津和剑桥的研究生们几乎都因某种原因受到'社会人类学'的吸引,来到马林诺夫斯基的足下,其中最出色的有三位,维奇伍德(Wadgwood)、理查兹和贝特森(Bateson)"(1984:8)。的确,1920年代到1930年代的英国社会人类学是个很小的跨学科领域。直到1939年,整个不列颠联盟也不足20位职业社会人类学家(Kuper 1973:90)这其中多数是女性(Lutkehaus 1986:776)。时至今日,我们看到这些学者,不论男性还是女性,都为学科的发展做出了贡献。男性包括,弗思、利奇、贝特森等。但能被今天的基础人类学教材所记述的那个时代的女性人类学家似乎只有理查兹。

除了性别之外,学术派别的歧视同样深深影响着学科和学术的发展。例如,理查兹因为是马林诺夫斯基的学生,且有了突出成就,于是被冠以马氏忠实信徒的名声,由此,她的诸多方面的贡献就被忽视了。同样,即使是马林诺夫斯基本人,当人类学的结构学派在1930年代开始占上风时,他的一些先前的功能派的学生也纷纷倒向结构派,最后迫使马氏离开英国。

然而,作为学者的理查兹能够逾越学派和学科间的鸿沟、个人间的偏见,在自己的著作中客观地引用各家各派的论述。这在《祈颂姑》中有明显的印记。如此客观、全面与谦虚的学术气度即使在今天也不多见。例如,学术史证明,涂尔干对批评自己的范热内普是排斥和打击的;列维-斯特劳斯也从没引用范热内普而默认自己为结构主义的创始人;特纳在理查兹之后到同一地区进行类似的田野并发表极其相似的象征分析观点,但直到1964年才提到理查兹。

总结理查兹的学术生涯,弗思(Firth)写道,"理查兹不仅是马林诺夫斯基最优秀的学生之一,也是奠定英国社会人类学的一分子。她为民族志研究的理论创立了高端的研究榜样。她为同事和学生提供想法和基本功,成为一种驱动力量,是他们的良师益友。"(1985:341)格拉德斯通认为"在过去的五十年里,理查兹丰富了人类学,其贡献具有灯塔意义"(1986:338;1992:13)。

理查兹的著作(见本文后所附书目)清楚地展示了她所关注的问题的深度与广度。经过时间的考验,理查兹的《祈颂姑》被认为是具有经典价值的,是研究女孩成人礼中"最完整和最杰出的著作"(Brown 1963:837),是她的成就上的"皇冠"(La Fontaine 1985:203),体现了理查兹遵循马林诺夫斯基的"系统性资料搜集与仔细的实践研究"的原则(Mills 2013:700)。

对于中国的人类学者,理查兹似乎不为人所知。虽然近年有一部理查兹的译著出版,《东非酋长》(商务印书馆,1992),但那是理查兹所编辑的若干部概述性资料文集之一。体现理查兹对学术理论的深入探讨或方法应用的,无疑要属《祈颂姑》。

作为一位社会改革者

理查兹的贡献不仅是学术的;她更是一位积极的社会改革家(Mills 2013:699)。她经历了殖民主义的高峰和殖民时代的终结,理查兹曾经服务于英国的殖民机构,但也为殖民地的独立做出过贡献。她对营养人类学、农业经济、社会福利等问题的关注与贡献，至今仍然受到相关学科的尊重；她对非洲社会和英国社会中的性别、教育和社区关系的研究都具有开拓意义。

理查兹为殖民政府工作的经历印证了时代对学术的影响。但是，理查兹不是也不同于殖民地官员，她是文职人员且主要服务于科研机构。她对殖民制度给被殖民的社会的文化带来的影响有深刻的反思。例如，她在《祈颂姑》中提到"祈颂姑被传教士禁止了三十到五十年"（本书边码第139页），表示了对殖民文化给非洲当地文化传统带来的影响的反感。正如拉封丹指出，理查兹希望用自己的知识帮助当地的政府和官员去解决当地的问题。拉封丹写到，毫无疑义，是理查兹最早指出，从英国政府的角度去试图将本巴现代化的努力是有害的；"理查兹不仅是出色的社会人类学家，也是最广义的非洲学家。除了关注非洲的社会与文化，她更关注的是非洲人民"（La Fontaine 1985:201）。

然而，理查兹多年在英国的殖民办公室下的研究机构工作，尽管也在殖民地独立初期坚持研究的独立性，但似乎也曾为一些殖民政策辩护过（Mills 2013:701），所以，有个别观点认为她是殖民主义的捍卫者。事实上，人类学，特别是在英国的人类学，之所以能有极大的发展正是因为有了非洲殖民地这样的"试验田"，以及"二战"后政府给殖民体系的大量资助，包括对"科研"的大量拨款（Mills 2013:163）。理查兹是处于殖民制度和殖民地之中，利用了殖民制度和机构，通过记录和研究被殖民文化，为人类学的发展做出了贡献。无疑，她是殖民体制下受益的人类学家之一。但是，理查兹与诸多人类学家不同的是，她也关注了殖民制度对被殖民地文化的影响，特别是负面影响。例如，理查兹特别关注因为对殖民地资源的开发而造成的大量男劳工去开采铜矿，从而对当地传统带来了极大破坏，如本巴村中的男劳力在传统的仪式中消失。她也指出了欧洲人以殖民者身份出现在田野时如何影响了当地人对自己的传统的阐释（参见本书边码第55、60、115、137、210等页）。这是最早的"反思"之一。更难得的是，理查兹试图以自己的研究和记录帮助当地人解决当地的问题，保留自己的文化传统，如她所从事的有关营养、儿童和女性教育的福利工作，这些都是当时的人类学家对殖民地很少关心的问题。她支持东非国家在独立时要保持不同部落的文化传统，而不是完全从政治上的统一来考虑（见理查兹所著《东非的多文化国家》，1969），因而，她一方面被视为要维持殖民地现状，因为统一独立意味着不同部落会处于难以协调的关系状态，另一方被认为是为了当地人的利益，客观地指出了乌干达等国家在独立过程中的利弊，为这些地区的文化传统的保护做出了积极贡献（Fallers 1964，Edel 1996：260）。

理查兹对一些重大而"敏感"的社会问题有着鲜明的态度。例如，在对种族与肤色的问题上，早在1949年理查兹就曾明确地赞同《肤色偏见》(*Colour Prejudice*)一书作者（Alan Burns）的观点，认为"种族"（race）的认知不是"自然的"（natural），只不过是遮挡白人对经济地位恐惧的"面罩"。这对今天（美国）学术界仍在争议的"种族"是否存在的现象来说（关于"种族"与"族群"认同的讨论，参见 Zhang 2015），其深刻与明智无疑是令人振聋发聩的。

对学科的和学术的理解和研究离不开时代的社会背景。可敬的是，《祈颂姑》真实反映了作者当时对各种社会和文化问题的思考，包括坦诚地说明自己的缺失。理查兹树立了以学术服务于社会改革的榜样。

二、仪式研究的经典

理查兹对人类学理论方面的贡献，以《祈颂姑》为代表。理查兹将民族志记录以《祈颂姑》的方式展示出来本身就是她的重要理论贡献之一。但可以说被两个影子遮挡住了：理查兹是一位殖民地时期的民族志记录者（ethnographer）【见耶鲁大学网站页】；理查兹是马林诺夫斯基的功能派的追随者。前者似乎暗示着她没有什么理论贡献，后者又似乎表明她没有什么独立的主见。其实，除了上面归纳的几大方面的贡献之外，理查兹在理论上对仪式象征的分析，以及在将理论与方法的结合上都有突破性创新（有关田野与民族志方法论上的贡献见下节论述）。

理查兹作为马林诺夫斯基的学生，也许是最能客观、公正地引用其他学科学派观点的人类学家，同时，她对功能派也有着客观的赞扬与批评。可以说理查兹树立了一个不画地为牢的榜样。例如，在《祈颂姑》的理论阐述的

第三部分,理查兹开篇突出地强调,"任何努力要阐释一个复杂仪式的人类学者必须运用多种不同的方法"(本书边码第 112 页)。这充分说明了她的眼界的宽阔。理查兹对涂尔干、拉德克利夫-布朗、列维-斯特劳斯、范热内普、弗洛伊德等人的理论不但有借鉴,而且也显示出深刻的理解。例如,理查兹除了引用马林诺夫斯基有关巫术的阐释外,也多次引用涂尔干和拉德克利夫-布朗等人的著作,并不是对非功能派观点持排斥态度(见本书边码第 118 页)(La Fontaine 1985:204)。理查兹也正确地指出许多引用范热内普的人没能全面和正确地理解他的原意(见本书边码第 117、119、123、162 页)。的确,正如拉封丹在《祈颂姑》第二版序言中所说,理查兹没有像多数人那样"借用的是范热内普思想中没得到充实的部分,抛弃了原著对仪式细节的独创性关注"。理查兹恰当地吸收了社会学和心理分析的成果,并认为没有必要去严格区分这些学科的界线(见本书边码第 169 页)。

正如拉封丹引用的福蒂斯的观点,"能被未来的人类学家继续阅读的会是那些有充实的民族志细节的著作,而不是那些力图支撑某些注定会被超越的理论",拉封丹以此来说明《祈颂姑》的重要价值已经得到证明,更不用说理查兹在非洲研究史上不可动摇的地位(La Fontaine 1985:205)。尤其重要的是,理查兹在那个时代就已经提前"触及了后现代主义的反思人类学的一些趋势"(Mintz 2000:174)。

关于仪式象征分析

理查兹对仪式象征的分析方法是独创的,是吸收了不同学科观点提出的一套方法论。例如,她指出的象征机制中的形式固化与象征意义的多重性的关系,仪式的灵验性与象征联想的中心意义与边缘意义的关系等问题(见本书边码第 164 页),都是至今仍具有核心意义的理论框架。然而,理查兹在仪式象征分析上的贡献,似乎完全被特纳的著作遮蔽了。对此,拉封丹在理查兹去世后曾这样分析评述道:《祈颂姑》出版时,其对象征的阐释在当时是全新的。该书对仪式象征要素的分析方法是结构主义阐释在极大程度上忽视的。正如在《祈颂姑》第三部分所展示的。她主张,"仪式维系文化价值观,但它是主动行为,而不仅仅是感情的表达"。特纳在《祈颂姑》出版后不久,也开始发表他对赞比亚另外一个离本巴不远的恩登布部落的分析,其阐释方法极其相似。但是,特纳直到 1964 年才提到《祈颂姑》,并认为那是"超级研究"(superb study)。特纳被认为是对象征阐释的一个新的学派的创始人,但他的方法与《祈颂姑》的如此相似,以至于读者面对一个谜面:或是特纳从未读过与他的研究有如此直接关系的《祈颂姑》,或是他读过,但没有承认所受到的影响。

对这个谜,拉封丹以个人的经历公开判断其答案一定是后者(1972:185,n.11;1985:204)。不过,"这并无法解释为什么《祈颂姑》的理论贡献相对而言始终被忽视"。拉封丹接着分析,部分原因无疑是因为在《祈颂姑》出版之前,理查兹一直忙碌于"东非研究所"的事务,没能参与英国的学术讨论,尽管她的思想那时是流行的。她也没有参与任何公众辩论,没有力图培养自己的"信徒"。也许她的确把自己作为一位民族志记录者,更关心的是忠实记录事实本身。因此,在《祈颂姑》中,理查兹没有那种"立论"的论述,但事实上,她提出了许多观点和假设,但都谦虚地视为猜测,希望后人用事实去进一步论证。(1985:203—205)

细读《祈颂姑》,读者无疑会注意到理查兹在第三部分和附录中的象征分析相对深刻,尽管有些现在已经被学界认为是基本理论。例如,理查兹针对象征物在不同情境下的应用明确指出,同一象征有多重意义,特别是这些意义往往具有对应性,即,一方面是要求人们如何做,另一方面是告诫人们不要那样做。这样认识象征的多样性显然是基于实际背景或语境的分析理解(如马林诺夫斯基的有关"社会背景与文化背景的观点"),而不是僵硬、固化地理解某一象征(如某些结构派的和心理分析派的看法)。同时,理查兹在该书的第一部分把社会和经济大背景作为细节民族志记录和分析的前提,这在当时也是少有的创新。

理查兹在象征分析上广泛引用新观点,特别是心理分析的新发现,这再次说明她不是墨守成规的马林诺夫斯基的"功能派"信徒。因为马林诺夫斯基对心理分析有着相当的偏见,尽管他后来也为了批评这个方法而对心理分析有过关注(见《原始社会的性与压抑》(*Sex and Repression in Savage Society*)1927)。

理查兹对仪式象征的分析，不仅对"祈颂姑"这样的成人仪式，具体地说是女孩成人仪式，也对整个仪式研究都有极大意义。理查兹在《祈颂姑》中提出了许多当时非常有独到见解的仪式分析观点，并特别强调了仪式的研究不是哪个学科独有的领域，也不是从某一个学科角度就可以得出完整的分析的。

有意义的是，理查兹是从多方面去对象征进行分析，而不是像心理分析等学派那样单一。正是这一点使理查兹在极大程度上有别于许多同时代的人类学家，并受到了后人的极大尊重（参见对《祈颂姑》的多个书评和怀念理查兹的多个悼文）。

另外，理查兹在对象征分析时，充分关注了更大的社会和文化背景。例如，理查兹对社会经济生活，包括营养与生活方式等的关注，无疑也是走在了人类学对此问题的最前面（如拉封丹在1956年版前言中提到的布洛克（Bloch）所代表的观点），她至今仍被视为营养人类学创始人；理查兹是最早关注非洲巫术实践的人类学家之一（于1935年开始发表有关文章），因而受到后人的纪念特刊的尊敬（Abrahams 1985:32）。而这一切都是在她对本巴"祈颂姑"仪式进行深入调查时，作为"背景"而关注的不同方面。这体现了她始终坚信的要处理好"对大文化的整体了解与对小文化的深入理解的关系"的态度（1982年访谈）。这些都超出了当时的人类学家们通常的关注范围。所以，今天我们应该把《祈颂姑》置于历史的视角之下，反思人类学范式形成与转换，从多个角度来认识《祈颂姑》的学术价值。

理论与方法的结合

理查兹的《祈颂姑》一书，充分展现出马林诺夫斯基人类学思想中的精华：强调详尽的"参与观察"的重要性，突出对日常生活的细节记录，追求人类学家或民族志者的目标——"掌握当地人的观点，把握他与生活的关系，去认识他的视野中的他的世界"（Malinowski 1961:22—25）；不但记录部落的机制与文化事项作为骨架，记录日常生活和行为作为所谓的血肉，"还要记录其精神——当地人的观点、看法和说法"。与此同时，马林诺夫斯基强调区分"描述"与"分析"，以及行动者与分析者的观点的不同。这些依然是人类学的精髓,并在理查兹的学术实践中得到了很好的反映。

理查兹在《祈颂姑》中,将"描述"、"解释"、"阐释"、"表演者的说法"、"当地人的说法"以及"观察者的看法"等明确地区分开来,这是在将"骨架"与"血肉"记录下来,但同时她又充分利用各种观点去分析当地人的信仰体系,努力去记录当地人的"精神"世界。这些都无疑体现了人类学的根本思想,同时也展现出将理论与方法相结合的一个榜样。事实上,理查兹在理论与实践的结合方面是一个前所未有的开拓者(Mills 2013:702),这不仅体现在她早前的《祈颂姑》上,也反映在她晚年在自己社区里对当地人的研究和利用当地资源培养学生所做的一系列工作和出版物(参见书后所附理查兹出版文献目录中 1975—1981 年的著述)上。

三、反思性民族志的典范

如上所述,《祈颂姑》通常只被认为是对一次女孩的成人仪式的较为完整的民族志记录,而没有被视为"第一个"对"女孩成人仪式"的"最完整"的"记录"与"分析"。在 1982 年《祈颂姑》再版时,拉封丹开篇对理查兹此书的评论是:"本书是从女性角度针对女孩成人仪式的研究。1956 年出版此书时,几乎还没有对单一仪式的描述,更少有对女性的仪式的记录。25 年来,人类学对仪式的思考有了重大发展,但是,《祈颂姑》仍没有被超越。"并在 1992 再次提到理查兹的成就还没有人超越(La Fontaine 1992:89)。应该说,这样的评价今天看来,客观、公允,依然有效。的确,理查兹不仅仍被视为一位理论家(见《社会文化人类学理论:百科全书》,Mills,2013),而且她也在实践上从"反思"、"深描"和"分类"等多方面证明了自己是现代民族志的先行者之一。

在 1960—1970 年代,仪式研究进入一个新时代。涂尔干的圣俗论已不再是仪式研究的主导。功能派与结构派之争也失去了意义。多角度的文化研究开始影响着仪式的研究。范热内普的《过渡礼仪》因为其英译本在 1960 年的出版而开始影响学界。特纳(V. Turner)的《象征之林》及其相关著作也力图构建新的象征学派(symbology)。格尔茨(C. Geertz)的《文化的阐释》也为人类学开创了符号学(semiotics)对意义阐释的新角度。"深描"似乎成为民族志的一个新标志。但是,理查兹早在《祈颂姑》中所展示的就不仅有"深描"的解析,更有"描述"的"完整",以及对《过渡礼仪》的借鉴。

在这样的"后现代"潮流中,民族志、田野方法与认识论从1970年代开始进入"反思"时代。其代表人物之一是马库斯(G. Marcus)及其《写文化》。《写文化》的突出贡献之一是提倡打破学科界线,从多学科角度研究文化;之二是"批判民族志"(critical ethnography)。由此便开启了"反思"的新思潮。但这些理念在《祈颂姑》中都已经明确地有所展示。虽然贝特森的《纳文》也体现出一种"创造性"的"反思"维度(高丙中 2012:96),也出版得比《祈颂姑》早20年,并得到当时人类学主流的推崇(如当时米德等),但《祈颂姑》的田野调查和笔记比《纳文》早。同时,对"反思"的反思也表明了在过去的几十年里人类学如何将女性排斥在"反思"之外。例如,理查兹曾在多处提到"我"的存在对仪式的影响,以及当地人对"我"的特别说法,等等。在这个反思浪潮中,已经在相呼应的"象征"阐释派的兴起中对理查兹的重大忽视,不仅反映了一些学者的个人态度,也说明了学界对"女性"的极大忽视,对后殖民时代的社会政治背景的有意忽略,而对纯"意义"的追求(Caplan 1992:69—73)。

同样是在1970年代,海姆斯(D. Hymes)提倡的"说话民族志"(ethnography of speaking),民俗学对"承启关系"(context)(如本-阿莫斯(Ben-Amos)对马林诺夫斯基的解读)的重视,以及"表演论"(performance-centered approach)等对田野记录的新关注,无疑都是在对先前"传教士"式的记录所做反思的结果。

相信读者也不难在《祈颂姑》中发现其所展现出的是一些"似曾相识"的感觉。虽然这些基本的观点与方法现在已经成为多个学科的基础,但在理查兹的时代,她已经先见之明地作出了很多表述。从后来的"批评民族志"或"反思"角度来看,理查兹对自己的失误和遗憾都坦诚地予以说明,包括对于她所参与观察的因为她而举行的仪式的独特背景的交待,以及对于她自己因为疲劳等原因而没有坚持观察到仪式的最后结束等情况的说明等,这些都是在那个时代少见的。即使在对民族志的"深描"的讨论中,我们也可以看出理查兹是这方面的先驱。但是,理查兹的这些贡献至少在人类学界都被忽略掉了(Caplan 1992；La Fontain 1992)。

除此之外,《祈颂姑》仍然还有很多独特的优点,值得我们今天借鉴。例如,她在第三部分的分析中,对本巴的仪式类型与关系的分类,对分析方法与目的的分类；在附录中对所记录材料的背景与文本和图解的完整展示。因此,《祈颂姑》的民族志撰写方式本身就体现了经典的创新。根据本巴文化的特有历史与现状,理查兹将本巴的各种仪式分类为：以酋长为中心的仪式、以经济目的为中心的仪式、以成人为目的的仪式,并合理推论出它们之间的关系。在分析文本之前,理查兹首先从阐释的方法上将其目的分为所表达出的主要与次要目的；进而将目的分为主要目的与次要动机；再比较推论出的态度；将这些置于该文化的信仰与价值体系下去看仪式如何协调无意识的紧张与冲突；最后从仪式的实际效果来理解文化传统之传承与演变。最终,理查兹推论认为"祈颂姑"的重点是"一种维系部落传统的礼仪"(本书边码第 147 页)。

从这个方面来说,《祈颂姑》之后的另一部经典性的有关女孩成人礼的民族志是与《祈颂姑》在写作形式上很相似的《恳娜姐》(*Kinaaldá*)。《恳娜姐》出版于 1967 年,是对北美纳瓦霍人(Navajo)的女孩成人礼的详细记录与文化分析。作者夏洛特·弗里斯比(Charlotte Johnson Frisbie)也是女性人类学家,第一次完整记录了纳瓦霍的女孩成人礼。虽然作者没有明确说明如何受到《祈颂姑》的影响,但是,《祈颂姑》的记录和评论方式无疑通过《恳娜姐》而延续发展了。弗里斯比在此后的三十年里一直跟踪记录"恳娜姐"礼在纳瓦霍人中的传承,并在 1993 年该书再版时指出,该书首版后出现了很多有关的研究,也使得纳瓦霍人更关注保护和发展这个仪式,尽管"恳娜姐"女孩成人礼受到其他宗教等很多外界的影响,其改变的只是进程上的,而不是功能上的(Frisbie 1993：xviii)。

理查兹对细节的分类无疑是受到马林诺夫斯基的影响。正是通过对田野记录的细致分类,才使得之后的阐释分析更加可靠和有依据。在《祈颂姑》中,读者可以看出作者对于象征体系、仪式系列、象征物分类、歌谣分类、食物与动植物分类、村落成员分类、言行分类等均非常清晰,甚至包括对当地的关键词语的分类与分析。

不仅如此,理查兹对性-火-血的象征分析,一方面运用了新的学科的知识,另一方面不脱离当地文化实践。正是她的这种"多方面"或"多角度"的分析方法使她成为那个时代的一个创新者,尽管以类似方法分析这些象征的特纳比理查兹更为学界所知。另外,理查兹对夫妻关系的分析也是基于特定的文化和历史背景,从经济关系和血缘关系两方面来认识其现实,提出了崭新的合理阐释。有关这方面,读者也需要了解到理查兹通过在本巴等地的田野工作,另外出版过不少有关本巴文化的研究成果,如有关饥饿问题(1932)、巫术问题(1935)、饮食问题(1936)、宗族互惠问题(1937)、劳工与饮食问题(1939)、政治制度问题(1940),以及婚姻(1940)等问题。可见理查兹对一个文化现象,如仪式,不是只关注其现象本身,而是充分研究大的文化和社会背景。这些都是要比涂尔干和拉德克利夫-布朗等"循环论证"和"单一论"更有意义的理论框架,也不像当时多数人那样以"单一"的方法探讨"过渡礼仪",因此,《祈颂姑》在刚一出版就被认为"会成为成人仪式研究的经典"(Powdermaker 1958:392—3),并在有关女性成人仪式的记录与研究中被视为"无疑是最完整和杰出的"(Brown 1963:837)。

在田野调查记录的方法上,理查兹是在没有任何助手或同事的帮助,没有任何现代录音、录像设备等条件之下,借助笔记和图示方式,以及部分照片,展示了一个仪式的完整进程,包括仪式所用的象征物、当事人的感情态度以及当时的社会背景,等等。如果说她在记录上尚有遗憾的话,也许是对于"异文化"的读者来说,无法了解那些歌谣的旋律如何(也许对了解该文化的人不是问题)。

关于田野工作中对"全局"与"细节"的关系的把握,理查兹曾在1982年反思到,对于全局的掌握离不开细节,对于细节的认识离不开对全局的了解,但应该是先对全局有了把握,然后再去挖掘细节。她承认当时她在田野方法上有很多欠缺,如在统计方法上毫无训练等。读者不难发现,《祈颂姑》的全书内容的篇章安排,印证了作者始终如一的观点,这本身也是其典范性的一部分。无疑,《祈颂姑》为民族志的田野调查和写作开创了新的标准。

《祈颂姑》对于仪式记录的完整性不仅成就了一部人类学的民族志经

典,甚至还对当地文化传统的复兴与研究具有非常重大的意义。正如理查兹所说,她记录这个仪式时,祈颂姑礼正迅速消失,而此后由于社会巨变,这个传统几乎彻底消失了。个别地区延续而行的仪式则变得非常简单。在这个意义上,《祈颂姑》为该传统的复兴提供了珍贵的文本。例如,近些年对东非传统的研究,特别是涉及到女性成人或仪式,以及对传统的复兴努力中,几乎都追溯到《祈颂姑》的文本(Haynes 2013, Saidi 2010, Handelman and Lindquist. eds. 2005, Mwanamwambwa 2005, Peek and Yankah 2003, Rasing 2001)。

《祈颂姑》的贡献,还在于她提出了当特定时间与特定地点的社会在经历了殖民时代的巨大变化之时,一种当地文化如何应对生存和传承的大问题。理查兹深刻地指出了传统传承中的生命力与有效性问题,说明了哪些传统容易被外来文化所取替,哪些有可能继续传承下去(见本书边码第115页)。她的这个观点具有普遍性,这样的分析也无疑超越了一般的民族志"描述"或"深描"。

《祈颂姑》还特别展示出女性在做有关女性仪式的参与观察时,有可能面临的方法上的问题。理查兹在1982年曾经谈到,当时作为女性在非洲做田野有着一定的优势,因为她们一般不被认为具有"殖民地官员"那种在政治等方面的威胁,而是从社会生活等角度对当地有所帮助的角色。当然,就此案例来说,一位女性参与一个完全由女性组织参与的仪式有着独特的优势,但理查兹也在《祈颂姑》中提到,她只能间接地了解整个村落里男人的态度和看法,这使得整个记录有了无法弥补的缺憾。另外的一个缺憾是理查兹承认她没能对受礼的两个女孩给予足够的重视,没能对她们进行采访(见本书边码第63页)

总之,《祈颂姑》作为基于实地田野调查的仪式文化研究和记录分析的经典,经过时间的考验,已经成为人类学和民俗学等学科的重要典范。将它介绍给中国读者,无疑将有助于中国学者目前关于以田野工作的方式对异文化和传统文化所进行的记录与研究,特别是目前人类学对这些问题的反思(谢立中 2010,高丙中和龚浩群 2015),以及民俗学在新时代对民俗志写作的诉求。

本文参考书目(包括有关奥德丽·理查兹生平和学术思想的部分书目)

Abrahams, Ray. 1985. A Modern Witch-Hunt among the Lango of Uganda. *Cambridge Anthropology* 10(1):32—44.

Abusharaf, Rogaia Mustafa. Ed. 2006. *Female Circumcision: Multicultural Perspectives*. Philadelphia: University of Pennsylvinia Press.

Ardener, Shirley. et al. 1992. *Persons and Powers of Women in Diverse Cultures: Essays in Commemoration of Audrey I. Richards, Phyllis Kaberry, and Barbara E. Ward.* Edited by Shirley Ardener. Providence, R. I.: Berg Publishers Limited.

Bateson, Gregory. 1958. *Naven*. Standford University Press. (First Ed. 1936.)

Bledsoe, Caroline H. and Barney Cohen. Eds. 1993. *Social Dynamics of Adolescent Fertility in Sub-Saharan Africa*. Washington, D. C.: National Academy Press.

Brelsford, William V. 1956. *The Tribes of Northern Rhodesia*. Lusaka: The Government Printer.

——. 1944. *The Succession of Bemba Chiefs: A Guide for District Officers*. Lusaka: The Government Printer.

Brown, Judith. 1963. A Cross-Cultural Study of Female Initiation Rites. *American Anthropologist* 65(4):837—853.

Burdette, M. 1988. *Zambia: Between Two Worlds*. Boulder: Westeview Press.

Caplan, Pat. 1992. Engendering Knowledge: The Politics of Ethnography. In *Persons and Powers of Women in Diverse Cultures*. Edited by Shirley Ardener. Providence, R. I.: Berg Publishers Limited. Pp. 65—87.

Colson, Elizabeth. 1957. *Chisungu*. Book Review. *Journal of the International African Institute* 27(3):292—293.

——. 1958. *Marriage & the Family Among the Plateau Tonga of Northern Rhodesia*. Manchester, Eng.: Manchester University Press.

Corbeil, J. J. 1982. *Mbusa, Sacred Emblems of the Bemba*. Mbala, Zambia: Moto-Moto Museum; Londong: Ethnographica Publishers.

Coster, R. N. 1958. *Peasant Farming in the Petauke and Katete Areas of the Eastern Province of Northern Rhodesia*. Northern Rhodesia. Department of Agriculture.

Cunnison, I. 1957. *Chisungu*. Book Review. *Man* 57:172.

Dauphin-Tinturier, Anne-Marie. 2003. *Cisungu* à nouveau: Initiation des femmes et structure sociale dans le Nord de la Zambie. *L'Homme* 167—168. Pp. 187—208. (Online: 167—168, 2003, URL: http://lhomme.revues.org/239)

De L'Estoile, Benoit, Federico G Neiburg, and Lygia Sigaud. Eds. 2005. *Empires, Nations, and Natives: Anthropology and State-Making*. Durham: Duke University

Press.

Dickerson-Putman, Jeanette and Judith K. Brown. eds. 1998. *Women among Women. Anthropological Perspectives on Female Age Hierarchies.* Urbana: University of Illinois Press.

Edel, May Mandelbaum. 1996. *The Chiga of Uganda.* New Brunswick: Transaction Publishers. Second Ed.

Ellen, R. F. 1988. *Malinowski between Two Worlds: The Polish Roots of an Anthropological Tradition.* Cambridge University Press.

Fallers, Lloyd A. ed. 1964. *The Kiny's Men: Leadership and Status in Buganda on the Eve of Independence.* London: Oxford University Press.

Ferguson, James. 1999. *Expectations of Modernity. Myths and Meaning of Urban Life on the Zambian Copperbelt.* Berkeley-Los Angeles-London: University of California Press.

Firth, Raymond. 1985. Audrey Richards 1899—1984. *Man*, New Series, 20(2): 341—343.

Fortes, M. and E. E. Evans-Pritchard. Eds. 1940. *African Political Systems.* Oxford University Press.

Friedrich, Otto. 1940. *Chaga Childhood: A Description of Indigenous Education in an East African Tribe.* Oxford Univerity Press.

Frisbie, Charlotte Johnson. 1993. *Kinaaldá: A Study of the Navaho Girl's Puberty Ceremomy.* Salt Lake City: University of Utah Press. (Original edition in 1967, Wesleyan University Press).

Gacs, Ute. Et al. eds. 1988. *Women Anthropologists: Selected Biographies.* Urbana: University of Illinois Press.

Gladstone, Jo. 1986. Significant Sister: Autonomy and Obligation in Audrey Richards' Early Fieldwork. *American Ethnologist* 13(2): 338—362.

——. 1992. Audrey I. Richards (1899—1984): Africanist and Humanist. In *Persons and Powers of Women in Diverse Cultures.* Ed. Shirley Ardener. Pp. 13—28.

Gluckman, Max. 1945. *How the Bemba Make their Living: An Appreciation of Richards' Land labour and diet in Northern Rhodesia.* Bobbs-Merrill in Indianapolis, Ind.

Gordon, David M. 2012. *Invisible Agents: Spirits in a Central African History.* Athens: Ohio University Press.

Gouldsbury, Cullen and Hubert Sheane. 1911. *The Great Plateau of Northern Rhodesia: Being Some Impressions of the Tanganyika Plateau.* Edward Arnold Publishers.

Gulliver, P. H. 1972. Bibliography of the Principal Writings of Audrey Richards. In *The Interpretation of Ritual.* Ed. J. S. La Fontaine. London: Tavistock. Pp. 285—89.

Handelman, Don and Galina Lindquist. eds. 2005. *Ritual in Its Own Right: Exploring the Dynamics of Transformation*. Berghahn Books,

Haynes, Naomi. 2013. Change and Chisungu in Zambia's Time of AIDS. *Journal of Anthropology*. Online. (DOI:10.1080/00141844.2013.858056)

Holmes, Timothy. 1998. *Zambia*. New York: Benchmark Books.

Howell, Wilfred and Whiteley J. Slaski. 1950. *Bemba and related peoples of Northern Rhodesia*. London: Internataional African Institute.

Kuper, Adam. 1996. *Anthropology and Anthropologists: The Modern British School*. London: Routledge. (Third and enlarged Ed.)

——. 1999. *Among the Anthropologists: History and Context in Anthropology*. London: Athlone Press.

——. 2015. *Anthropology and Anthropologists: The BritishSchool in the Twentieth Century*. London: Routledge. (Fourth Ed.)

La Fontaine, Jean Sybil. 1985. *Initiation*. Harmondsworth, Middlesex, England: Penguin Books.

——. 1985. Audrey Isabel Richards 1899—1984: An Appreciation. *Africa: Journal of the International Africa Institute* 55(2):201—206.

La Fontaine, J. S. et al. 1985. Audrey Richards: In Memoriam. *Cambridge Anthropology* 10(1):1—97.

La Fontaine, J. S. ed. 1972. *The Interpretation of Ritual: Essays in Honour of A. I. Richards*. London: Tavistock Publications.

Leach, Edmund. 1971. *Rethinking Anthropology*. London: Athlone Press.

——. 1984. Glimpses of the Unmentionable in the History of British Social Anthropology. *Annual Review of Anthropology* 13:1—23.

——. 1989. *Claude Lévi-Strauss*. Chicago: University of Chicago Press. (Orginal ed. 1974)

Luhrmann, Tanya Marie. 1985. Audrey Richards: In Memorium. *Cambridge Anthropology*. Special Issue.

Lutkehaus, Nancy. 1986. She Was "Very" Cambridge: Camilla Wedgwood and the History of Women in British Social Anthropology. *American Ethnologist* 13(4):776—798.

Malinowski, Bronislaw. 1961. *Argonauts of the Western Pacific*. New York: E. P. Dutton & Co. (Orginal ed. 1922)

Mair, Lucy P. 1957. *Chisungu*. Book Review. *African Affairs* 56(223):166—167.

Maxwell, Kevin B. 1983. *Bemba myth and ritual: the impact of literacy on an oral culture*. New York: Peter Lang.

Mills, David. 2002. British Anthropology at the End of Empire: The Rise and Fall of the Colonial Social Science Research Council, 1944—1962. *Revue d'Histoire des Sciences*

Humaines 1(6):161—188. (URL:www. cairn. info/revue-histoire-des-sciences-humaines-2002-1-page-161. htm.)

———. 2013. Audrey Richards. In *Theory in Social and Cultural Anthropology:An Encyclopedia*. Eds. R. Jon McGee and Richard L. Warms. Los Angeles:SAGE Publications. Vol. 2,pp. 699—702.

Mintz,Sidney W. 2000. Sows' Ears and Silver Linings. *Current Anthropology* 41(2):169—189.

Moore, Henrietta L. 1994. *Cutting down Trees: Gender, Nutrition, and Agricultural Change in the Northern Province of Zambia, 1890—1990*. Lusaka:University of Zambia Press.

Mwanamwambwa, Adaobi Tebuho. 2005. Women and Children's Rights in Zambia: A Case Study of Chisungu Initiation Ceremony in the Bemba Community. Master Thesis. University of the Witwatersrand.

Niemeyer,Larry L. 1982. *Proverbs: tools for world view studies: an exploratory comparison of the Bemba of Zambia and the Shona of Zimbabwe*. Portland:Portland State University.

On Fieldwork. 1982. A discussion with Audrey Richards in May 1982 in Cambridge(https://www. youtube. com/watch? v=GDdKvloisBg)("论田野",1982年5月奥德丽·理查兹在剑桥大学与杰克·古迪(Jack Goody)等座谈录像。见网络视频:有关的部分文字记录可见,https://www. repository. cam. ac. uk/handle/1810/713;http://www. alanmacfarlane. com/DO/filmshow/richardstx. htm(2015年8月20日确认)。

Peek,Philip M. and Kwesi Yankah. eds. 2003. *African Folklore: An Encyclopedia*. Routledge.

Powdermaker, Hortense. 1958. Chisungu. Book Review. *American Anthropologist* 60(2):392—3.

Rasing, Thera. 2001. *The Bush Burnt, the Stones Remain: Female Initiation Rites in Urban Zambia*. Series:African Studies Centre(Leiden/The Netherlands)(Book 6). LIT Verlag.

Reynolds,Barrie. 1963. *Magic, divination, and witchcraft among the Barotse of Northern Rhodesia*. University of California Press.

Robben,Antonius C. G. M. and Jeffrey A. Sluka. 2012. *Ethnographic Fieldwork: An Anthropological Reader*. Malden,MA:Wiley-Blackwell.

Roberts, Allen F. 2002. Africanizing Anthropology:Fieldwork, Networks, and the Making of Cultural Knowledge in Central Africa(review). *Africa Today* 49(3):136—138.

Roberts, Andrew. 1973. *A history of the Bemba; Political Growth and Change in North-eastern Zambia before 1900*. Madison:University of Wisconsin Press.

Robertson, A. F. 1984. *People and the State: An Anthropology of Planned Development. Cambridge University Press.

Robertson, A. F. 1985. Audrey Richards, 1899—1984: An Appreciation. *African Affairs* 84(334):136—38.

Rogers, Barabara R. 1991. *Zambia*. Milwaukee: Gareth Stevens.

Saidi, Christine. 2010. *Women's Authority and Society in Early East-Central Africa*. University of Rochester Press.

Schumaker, Lyn. 2001. *Africanizing Anthropology: Fieldwork, Networks, and the Making of Cultural Knowledge in Central Africa*. Durham: Duke University Press.

Strathern, Marilyn and Audrey Richards. 1981. *Kinship at the Core: An Anthropology of Elmdon, a Village in North-west Essex in the Nineteen-Sixties*. Cambridge, UK: Cambridge University Press.

Taylor, Scott D. 2006. *Culture and Customs of Zambia*. Westport: Greenwood Press.

Tembo, Mwizenge S. 2006. *Zambian Traditional Names: The Meaning of Tumbuka, Chewa, Nsenga, Ngoni, and* ... Lusaka: Julubbi Enterprises.

——. 2012. *Satisfying Zambian Hunger for Culture: Social Change in the Global World*. Xlibris.

Torrend, J. ed. 1921. *Specimens of Bantu folk-lore from Northern Rhodesia*. Kegan Paul, Trench, Trubner. (Reprinted 1969)

Turner, Victor. 1967. *The Forest of Symbols: Aspects of Ndembu Ritual*. Ithaca: Cornell University Press.

Van Gennep, Arnold. 1909. *Les Rites de Passage*. Paris: Emile Nourry.

Wayne-Malinowska, Helena. 1988. Foreword. In *Malinowski between Two Worlds: The Polish Roots of an Anthropological Tradition*. Ed. R. F. Ellen. Cambridge Univeristy Press.

Wayne, Helena. 1985. Bronislaw Malinowski: The Influence of Various Women on His Life and Works. *American Ethnologist* 12(3):529—540.

Werbner, Richard. 1983. Audrey Richards. In the *International Encyclopedia of Social Science*. Eds. David L. Sills; Robert King Merton. NY: Macmillan. Pp. 658—60.

Whiteley, Wilfred Howell. 1950. *Bemba and Related Peoples of Northern Rhodesia*. London: International African Institute.

Wolcott, Harry F. 2005. *The Art of Fieldwork*. Altamira Press. (First ed. 1939)

Zhang, Juwen. 2015. Chinese American Culture in the Making: Perspectives and Reflections on Diasporic Folklore and Identity. *Journal of American Folklore* 128(510): 449—475.

高丙中,2012,"民族志是怎样'磨'成的?",载《日常生活的文化与政治:见证公民性的成长》,社会科学文献出版社,第87—98页。(原载《思想战线》2008年第1期)

高丙中、龚浩群主编,2015,《中国人类学的定位与规范》,北京大学出版社。

奥德丽·艾·理查兹,1992,《东非酋长》,蔡汉敖、朱立人译,商务印书馆。
阿诺尔德·范热内普,2010,《过渡礼仪》,张举文译,商务印书馆。
曾穷石,2008,理查兹与《东非酋长》的政治历程,《西北民族研究》第2期。
《生命礼俗研究会论文集》,1984,台北:中华文化复兴运动推行委员会。
许木柱,1984,男性成年礼的功能与现代生活:一个人类学的探讨,载《生命礼俗研究会论文集》,第11—51页。
谢立中主编,2010,《海外民族志与中国社会科学》,社会科学文献出版社。

纪 念

布罗尼斯拉夫·马林诺夫斯基

谦卑地跪着的女孩

目　　录

作者的第一版序言 …………………………………………… 1
作者的第一版前言 …………………………………………… 3
作者的第二版序言 …………………………………………… 8
第二版前言 ………………………………… 简·拉封丹 10
第一部分　文化背景 ………………………………………… 29
　　环境与活动 …………………………………………… 29
　　意识形态与信条 ……………………………………… 32
　　社会结构 ……………………………………………… 38
　　婚姻契约 ……………………………………………… 43
　　性别角色 ……………………………………………… 46
第二部分　仪式 ……………………………………………… 52
　　仪式类型 ……………………………………………… 52
　　仪式参与者 …………………………………………… 55
　　礼仪特征 ……………………………………………… 57
　　仪式进程 ……………………………………………… 59
　　仪式活动历书 ………………………………………… 105
第三部分　对仪式的阐释 …………………………………… 107
　　阐释方法 ……………………………………………… 107
　　祈颂姑表达出的各种目的 …………………………… 115
　　推论出的态度 ………………………………………… 127
　　祈颂姑与部落信条和价值观的关系 ………………… 131
　　无意识的紧张与冲突 ………………………………… 141
　　实用效果 ……………………………………………… 149
附录甲　中非地区祈颂姑仪式的分布情况 ………………… 157

附录乙　祈颂姑仪式中所唱的歌 ………………………… 173
以地区分类的参考书目 …………………………………… 200

另附

　　奥德丽·理查兹大事年谱 ………………………………… 204
　　奥德丽·理查兹的出版文献目录 ………………………… 206

索引 …………………………………………………………… 213

《祈颂姑》读后感 ………………………………… 周星　221
译后记 ………………………………………………………… 230

插图目录

谦卑地跪着的女孩	xxx
骄傲地抱着第一个孩子的年轻母亲	48
仪式的司仪	49
祈颂姑独舞	49
举行第一次丛林仪式	63
鳄鱼模型	64
模仿野猪	78
新郎的妹妹假装男人	79
女孩的姑姑和母亲	79
第二次丛林仪式	92
扛树枝的女孩	93
墙壁上画的图案	108
给女孩抹白	109
第二次丛林仪式结束	147
狮子模型	148
跟着母亲下地的小孩子	163
孩子从小学做饭	164

作者的第一版序言

本书所描述的仪式是我于1931年所观察到的。田野调查是在当时的北罗得西亚，现在的赞比亚东北部的主要民族本巴人中进行的。1933年，我又回到同一地区继续调查直到1934年。尽管我也另外搜集了不少有关祈颂姑(*chisungu*; *cisungu*)仪式的评述，但是，我没能有幸再次见过同样的仪式。

无论如何，我当时觉得发表我所能观察到的一个祈颂姑仪式的记录，还是有重要意义的，因为这类仪式在中非地区正在迅速消失。我现在可以肯定，祈颂姑仪式一定没有我在时那样频繁地举行，甚至可能已绝迹了。我在本书中使用了现在时来表述，因为我之后没能重访本巴地区村(Lubemba)以观察之后发生的变化。我所用的"过去"和"以前"等词语指的是我在那里时已经不再流行的习俗。我用现在时态指1930至1934间我在那里时还流传活动。

繁忙的教学工作和世界大战使我二十年没能将本书的记录手稿整理成书。现在迟到的发表也许只有一点可算作幸运，那就是不久前我的朋友科里(Hans Cory)在同一出版社发表了他的《非洲陶塑》。[①] 科里先生的书描述了在东非、中非以及南非等多地类似成人仪式中所用的陶土人物。这些仪式在他曾工作多年的坦噶尼喀和在赞比亚一样正迅速消失。科里先生尽全力搜集了许多他所可能得到的陶土塑像。他的书表明了坦噶尼喀陶土塑像有着广泛的传播，它同时也是一种传授如何举行成人仪式的方法。本巴人的祈颂姑礼仪也使用泥塑。所以，科里的精美陶塑人物图集是对本书主题的有价值的介绍。我感谢他给我机会使我能在他位于维多利亚湖边上姆

[①] 该书全名为：《非洲陶塑：坦噶尼喀地区成熟期礼仪中使用的仪式性陶塑品》(*African Figurines: Their Ceremonial Use in Puberty Rites in Tanganyika*)，1956版。——译者

万扎(Mwanza)的家里浏览他的收藏，以及他与我就该仪式所进行过的多次谈话。

本书有关本巴人婚姻的描述，一部分来自《本巴人婚姻与现代经济状况》一文。① 由于该文在1956年已绝版，学生很难找到。征得罗德和利文斯顿学院主任米切尔(Clyde Mitchell)博士的许可，我在本书转引了几个片段。

我在借用本巴语中的词汇时，使用的是当前的正规拼写方法，"c"表示爆破强音"c"，接近英文中的"ch"音。因为英文读者可能弄不清 cisungu 的发音，我便始终使用 chisungu，按照字典的惯例，将字头的元音省略了。

维纳-格林基金会研究基金的一项慷慨资助，使我有机会将田野记录整理成本书；纳菲尔德学院(Nuffield College)的盛情接待与文书方面的帮助，使我能够最终完成本书。

正如每位民族志作者应该做的那样，我感谢那些在书中提到的、为我提供耐心帮助的部落信息提供者们。我也非常感谢金沙力(Chinsali)地区总督蒙蒂(E. Mundy)先生当时给予我的实际帮助。

耶鲁大学的杜博(Leonard Doob)教授友善地阅读了本书的初稿。当时曾在伦敦经济学院、现在则在哈佛大学任教的施奈德(David Schneider)博士，提出许多有启发意义的建议。打字稿接近完成时，我的朋友切尔弗(E. M. Chilver)夫人，除了试图教我一些英文语法之外，还给予我珍贵的鼓励，使我最终准备好出版的底稿，在此深表谢意。

我将本书献给布罗尼斯拉夫·马林诺夫斯基(Bronislaw Malinowski)，因为正是他的教导使我最初走上了研究原始宗教与巫术的道路。他的一些有关特洛布里安岛人的丧葬仪式的讲座至今仍活生生地留在我的脑海里。那些讲座使我懂得对一个仪式的仔细分析会是多么富有成果。

奥德丽·理查兹

于乌干达坎帕拉市麦克勒里学院东非社会研究所

---

① A. I. Richards. *Bemba Marriage and Modern Economic Conditions*. Rhodes-Livingstone Papers No. 4, 1940.

作者的第一版前言

本巴人的祈颂姑礼仪通常被描述为女孩的成熟期礼仪（puberty rite）或是女性的成人仪式（initiation ceremonies）。整个礼仪冗长而又繁复，包括模仿、唱歌、跳舞，以及处理圣器等仪式行为。过去，祈颂姑礼仪都是在女孩的婚礼之前，作为新郎被新娘家族接纳的礼仪的一部分，因为这些部落是母系的，而不是父系的，结婚后男方与女方的亲戚生活在一起，而不是女方与男方的亲戚在一起。

类似祈颂姑的仪式在中非的母系社会分布地区也有所报道。例如，在与本巴人有最直接亲缘关系的比萨人（Bisa）、兰巴人（Lambaste）、卡奥德人（Kaonde）部落，以及尼亚萨兰（Nyasaland）[①]地区的切瓦人（Cewa）和亚奥人（Yao）。在赞比亚省西北地区的伊拉人（Ila）、汤卡人（Tonga）和萨拉人（Sala）也有这类仪式。在比利时的属地刚果和安哥拉等地，也有这种仪式。[②] 尽管这种仪式分布地区广泛，但至今还没见过任何一份完整的描述，也没有对其功能的详细分析。可以肯定地说，与有关男孩的各种成人礼仪的记述相比，对女孩成熟期仪式几乎还没有什么关注。

成熟期仪式是人类学家面临的复杂问题。这个仪式庆祝的是男孩或女孩在性别上的成熟，也因此在身体方面有了做父母的可能。很自然，这类仪式反映了部落对性别、繁殖力、婚姻和养育孩子的态度，也表达并且尽量强化了丈夫与妻子以及父亲与母亲的社会责任。

成熟期指的是身体完全或接近完全发育的时期，也是在较简单社会里一个青年人被期待完全承担起成人的活动和责任的时期。在多数社会，人们在心目中对性成熟的概念与社会成熟有着某种联想，但在那些成熟期仪

[①] 现为马拉维。——译者
[②] 见附录甲。

式最发达的文化中,两者的偶合被视为相对明确的:成熟期仪式或是被作为获得成人的政治、法律和经济角色的机会,或是被视为逐步获得这一系列角色的第一步。由此,成熟期仪式被人类学家描述为从一个角色到另一个角色,或从一个群体到另一个群体的"成人仪式"或是"过渡礼仪"(rites of passage)。①

成熟期礼仪的这种双重性,在我看来,极其重要,因为它丰富了那些标志着原始社会中男孩或女孩在人生中的身体成长事件的仪式种类。某些社会可能重视身体成熟期和巫术保护的实际获得,其标志是开始出现被公认的性成熟的迹象。在另外的社会,可能更强调的是有关父母身份的活动,其成熟期礼仪可能就是生殖礼。还有的部落,可能把成熟期礼仪当作社会成熟礼及其角色的承担,通过此礼的新人获得某些社会特权或成为具有某种特殊地位或功用的年龄群体的新成员。这种成人礼仪事实上成为极其重要的角色承担礼仪,以致脱离了与身体生熟的关系,也因此很难决定"成熟期仪式"一词在此是否妥当。②

正如可能被期待的,人们感兴趣的是女孩成人礼仪体现的适婚性、生殖力和成为母亲的可能性;唯一相反的例子是尼罗哈米特(Nilo-Hamites)人——他们为男孩举行成人礼仪。

这些礼仪中所表达的某些感情几乎是人类共有的,都是源自女孩身体特征所发生的变化。

人类共有的对月经的禁忌和对女孩初潮的恐惧,强有力地冲击了早期的人类学家,如克劳利(A. Crawley)和弗雷泽(J. Frazer)等,以至于他们突破了维多利亚时代对此题目的保守回避。③ 在一切人类社会中,血似乎是受一系列感情影响的思考目标。血代表了死亡、谋杀、生育力或血缘关系。从我们对原始社会的观察来看,带有神秘周期的经血,尤其被视为令人恐惧和不安,它引发了对女孩的巫术保护礼仪。这些女孩也因此首次成为该群

---

① 详见《过渡礼仪》的译注等。——译者
② 例如,有些索托(Sotho)男孩在七八岁就接受成人礼。在有成人礼"学校"的地方,男孩和女孩同时接受集体的成人礼,但显然不可能是在每个男孩都正好处于同一个身体成熟阶段。
③ 我认为,心理分析学家还没能令人满意地描述在某些原始社会中这种恐惧感的力量。

体的潜在危险的来源之一；那些最接近她的人也因此需要净化礼仪。这使得女孩要依赖群体中的那些能给予她们保护的长者，因此，有时也需要为由此引发的痛苦付出代价。

但是，血也是女性创造力的标志。在成熟期，女孩首先被视为可以孕育孩子的人。青春期是对每个个体的检验。在简单社会里，人们对生殖具有极大的期望。在进入成熟期时，男孩可能被担心没有生殖力。年轻的男女都有意识地渴望成为父亲和母亲，也忧虑于他们的生殖力。因此，在成熟期礼仪中都有共同的生殖巫术出现。美化形象的巫术都实施于女孩；男孩都经历男性生殖礼。①

怀孕的可能性也影响到对青春期女孩的处理方法。青春期的各种可能的性关系或许都被允许，而成熟期后发生的性交则另有对应的方法。在社会结构主要基于血缘关系的社会里，家庭与家族渴望保证他们的女孩能够依照其特定的社会规则怀孕，并予以相应的保护和支持。他们要保留他们对自己的女孩的后代或是其财产和劳务的支配权。因此，成熟期产生了适婚礼：让女孩有可能以社会认可的方式怀孕和产出在其社会有合法地位的孩子。

成熟期也标志着男性身体与女性身体之间最终和最彻底的不同。在原始社会，此时也是男性与女性完全获得各自性别角色的时候。在成熟期仪式中，有表达两性敌意的行为活动。在许多关于女性的成人礼中，那些平时必须顺从男人的女人被允许发怒、炫耀、骂人或攻击男人。②在这种礼仪中，几乎没有例外地会有部分时间或全部时间是两性隔离的。

强化某一性别群体成员之间忠诚的礼仪，或是接纳一个新成员的礼仪也很普及。通常的方式是将男孩与其母亲和姐妹以某种象征性仪式分隔开来；在父系社会中，则是将女孩与其自己的家庭分隔开，以便她加入其丈夫

---

① 在浪漫爱情这个观念并不盛行的社会，爱情巫术也不普遍；但就我们现在所知，女性生殖巫术与男性性能力巫术都是人类社会普遍存在的。

② 参见格拉克曼(M. Gluckman)，"维克人割礼中的性别角色"(The Role of the Sexes in Wiko Circumcision ceremonies)，刊于《社会结构》(*Social Structure：Studies presented to A. R. Radcliffe-Brown*，edited by Meyer Forter，1949)。

的家庭。①

有些事例表明，社会成熟期与感情态度有关。这期间，男孩或女孩渴求独立，但又害怕离开对母亲、父亲或是其大家庭的已经习惯了的依赖。同时，父母既对自己的孩子感到骄傲，又不确定孩子是否能承担起作为成人的新责任，抑或对新的一代感到嫉妒。因此，在成熟期仪式中出现了巫术考验或成熟期磨难；还有在某些礼仪中，父母或他们的同辈配偶模仿受到同样的苦难以便获得新的特权、给他们的男孩子行割礼、为失去孩子哭嚎、仪式性埋葬他们、与他们象征性地切割开、让他们跳过栏杆或障碍物，或者干脆说服自己相信自己的后代已经完全成人，并应该这样想：相信他们的孩子已经加入到他们应该加入的新群体。

基于这种普遍的感情态度，产生了特定的部落礼仪，其特性对人类学家具有极大的吸引力。我所列举的这些仪式行为有许多都出现在本巴人的祈颂姑礼仪中，但有许多特色似乎与这个部落的经济活动有关，与其社会价值观和社会结构有关，特别是与本巴人实践的从妻居和母系社会结构这一事实有关。人类学家一直对仪式的地理分布感兴趣，但有关成熟期仪式方面还有许多工作要做，因为人类学家仍在使用范热内普（Van Gennep）在1905的一篇文章中所发展出的术语和概念。② 他们也对特定部落的仪式所反映的信仰、欲望，以及紧张和冲突感兴趣。

在成熟期礼仪中，政治和经济价值观也得到"传授"。因此，为了理解其意义，有必要对有关部落的社会结构和主导价值观有个背景了解。就本巴人的祈颂姑而言，这一点尤其重要，因为这是其部落中的两个最重要的系列仪式之一，除了特定的婚姻问题之外，还表达了许多核心的信仰和价值观。

作为对祈颂姑礼仪的描述的前言，我在此对本巴文化做出一个概述，包

---

① 参见下列书中有关这些观点的比较材料：范热内普（A. van Gennep）著《过渡礼仪》（*Les Rites de Passage*），1905【原著此处有误，应为1909。参见中文译本。——译者】；弗雷泽（J. Frazer）著《金枝》（*The Golden Bough*）中《巫术与宗教》（*Magic and Religion*），1890；克劳利（A. E. Crowley）著《神秘玫瑰》（*The Mystic Rose*），1902。

② 这里指的应该是1909年出版的《过渡礼仪》，见前面的注释。——译者

括本巴人的生活环境和经济活动、有关的价值观、社会群体的体系、政治和其他价值结构的基础、关系到性别、婚姻和做父母的机制，以及与这一切有关的信仰和态度。这些表述主要是从女性角度，而不是像我先前那样从男性角度来看。①

我注意到，在借助仪式对特定社会结构、体制或一系列思想的研究中，其方法上存在缺陷。为了理解祈颂姑礼仪，必须对本巴人的婚姻与血缘关系有一定了解；可是，人类学家分析这类仪式是为了有助于了解意识形态，以及相关的性别和做父母的机制。这种倾向很危险：在一部人类学著作中绝非少见的是这样的论断——仪式之所以存在是因为世系感情强烈，而之后在同一部著作中又出现这样的论断——仪式的功能是为了加强世系的内聚力。但事实上，在某种程度上，这两个过程是同时进行的。就田野观察而言，人类学家常常发现自己是在从结构转到仪式，再从仪式到结构。他们在到田野之前获得了一定的文化背景知识，但他们所观察到的象征性行为常常表示出新的关系。一首歌或是偶然的一句话，可能使他们突然意识到之前没有想到的该社会中男性与女性之间，或是男方家庭与女方家庭之间的紧张关系问题。我相信，正是出于这个原因，对祈颂姑仪式的分析，必须考虑到那些在过去的直白的公式化的表述中曾被忽视的实事与关系问题。因此，我在第一章描绘出一个我在观察到此仪式之前为自己勾勒出的文化轮廓。然后，对与此礼仪有关的思想和结构性紧张做出较深刻的分析。最后，对与祈颂姑礼仪有关的强化性别、婚姻和其他部落规矩的关系，就其机制问题做出分析。

我希望这份基于我1931年在罗得西亚东北所观察到的特定仪式的描述，能够有助于对本巴人的血缘关系结构和教育体系的理解。我也希望所提出的理论假想能在其他有关女孩成熟期礼仪的研究中得到验证。但愿本书对我们就仪式的社会功能本身所做的研究有所贡献。

---

① 有关的详细论述，参见拙著"非洲中部班图人中的母权"(Mother-right among the Central Bantu)，载于《献给塞利格曼的论文》(Essays presented to C. G. Seligman, 1933)；《本巴人婚姻与现代经济状况》, 1940；"中部班图人中的几种家庭结构"(Some types of family structure among the Central Bantu)载于《非洲的亲属关系和婚姻系统》(African Systems of Kinship and Marriage, edited by A. R. Radcliffe-Brown and Daryll Forde, 1950)。

作者的第二版序言

本书所描述的仪式是我于1931年所观察到的。田野调查是在当时的北罗得西亚、现在的赞比亚东北部的主要民族本巴人中进行的。1933年，我回到英国一年，尽管我也另外搜集了不少有关祈颂姑(chisungu;cisungu)仪式的评述，但是我再也没有见过一次同样的仪式。二十年后，我发表了我的观察记录，那时这类仪式似乎在非洲已濒于消失。所以，本书的记录可能现在已经彻底绝迹了。当高兹伯利和桑恩在当地做行政官员时，祈颂姑仪式显然还在进行，因为他们拍照到了本书所图释的举行仪式的房子内部。但是，尽管他们当时对该仪式与本巴婚姻的关系做了有趣的分析，但他们没能描述仪式本身，并解释说他们无法知道房子内所进行的活动。[①] 的确，依我的观察，一个男人是很难进去的。二十年后，有不少迹象表明这个仪式在消失，但必须承认，当我于1934年在赞比亚的铜带省地区工作时，我曾被要求到恩卡纳(Nkana)矿区组织一次祈颂姑仪式，因为那些地区的女孩的举止开始变得不成体统。那是一次我自认为无力接受的邀请。本书中所用的"现在时"指的是1930—1934年间的活动；诸如"过去"和"以前"等词语指的是当时不再流行的习俗。

本书出版于科里(Hans Cory)所著的《非洲陶塑》发表后不久。该书描述的是用于类似祈颂姑成人仪式中的陶塑人物与实物。他的书表明该仪式在东非、中非、南非等地区有广泛流传，并以陶土人物传授举行成人仪式的方法。陶塑人物在本巴的祈颂姑仪式也有使用。因此，科里的精美图集是对本书有价值的补充。我感谢他给我机会浏览他的摄影图片集，并与我就该仪式进行过多次谈话。我在1931年搜集到的陶塑，目前收藏于约翰内斯堡的金山大学(University of Witwatersrand)民族博物馆。

[①] C. Gouldsbury and H. Sheane, *The Great Plateau of Northern*. 1911.

本书有关本巴人婚姻的描述，一部分来自《本巴人婚姻与现代经济状况》一文。① 由于该文在 1956 年已经绝版，我因此在本书转引了几个片段。

本书所记录的祈颂姑仪式中的歌谣和评论，在此是依本巴语转译的。我所使用的词语拼法有待于读者的批评。事实上，蒙巴（Patrick Mumba）先生已经向我指出四五十处小的更正，在此也展示给读者。但请读者注意，本巴语的口语显然发生了极大的变化，可能与 1931 年有很大不同。还需记住这些文本是我当时用铅笔和笔记本记录的。现在田野工作者所使用的有效记录设备，那时候还不存在。不管怎样，我当时觉得记录下现场的歌谣是有价值的，因为过后可能很快会忘记。本巴语是许多班图语言之一，有着比较复杂的名词分类法，在动词、名词和形容词前有不同前缀，有一系列元音变化。因此，也允许有许多元音变换或省略。本书所用的本巴语写法是目前流行的，其中字母"c"代表的是爆破音，接近英文中的"ch"音。因为英文读者可能弄不清 *cisungu* 的发音，我便始终使用 *chisungu*，字头的元音以字典为例被省略了。

维纳-格林基金会研究基金的一项慷慨资助，使我有机会将田野记录整理成本书，纳菲尔德学院的盛情接待与文书帮助，使我能够最终完成本书。正如每位民族志作者所做的那样，我感谢那些在书中提到的、曾为我提供耐心帮助的部落信息提供者们。

本书献给布罗尼斯拉夫·马林诺夫斯基，因为正是他的教导使我最初走上了研究原始宗教与巫术的道路。他的一些有关特洛布里安岛人的丧葬仪式的讲座至今仍活生生地留在我的脑海里。那些讲座使我懂得了对一个仪式的仔细分析会是多么地富有成果。

奥德丽·理查兹
于牛津

---

① A. I. Richards. *Bemba Marriage and Modern Economic Conditions*. Rhodes-Livingstone Papers No. 4, 1940.

第二版前言

简·拉封丹

本书是从女性角度针对女孩成人仪式的研究。1956年出版此书时,几乎还没有对单一仪式的描述,更少有对女性的仪式的记录。25年来,人类学对仪式的思考有了重大发展,但是,《祈颂姑》仍没有被超越。大多数比较详细的对成人仪式的研究都是有关男性的;那些有关女性成人仪式的研究,或是简单笼统,或是没有发表。《祈颂姑》一书已经绝版好几年了,但对理查兹令人颇有启发的思想表达致谢的不止一人。①

藉介绍这部深受欢迎的书再版之际,对初版以来有关仪式的各家各派的阐释做一概括似乎是恰当的。当下,宗教又重新成为人类学的一个焦点问题,而仪式阐释则是理论争议的中心。读者会清楚地看到,有关研究中的许多观点都是发源于具有开拓意义的本书。但仍令人疑惑不解的是女孩成人礼仪依然被忽视着。所以,为了对这个课题领域有些新的刺激,也是再版本书的目的之一。

宗教分析,特别是宗教行为或仪式,已上升为人类学的中心问题。截至1956年,英国社会人类学在此前几十年里关注的核心是社会组织的研究,对宗教的理解居于其次。正如理查兹在第一版前言中提到的,人类学家一直接受范热内普(Van Gennep)在1905年的一篇文章中所提出的理论思想,②以至于诸如"祈颂姑"一类的仪式都被视为"过渡礼仪",为的是保障个

---

① 见《仪式的阐释》(*The Interpretation of Ritual:Essays in Honor of A. I. Richards*),特别是书中利奇(Leach)有关"象征的结构"一文,第273页。
② 拉封丹在此可能直接引用了原作者理查兹原文所提到的《过渡礼仪》,但该书是1909年首次出版的法文原版。范热内普在1905年似乎没有相关的出版物,而只有1904年发表的"马达加斯加的禁忌与图腾:描述性与理论性研究"(*Tabou et totémisme à Madagascar:Etude descriptive et théorique*)。——译者

体从一种身份到另一种身份的过渡。然而,他们借用的是范热内普思想中[xviii]没得到充实的部分,抛弃了原著对仪式细节的独创性关注(见:La Fontaine 1978)。相比之下,理查兹强调的是对这些细节元素和与它们所关联的文化价值。祈颂姑所展现的不仅是人类对性与生殖、生育和孩子健康的关注,而且还有对过去、现在与将来的连续性的思考。

对理查兹而言,这些思考源于对"社会性"自身的认识,通过反复灌输给个体,哪怕是带有各种"感情影响"(第一版前言第19页)。尽管她就"与个人需求和感情有关的宗教礼仪的功能"有所论述(本书边码第116页),并坚持有必要"对参与者的感情表露程度的记述"(本书边码第56页),但她所指的是在涂尔干(Durkheim)思想中的普遍性意义,而不是人类个体的原初感情。因为原初感情关怀的是普通和实际的问题,例如,本巴妇女对自己孩子的健康的担心,因为那个地区的婴儿死亡率很高。理查兹认为,仪式反映这些关注,"正是出于这个原因,对祈颂姑仪式的分析,必须考虑到那些在过去的直白的公式化的表述中曾被忽视的实事与关系问题"(第一版前言第22页)。

作为马林诺夫斯基的学生,奥德丽·理查兹的基本出发点是这样一个有关文化的概念:文化是用来区分一个民族的传统;文化包括构成群体组织和人际关系网络的常规模式与价值观,也包括那些在本书"意识形态与教条"的部分所描述的内容。当时,多数人类学家都在使用从涂尔干和拉德克利夫-布朗(Radcliffe-Brown)的著作中提取的"结构"概念。他们把理查兹所说的视为唯物的宇宙观,不予理睬。他们对仪式的阐释不考虑仪式服装、实物和行为等细节,因为社会学派的方法关心的是另外一套数据(资料)。高夫(Gough)有关马拉巴尔(Malabar)的纳亚尔(Nayar)女孩成人仪式的文章(1955年),关注的是婚姻的性质及其与后代和姻亲的关系。由于他关注这些细节,所以,他(涉猎)联系到了纳亚尔的社会结构问题。格拉克曼[xix](Gluckman)有关仪式的讨论,是将仪式作为表达社会冲突的一种方式,[①]而忽视了他所描述的更多的细节。本书的第三部分讨论的是社会学派对仪式的研究方法,对其缺点给予了尖锐的批评。

---

① 理查兹在格拉克曼的《反抗的仪式》(*Rituals of Rebellion*,1954)出版之前,曾在她的两篇相关的文章中讨论过这个问题。

理查兹自己的研究倾向于展示祈颂姑仪式所处的社会背景。她在第一版前言介绍本书时简单讨论了血的力量,特别是经血,作为一个复杂的象征体系。她写道:

> 在成熟期礼仪中,政治和经济价值观也得到"传授"。因此,为了理解其意义,有必要对有关部落的社会结构和主导价值观有个背景了解。就本巴人的祈颂姑而言,这一点尤其重要,因为这是其部落中的两个最重要的系列仪式之一,除了特定的婚姻问题之外,还表达了许多核心的信仰和价值观。

与她的老师马林诺夫斯基不同,理查兹使用了由拉德克利夫-布朗介绍到英国人类学的"社会结构"这个概念。第一部分的其中一节专门讨论这个概念,并用一个假想作为结论:"……在男人控制但女人传宗接代的母系社会里,祈颂姑仪式应该被视为是这种两难境地的一种极端表达"(本书边码第51页)。① 但是,这一社会学层面的意义不及她对祈颂姑的文化阐释。将象征意义与社会结构联系到一起是本书的创造性贡献。

理查兹所提出的象征定义,明显地有着马林诺夫斯基以神话作为社会机制条约的论述的影子,但理查兹远远超越了这个神话类比,并暗示了一个仪式理论。她写道,"这种象征机制的另外一个特别意义是,它提供了一种固化的形式,如在祈颂姑中,因为一个模型和一首歌可能有多重意义。无论是在梦、言语或是行动中,成为一系列联想的中心正是象征的本质所在。作为一种社会机制,仪式的灵验性正是要依靠这些中心意义和边缘意义,以及经典权威和感召力。"(第164页)特纳(V. Turner)在论述中非的另外一个类似的民族恩登布人(Ndembu)时,使用了极其相似的象征定义。他的著作是在《祈颂姑》发表后不久问世的。② 他将象征定义为构成仪式的一个基本单位,连接着意义的两极:社会意义与生理/心理意义。公共的结构意义,

---

① 比较特纳有关恩登布成人礼的结论(1962)。

② 指的是特纳的第一本民族志著作《一个非洲社会的分裂与延续》(*Schism and Continuity in an African Society*, 1957)。

如恩登布人或其母系制的认同感,存在于意义的一极;另一极则是有关感情的概念,如母亲的奶汁或给孩子哺乳,在这两极中间是有关母亲身份或女人身份的概念。这个"扇子"形的意义关系,可以被视为特纳所讨论的核心象征的根基,表现为具有白色橡胶树汁的姆迪树(mudyi)。这与《祈颂姑》中的分析有惊人的相似。

但是,理查兹与特纳在方法上的不同也同样明显。特纳和威尔逊(她在1957年和1959年出版了对另外一个中非民族尼亚克乌萨人(Nyakyusa)的记述)直接使用了心理分析的研究成果。威尔逊明显地借用了弗洛伊德心理学,而特纳的观点则不那么明确,只是说象征意义的"知觉极"(sensory pole)指的是"粗犷的感情"(Turner 1964)。他们两人都把个体感情注入象征意义之中,吸收了当时社会学还没有的另外一个学科的意义概念。他们对象征的阐释,部分地基于对其信息提供者与仪式表演者的感情的合理假设。这些假设无法核实。的确,就观察者所赋予表演者的感情意义的属性而言,公共行为被阐释的过程一直被人类学家视为不大可靠(见第119页)。

在理查兹声明她对心理学假设的使用是针对诸如人类的血或"成长"的不确定性所引起的感情时,她所运用的方法不是将阐释直接基于这种假设。她描述仪式时关注的是那些暗示感情状态的行为;她记录的是人们如何相视、跳舞和说话,以及"仪式中似乎让所有的人都感到恐惧、兴奋、无聊或敬畏的那些部分"(本书边码第56页)。她利用这些材料来暗示仪式的最关键时刻(本书边码第138页),但也为其他领域的专家的分析提供了原始材料。她写道,"成熟期仪式对不同学科的学者而言都会有兴趣,……研究象征行为的心理学家,或是对语言的仪式应用有兴趣的语言学家,如果要想从材料中得出任何推论,需要对应用这些象征的整个象征体系有所了解"(本书边码第55页)。显然,对仪式的完整阐释需要若干学科的合作。她认为,"对于仪式行为的单一解释,无论它在观察者看来是多么地合理满意,但在我看来,却似乎是在根本上否认了象征的本质……"(本书边码第169页)。因此,我们有了本书这样完整丰富的描述,包括了表演者的各种情绪、欲望和期待,无论她们感到多么迷惘和困惑。这样的记录将人类学家个人的感受与所观察的表演者的感情态度得以分隔开来。

有关仪式和仪式中所用实物的社会意义的结论,是基于信息提供者的阐释而得出的。提供者有些是内行人,有些不是,因此,有关阐释不总是一致或清晰的。通过记录这些差异,观察者的演绎有可能与表演者自己的阐释分开。透过后者,人类学家对表演者的意图或所表现出的目的有所理解,而其功能或仪式的实际效果可能只有观察者才清楚。理查兹由此避免了她所批判的那种循环解释所导致的方法论缺陷。

理查兹揭示了一些早期的有关成人礼仪的错误观点。如她所言,一般的人类学家都是就教育意义来描述成人仪式的;此类礼仪的共同特点之一是新人在有权威的长者监视下被隔离一段时间。这样的群体通常被描述为成人礼仪"学校"。理查兹注意到,"有关中非地区女孩成熟仪式的记述,大多数都有这样的说法,'女孩这时得到有关性和做母亲的指示'这类文字"(本书边码第125—126页,着重出自原文)。本巴妇女对祈颂姑的表述似乎使得这种阐释得以接受:她们特意使用与指欧洲学校的"教育"相同的动词"教"(ukufunda),反反复复地强调,这些礼仪就是在"教"女孩。而理查兹自己的观察使她得出这样的结论:"祈颂姑礼仪既不是教给她们更多的知识或技巧,也不是给她们这样做的权力。"(本书边码第126页)事实上,女孩们学到的是那些歌,而歌中内含有涉及伦理规范和秘密意义的参照,以及一些秘密词语。其中的一部分只有在她们参与了别的女孩的祈颂姑之后才会完全明白其意思,这样做也是她们作为刚刚完成祈颂姑礼仪的女性来为新的女孩完成成人礼仪所必须彻底履行的责任。祈颂姑赋予她们的是获得成为成熟女人的秘密知识的途径。

进一步而言,祈颂姑礼仪的目的是让女孩"成长"。对此观点的深入思考使得理查兹得到如此结论:

> 负责祈颂姑仪式的女人们坚信,是她们促成了她们庇护下的女孩在身上发生了超自然的变化,并留下标志……并保证了从安宁但无生殖力的女孩时代过渡到有潜在危险但有生殖力的女人时代。(本书边码第125页)

理查兹把此礼仪的这一方面称为"巫术",遵从了马林诺夫斯基的"巫术"定义。她认为,这个定义是在短期性与长期性的意义层面上对巫术与宗教加以区分(本书边码第112页注释)。理查兹对本巴妇女自己的说法的阐释,说明了在她们的表述背后所存在的文化联系的复杂性,由此支持了她的观点:仪式是多层面的,不存在单一的解释。

在祈颂姑礼仪上给新人展示的主要器物是姆布萨(mbusa),理查兹称此为"圣物"。这个词的意思是"传承下来的东西",并被"直接这样使用,并被说成是其价值所在"(本书边码第146页)。礼仪上的司仪叫纳齐布萨(nacimbusa),意思是负责姆布萨或传统的司仪。圣物是包含传统意义的实物或图画;其制作本身被赋予了极大的关爱和功夫,但它们是临时的象征物,礼仪之后便被毁掉。它们的作用似乎是祈颂姑礼仪上伦理"教训"的提醒物。但其实不仅如此:它们是仪式中不可缺少的一部分,因为其名称和有关的歌都是成为女人的秘密知识的一部分。这些象征物、歌、舞,以及对它们的模仿在本巴文化的重要价值中有着极其广泛的表现。理查兹将这些价值以表格的形式概括列出(本书边码第140—145页),以便检验"(人类学家所)相信的这些价值与信仰在多大程度上主导着某一特定群体的活动和相互关系,并在这些礼仪中被实际表达或象征出来"。这个图示说明,祈颂姑是该社会仪式体系的中枢,是酋长任职仪式和农业岁时仪式这两个仪式的基础,而负责农业岁时仪式又是酋长最主要的任务。

当然,理查兹也暗示了对这类仪式阐释时的一个困难。她写道,"人类学家还没有掌握将部落价值体系进行分类的实用方法,因此,无法对其进行系统性检验"(本书边码第117页)。对此理论问题,我们仍没有找到答案。"文化"与"社会结构"作为基本概念在对仪式分析时都显得不够用。正如我曾要表达的,文化这一概念使得人类学家能够在某个单一框架下理解一系列价值观问题,并由此能够对仪式细节做出阐释。也因此可以得出单一观点的结论:男人或女人的角色、孩子的价值、婚姻理想和酋长制度、生殖力,以及对权威的敬畏;这种权威在仪式中与其在其他方面的关系及其代表性都可以被区分出来。祈颂姑礼仪可以通过有关火、性和血的危险力这些核心概念,被展现为与母系制和酋长制有关。但是,这些价值是不能用逻辑体系来排序的,不像在逻辑体系中那样某些价值决定另外一些价值。婚姻理想与酋长的传承机制的联系,表现在对神圣的三一论的力量的关注中,但不能对其中的某方面给予逻辑优先的考虑。还有一个特别的弱点是,不能直接联系到所观察到的某社会的成员的日常行为,除非是只看这些行为与他们的理想的联系程度。

在讨论再版本书时,理查兹表示但愿能比她当初更多地强调祈颂姑礼仪的结构意义。这是一个强调程度的问题:在第一部分第三章的题目是"社会结构";她的关于"祈颂姑与部落信条和价值观的关系"的讨论,是以社会结构为概念来组织材料的。这个有关群体组成与社会关系的概念可以将仪式行为与世俗行为和经济与政治"现实"联系起来。本巴村落有个由女人组成的核心小群体,其关系是依辈分资历来确定的。这个原则体现在日常生活的方方面面,甚至展现在孩子们的游戏中。正如理查兹自己所说,在祈颂姑礼仪中,"显示这种辈分地位的礼仪多于其他形式的象征行为"(本书边码第191页)。标志她们成为女人的仪式也是她们依照村里人的辈分顺序表达顺从问候的礼仪。这个主题思想通过对祈颂姑中的"腋窝没有肩膀高"一歌的反复歌唱而得到强调。这首歌表现了此一结构的不可避免性,将女人对男人的服从,以及只有通过年龄才能继承的权威与长辈经验浓缩到了这个身体暗喻之中。

对本巴社会结构的意识,使理查兹将顺从敬畏的戏剧化与本巴人的由政治经济决定的公认权威联系到一起。她的表述至关重要:"因为没有永久拥有财物的形式,这使得对于劳力的支配权力——这里是指对年轻一代的劳力的支配——显得尤其重要"(本书边码第147—148页)。① 祈颂姑的司仪如此阐释顺从敬畏礼仪:"她们在表示愿意和我们一起干活"(本书边码第109页)。本巴年长女人的权力存在于她们对于自己女儿的,以及通过她们对于女婿的劳动力的控制。然而,在仪式中隐含的意义不是母女关系,而是统一的年长女性的权威:"性别群体的影响力胜过以世系为基础的群体。"作为司仪的纳齐布萨也是接生婆,因为这个词语就有这层意思。她也被指望为她所操办仪式的每个女孩生第一个孩子时接生。她还是女孩一生的导师,教她所有照顾丈夫和孩子的实用的巫术细节。将自己的孩子抚养到身体成熟这一母亲角色在她"把自己的女儿交给纳齐布萨"时结束,而由纳齐布萨来检验女孩是否合适做母亲,以便将她吸纳到已婚妇女的群体。

---

① 这一洞察来自布洛克(Bloch,1974,1975)有关血缘组织与仪式两方面的研究。

理查兹在好几个方面强调了女孩成人仪式与母系制的关系。附录甲表述了类似礼仪在中非地区的分别,以及与世系传统体系的关系。祈颂姑这个仪式本身似乎不强调生子传代问题,与社会学理论所预期的相反。而且,在各地都体现出的对婚姻和女孩服从丈夫的过分强调,似乎与理查兹所观察到的现实(婚姻在过去和现在都很脆弱,女人在生过第一个孩子后,对决定在哪里居住有极大的自由)不一致。然而,这个强调与这样一个事实是一致的:村庄必须由头人来说服族人一起来建设。这里所遵从的基本关系是通过与女性(妻子、姐妹和女儿)的联系确定的(见图示 1)。尽管一开始开垦荒地时依靠男人的重体力劳动,但日常农事活动基本上是女性的工作。男人的良好的劳动力组织可以使粮食有异常的增加,而对粮食的慷慨分配 xxvi 是做酋长的标准。一个持久的婚姻会为双方带来对对方劳力的控制。此外,一个男人若想有资格接近他的祖先,必须通过结婚得到一个孩子。因此,婚姻是获得领导资格的前提。对婚姻的强调也因此很容易看出来。可是,对母系的后代传承则缺少类似的强调,而且这一点令人迷惑。如果像埃文思-普里查德(Evans-Pritchard)解释努尔人(Nuer)[①]社会中缺少对父系关系的强调那样只说这是"以以为然",那是不够的。

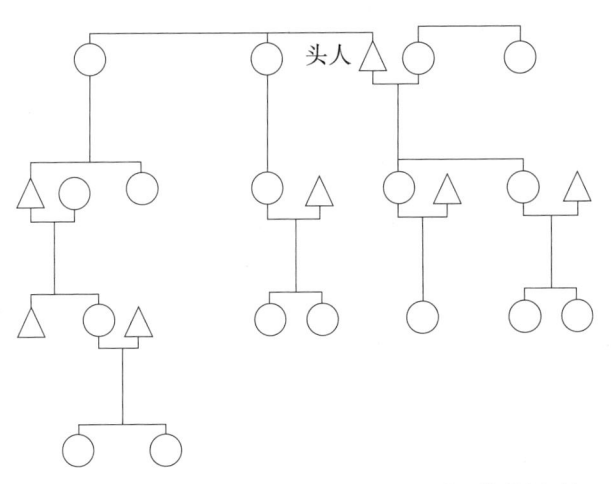

图示 1:一个本巴村落的一部分(摘自理查兹 1950 年,简装版,第 230 页)

---

① 见中文译本《努尔人》,商务印书馆(修订译本),2014。——译者

为了揭示祈颂姑礼仪中所涉及的参与者之间的社会结构,只要认清仪式表演者所代表的类别和角色就足够了。但是,仪式中许多行为和实物,以及象征性俗语都不能对此目的有所帮助,正如上面的图示所表明的。诸如福蒂斯(Fortes)和格拉克曼等人类学家的著作甚至更清晰地说明了这一点。[①] 理查兹借用了拉德克利夫-布朗早期的有关安达曼岛人的研究来展示重要象征的社会意义,不但将它们与其所出现的仪式联系起来,而且还与核心的宇宙观概念联系在一起。本书标志着一个新时代的开始:对象征的意义的关注是仪式研究最重要的议题。

理查兹在多处建议,对象征意义的分析,如对梦的阐释,是心理分析家的任务。正如我已经表述的,当时的一些人类学家直接利用心理分析结果,以便解决将仪式与社会理论相结合的问题。

自从《祈颂姑》首版以来,法国人类学家列维-斯特劳斯(Levi-Strauss)的影响极大程度地改变了对象征意义的分析方法。他的研究似乎为核心问题提供了一个解决答案。在他有关血缘关系和早期神话的文章中,列维-斯特劳斯自称是在社会生活的表象之下,构建了一个根本的结构:勾勒出社会生活结构以及构成一个文化的象征意义的结构。他的《阿斯蒂瓦尔神话》(The Myth of Asdiwal)一文展示了这样一种方法:通过简单的概念配对将环境与经济结构、血缘组织、神话,以及象征意义联系在一个单一的逻辑结构之中。(他暗示,那些概念表示了人类共有的经验。)因此,为了掌握其潜在的信息——不能从叙事文本本身"读"出来的信息,就需要破解一个个单一的神话。其方法是将一组组对立的概念通过多重变异的组合与再组合,最终形成不同结构。因为,在他看来,神话是通过重复来交流的。

列维-斯特劳斯关注的是神话,而不是仪式,尽管他也曾注意过仪式。在他的文章中,[②]仪式表现为有关其他事物的神话的变异,是普遍存在的一

[①] 另见,库伯(Kupper)的系列研究(1944,1947,1973);格拉克曼(1954);比德尔曼(Beidelman)有关斯瓦兹(Swazi)王族仪式(ncwala)的研究。后者受到了列维-斯特劳斯的影响,我将在下文讨论。

[②] 《结构人类学:第一卷》(1963)中的两篇文章:"巫师与他的巫术"和"象征的灵验"。在《结构人类学:第二卷》(1977),见"无文字民族中的宗教比较"和"相邻民族的仪式与神话间的关系与对称"。

种逆转现象,可由此界定不同民族的差异。在他有关神话研究的四部巨著[xxviii]的最后一本《裸人》(L'Homme Nu,1971)中,他详细论述了一个作为神话对立面的仪式的普遍理论,再次把神话联系不起来的破碎枝节连接起来。这个方法对人类学的影响还需要更长的时间才能看出来,但他的神话学著作已经激励了许多人类学家将研究神话的方法转移到仪式研究。利奇(Leach)运用结构主义方法阐释了一个汤卡有关其社会制度的神话。还有的人将结构主义分析方法直接运用于对仪式象征的分析。就我所知,还没有人将仪式的象征结构与列维-斯特劳斯的对亲属关系研究有极大影响的亲属关系基本结构联系起来。①

祈颂姑仪式中隐含的血缘结构将生子传代与仪式的其他主题、世俗生活,以及政治经济"现实"联系在一起。仿佛是几个结构相互重叠,以至于每个模式中的每个元素都有多重意义,并将不同层次的意义联结起来。如果我们从血缘结构着手,我们会发现母系的传承是由对立的姻亲关系来确定的,而姻亲关系又必须依循外婚制来创造。祈颂姑仪式中的主要血缘关系角色是女孩的母亲、父亲,以及母亲的姐妹。母亲扮演观众的角色,并帮助她的女儿。一旦女孩没能通过"考验",被责怪的是她的母亲,而父亲的责任很小,尽管他也会帮助仪式做些事。父亲的姐妹则扮演主要的血缘关系角色。还有一个重要角色是由新郎来扮演,但他也可以由他的姐妹或表姐妹[xxix]来代替。双方的主要角色都是姻亲关系,因为女孩父亲的姐妹是她母亲的姻亲;她也可能是女孩的婆婆,因为母系的姨表婚是本巴人的主要婚姻形式。所以,这个仪式展现了两个世系:女孩自己的和她父亲的。这是列维-斯特劳斯所指的基本结构(见图示 2)。

尽管本巴人相信孩子的成型完全是靠母亲,由母亲的祖灵赋予生机,但是,本巴人将受孕视为养育孩子过程中最关键的转折。丈夫使怀孕开始,并

---

① 见,《仪式的阐释》(拉封丹编,1972)中索霍尔(Southall)和利奇的文章。利奇在附录中再现了他与我之间的讨论,关注的是汤卡人血缘关系中的仪式与根本信仰之间的结构对称问题。在此,我再现我当时的观点,他对此不负责任。有关结构主义阐释的文献很多,仅列举以下几部:罗萨尔德(Rosald)和兰弗瑞(Lamphere)(1974);比德尔曼(1966);尼德姆(R. Needham,1973)与贝蒂(Beattie,1976)的比较。

以得到他所带来的孩子为礼物。两个世系因此处于给予孩子和接受孩子的对应地位。此外,一个男人必须在他能够接触自己的祖先之前展现出他能通过婚姻得到孩子的能力,这样才能作为回报把孩子传给他的妻子。通过仪式,他被赋予责任保证自己世系的延续。因此,婚姻也是配偶之间的交换:每一方都具有被相关姻亲世系所赋予的完整成人的能力。

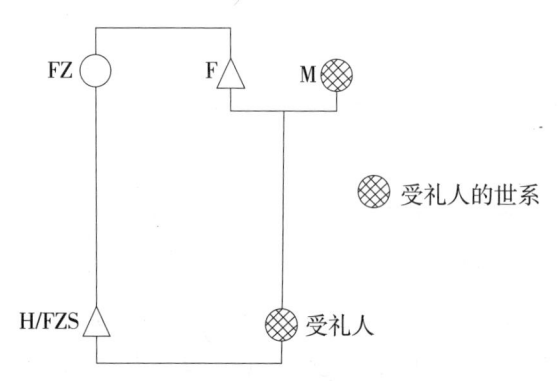

图示 2:祈颂姑仪式中的主要血缘角色。

  母亲被禁止参与自己女儿的成人礼仪;但女人可以且通常是负责自己兄弟的女儿的成人礼仪,并对这些女孩有行使可能毁灭其生殖力的咒语的权力。纳齐布萨本人为受礼的女孩提供保护,也传给她一个婚姻罐,以便新妻子净化她本人和她的丈夫,以防他们神秘地污染对方和伤害他们的孩子。所以,这个司仪应当是父亲的姐妹,代表着在上一代通过婚姻将女孩带到这个世界的世系,使女孩成人育子,同时她也担当女孩生产时的接生婆。

  所以,血缘关系的基本结构与一套婚姻和育子的理论平行对应:生殖力与仪式知识由一个世系赋予另一个世系,以便激发接受方成员的潜在能力。总的说来,仪式知识由女人专有;这种知识将身体成熟的女孩转变成潜在的妻子和母亲。从这个意义上说,父亲的姐妹,也就是纳齐布萨或司仪,代表着女性群体;她也可能是自己家族之外的部落里的年长女性,受到女孩的服从和敬畏。作为司仪,她可以指望在接下来的仪式中得到受礼女孩的帮助;作为父亲的姐妹,她有权力指挥家族内部事务。所以,这个仪式解除了女孩母亲的单独控制权,赋予女孩在群体中的责任。正是在这种背景下,我们才能理解本巴女人所说的:她们"把女儿交给纳齐布萨";她们放弃了对女孩的劳动力的专有控制权。作为交换，她们会得到女婿的敬重伺候，而女婿也在做父亲的同时，在岳母的世系中"找到家"。

新郎的角色是双重的：他被表现为是一个酋长、战士或是一头狮子；而在仪式的其他场合，他或他的替代者表现出戏谑丈夫角色的样子，为仪式参与者带来笑声（本书边码第73—75页）。前者是明显地与酋长地位有关的联系，因为狮子是酋长的象征，新郎都被描绘成狮子。酋长的神秘力量本质上是他的男性生殖力。男人是行为的发动者：丈夫先为妻子清理出丛林里要开垦的园子，他与妻子在一起睡觉为的是能够得到孩子。酋长的责任是为他的部落或领地带来生殖力和福祉；他让自己的领土"温暖"，率先与祖先打交道以便保障他的族人安康。一个酋长的力量，像普通人一样，必须通过类似的禁忌来避免受到污染，而所有的男人，包括酋长，需要依赖他们妻子所拥有的配偶仪式知识。妻子们负责食物的准备，生养孩子；菜园里的垄背是妻子的象征，由她的丈夫来"开垦"。但是，正是靠有关"传承下来的"的知识，即女人的知识，丈夫和酋长的力量才得到维持。潜在的力量，或潜在的生殖力是危险的，必须通过传统仪式知识来保持它洁净。

酋长的角色尤其充满危险；他独自在为未来的村庄所选的丛林里与妻子睡觉，以便"温暖土地"。他所处地位的危险通过仪式得到保护，而这些仪式是由非常高贵的家族的代表所"拥有"或实施的。这些人虽然对他的力量有所限制，但保护了他的生殖力（Richards 1960）。① 酋长地位、男性生殖力和繁殖力都有赖于局外人，被视为相反性别的人和不同世系的人，或是姻亲而不是血亲的人。

祈颂姑仪式利用了所有这些抽象因素，但也强调了另外一个因素：年龄的权威。受礼人对年长女性的顺从是仪式的明显主题。但本巴男人对长者的类似敬重表示都只是间接的，尽管它也存在。作为一个新婚的男人，本巴丈夫是他妻子村落的陌生人，注定要为岳父和村里其他人效力，必须使用最敬重的言辞。只有在他们对他表示满意以后，他们才会举行最后的婚姻仪

---

① 但是，在他的新娘完成她的祈颂姑后，他就免除了与她的第一次性交的危险。另外一个男人会"吃酋长的祈颂姑"。（见本书边码第33页）。

式,允许他从村里把新娘领走。男人的权威体现在父亲对女儿,以及母亲的兄弟对后辈族人上。代替新郎角色的新郎的姐妹所表现出的诙谐戏谑,再现了他作为女婿的服从角色,而姻亲的男性代表角色和养育孩子能力的接受者角色在仪式的最后阶段才有所表现,并必须由新郎本身表演。在理查兹所观察的仪式中,其中有一个女孩的新郎不在场;有意义的是替代他的角色是个男性,他的表弟,而不是女性(如他自己的妹妹)。

上述的最后阐释一定程度上只是理论推断。我们是基于比较肯定的前提论断这个男性女性二元对立模式的仪式意义:丈夫与妻子;兄弟与姐妹。正如理查兹和一些学者所示,母系关系依赖于兄弟-姐妹关系:后者的孩子是前者的财产继承者。兄弟-姐妹的对应关系也出现在祈颂姑仪式中,其表面传达的信息是有关丈夫与妻子的关系。前面已经说明了父亲姐妹的角色,但还有其他例子:姐妹扮演新郎的角色,堂表兄妹(兄弟或姐妹的孩子)可以互相替代,并且有一个重要礼仪(第九天,本书边码第 82—83 页)专门再现兄弟姐妹关系。两个陶土人像,男性和女性,代表兄弟和姐妹。当地人的说法是一个兄长在安慰一个失去父亲的小妹。女性的形象表现得依赖于男性;采用失去父亲这个说法似乎是在强调她在核心家庭中得到父母权威保护的孩子角色被剥夺了,而与安排自己婚姻和保护自己利益的本族世系的权威联系在一起。兄妹代表了一个世系的男性与女性的两方面,①犹如丈夫与妻子代表各自不同的世系。配偶的任何一方都代表着兄弟姐妹的对应关系,通过婚姻而联系到一起。

总而言之,男性与女性的概念形成了整个结构的基础。年龄的权威通过仪式得到强调,但女性之间的统一性和她们控制繁殖的能力也得到强调。这个主题是理查兹在揭示妻子对丈夫的服从时引申出来的。她在前言中强调了本巴人有关男性权威与女性服从的理想。然而,她清楚地指出,年龄不仅给予一个女人更大的权威,而且还有她对其他事物的控制力量。纳齐布萨具有权威和力量两者:在多重意义上,她是酋长的女性对应者。其与酋长平衡的纳齐布萨权力通过她穿酋长的外套得到象征,并通过主要是赞美的

---

① 最高酋长齐狄姆库鲁的母亲和姐妹也是酋长。

歌得到突出。受礼者表现得不仅顺从于丈夫,而且也顺从于年长的女性。本巴女人被周围部落的男人视为不依靠男人的女人。理查兹向我们说明了为何如此。而祈颂姑仪式表现出的还有本巴社会中男人的主导地位。

受到列维-斯特劳斯的结构论影响,对男性与女性的定义一直是许多人类学著作的核心(Rosaldo and Lanphere 1974)。尽管我也在别处集中探讨过这个题目(La Fontaine 1981),但似乎在此再讨论一下也并无不妥。列维-斯特劳斯主张,所有的社会都是通过在文化与所处环境(被定义为"自然")之间做出标志来界定自身的。在他的著作中,"自然"一词指的是环境,包括其他人类,这也是用以思维的原材料,通过人类的二维结构来排列,从中文化得到构建。在这种意义上,"自然"是"有助于用来思考的",但是"自然"也指思维中的一个类别,是对立于人类社会和文化的一个文化概念。从前者的意义上说,这是个普遍概念,因为人类对所处世界有所思考,并以他们界定自己的世界和社会的方法以及形成自己行为的方法来组织他们的感知。从后者意义上说,"自然"是具有文化属性的概念,尽管在逻辑上并非是所有文化都具有同样的内容。正是因为对这两层意义的分辨不清导致一些"结构主义的"著述令人迷惑。

不可否定的是,文化代表着其自身的社会秩序,仿佛是自然的,也因此无法改变。本巴人唱道,"腋窝没有肩膀高",并将其阐释为权威是被自然赋予的,是年龄和男性本身的特质。刚才提到的罗萨尔德和兰弗瑞所编的文集,以及依此思路所发表的著作的作者都运用了结构主义分析,从文化的普遍性到仪式的特殊性均提出主张:在所有社会中,女性的身体特质一直被用来代表女人的"自然"状态,因此"自然地"被男人主导,而男人则代表与女人的"自然"对应的"文化"。

或许也可以如此阐释有关本巴人的记录材料。女人以菜园来代表,被她的丈夫"开垦";她身体方面的月经和分娩过程是具有危险的污染力的,因此,必须受到控制。但是,在我看来,如果不加思考地接受这个观点就会误入歧途,因为,正是女人的巫术知识,被女人所拥有和运用的知识,才使得女孩转变成女人。不仅如此,祈颂姑清楚地表明,成功地得到女人身份是要被传教和习得的;这并非一种"自然"特质,因为一个没有经过祈颂姑礼仪的女孩就是"没烧过的泥罐",是"废物"(本书边码第 120 页)。这个结论来自理查兹自己的讨论,尽管她所用的言辞现在已经不像她那个时代为人所熟悉了。因此,还需要一些展开讨论。

理查兹在第一版前言中写道:

> 在多数社会,人们在心目中对性成熟的概念与社会成熟有着某种联想,但在那些成熟期仪式最发达的文化中,两者的偶合被视为相对明确的:成熟期仪式或是被作为获得成人的政治、法律和经济角色的机会,或是被视为逐步获得这一系列角色的第一步。(本书边码第 18 页)

她继续写道,"成熟期礼仪的这种双重性,在我看来,极其重要,因为它丰富了那些标志着原始社会中男孩或女孩在人生中的身体成长事件的仪式种类。"

她接着提出,那些关注男孩或女孩社会成熟期的获得的仪式,其有关性成熟的联想处于最低限度,正如范热内普所指出的。相比而言,那些以性成熟为核心的仪式,其实施都是针对个体。在本书的第二部分,理查兹通过构建礼仪的关系图,为祈颂姑礼仪做了分类,讨论了个体与群体,以及性成熟与社会成熟这两个变量的多变性。将祈颂姑分类为适婚性礼仪(尽管书名也称之为成人礼仪),暗示了此礼仪不是强调身体成熟,而是社会成熟。本巴女孩在初潮时要接受一个个体化的成熟期礼仪。这个礼仪与祈颂姑礼仪不同,是为了保护她本人和部落避开经血污染的危险(参见 La Fontaine 1971)。即使是成熟期仪式也暗示着具有女人身份的"自然"特质也必须是以文化来转变的。祈颂姑礼仪本身可以为多个女孩同时举行;可以在结婚之前举行,且包括新郎角色。将祈颂姑标为"成人礼仪"清楚地证明理查兹是将此礼仪视为有关社会角色的礼仪。如果利用后来发展出的术语,可以说妻子身份与母亲身份是"文化"的一部分,不是"自然"的一个表现方面。如果沿着理查兹的思路,将女孩成人礼与母系制和酋长继承制联系起来,我们就会认识到女人的角色对本巴社会结构至关重要,女人的权力在社会中的分配与其行使权威具有同样的重要意义。

然而，列维-斯特劳斯及其追随者都受到文化这个概念的限制，因为其对立概念的联系是很难看出来的，如男性与女性、自然与文化，而它们反映出的关系不仅只有一种关联方式。奥特纳（Ortner 1964）主张，这种联系告诉我们，自然与文化这两个词描述的是女人和男人；但也可以说，依我的较受欢迎的观点，这种联系是人为的，自然与文化被女性和男性所象征了。其结论不是男人对女人的主导，而是文化对自然的控制。

布洛克（Bloch 1974）不久前批判了人类学有关象征的理论，认为其关于仪式只是表达意义的载体的假设是忽视了象征产生的大背景，象征被从仪式进程中分离出来讨论。与此对立的是，本书明确表明，仪式是超越其他形式的、有目的性的行为。理查兹对祈颂姑礼仪所表达的目的的讨论（第三部分）展示了她的观点："礼仪的目的无疑是一种要'做'某事的努力行为，如改变不理想的或保持理想的"状态（本书边码第113页）。她描写了那些刚受礼的女孩在仪式结束后来到她的门前的场景，并做了很有意义的评述，"事实上，当我想起那些在几个星期里被戏谑推搡、浑身脏兮兮、充满惊恐和疲倦的孩子，再对比她们经过祈颂姑礼仪后成为娴静害羞的新娘时，我对'过渡礼仪'一词开始有了新的理解。"（本书边码第109页）祈颂姑礼仪的目的是将女孩转变为负责任的年轻女人。正如理查兹所说，"这个礼仪是为了以超自然的手段改变自然进程，而且，也是要检验这些改变是否已经发生了。"（本书边码第121页）

这些洞察使得我们有可能将仪式作为一个整体来理解（见 La Fontaine 1977）。祈颂姑仪式包括了对各种磨难的经受，而成功完成这个经历的结果本身也证明了该女孩的确由此而得到改变。这些经历都由纳齐布萨安排；她利用了本巴的传统知识，这些"传承下来的东西"被以实物的形式来象征。仪式的成功既表明了传统的有效性，其改变事物的力量，也证明了基于经验的权威的合法性。女孩就是被专家塑造的材料，犹如陶罐被塑造出形状；她们是仪式的场景本身，不只是主体，亦即将人的原始本性转变为有责任的社会人，而仪式同时证明了本巴传统文化的有效性。

本书所描述的祈颂姑礼仪比当时其他的同名礼仪的记录都详尽。即使在当时，也有一些女孩结婚时没有被"跳舞"。可见，当地传统在那时因为英国的殖民统治已经通过政治和经济变化而稳步地被侵蚀了。无论如何，如我所力图表达的,本书包含的不只是对一个不再表演的仪式的经典描述,并将其置于特定社会和文化背景进行分析,而且也提出大量想法,刺激我们去思考仪式与社会生活的关系。

参考文献

Beidelman, T. (1966) Swazi Royal Ritual. *Africa* Vol. 36, No. 4:372—405.

Bloch, M. E. F. (1974) Symbols, Song, Dance and Features of Articulation. *European Journal of Sociology* 15:55—81.

——(1975) Property and the End of Affinity. In M. Bloch(ed.) *Marxist Analyses and Social Anthropology*. ASA Studies. London: Dent.

Gluckman, M. (1954) *Rituals of Rebellion in South-East Africa*. Manchester: Manchester University Press.

——(1962)(ed.) *Essays on the Ritual of Social Relations*. Manchester: Manchester University Press.

Gough, E. K. (1955) Female Initiation Rites on the Malabar Coast. *J. R. A. I.* 85:45—80.

Kuper, H. (1944) A Ritual of Kingship among the Swazi. *Africa* Vol. 14:230—56.

——(1947) *An African Aristocracy*. London: Oxford University Press.

——(1973) Costume and Cosmology: The Animal Symbolism of the Ncwala. *Man*(n. s.) Vol. 8, No. 4:613—30.

La Fontaine, J. S. (1977) Ritualization of Women's Life Crises in Bugisu. In J. S. La Fontaine(ed.) *The Interpretation of Ritual*. London: Tavistock.

——(1978) The Power of Rights. *Man*(n. s.) Vol. 12:421—37.

——(1981) The Domestication of the Savage Male. *Man*(n. s.) Vol. 16:333—49.

Levi-Strauss, C. (1963) *Structural Anthropology I* (English edition). NewYork/London: Basic Books.

——(1977) *Structural Anthropology* II (English edition). London: Allen Lane.

Ortner, S. (1974) Is Female to Male as Nature is to Culture? In Rosaldo and Lamphere (eds) *Woman, Culture, and Society*. Stanford, California: Stanford University Press.

Richards, A. I. (1960) Social Mechanisms for the Transfer of Political Rights in Some African Tribes. *J. R. A. I.* Vol. 9:175—90.

Rosaldo, M. Z. and Lamphere, L. (eds) *Woman, Culture, and Society*. Stanford, California: Stanford University Press.

Turner, V. W. (1962) Three Symbols of Passage in Ndembu Circumcision Ritual. In M. Gluckman(ed.) *Essays on the Ritual of Social Relations*. Manchester: Manchester University Press.

——(1964)Symbols in Ndembu Ritual. In M. Gluckman(ed.)*Closed Systems and Open Minds*. Edinburgh and London:Oliver & Boyd.

Wilson,M. (1957)*Rituals of Kinship among the Nyakyusa*. London:Oxford University Press for IAI.

——(1959)*Communal Rituals among the Nyakyusa*. London:Oxford University Press for IAI.

28　祈颂姑

中非地区的祈颂姑或类似祈颂姑仪式的分布图

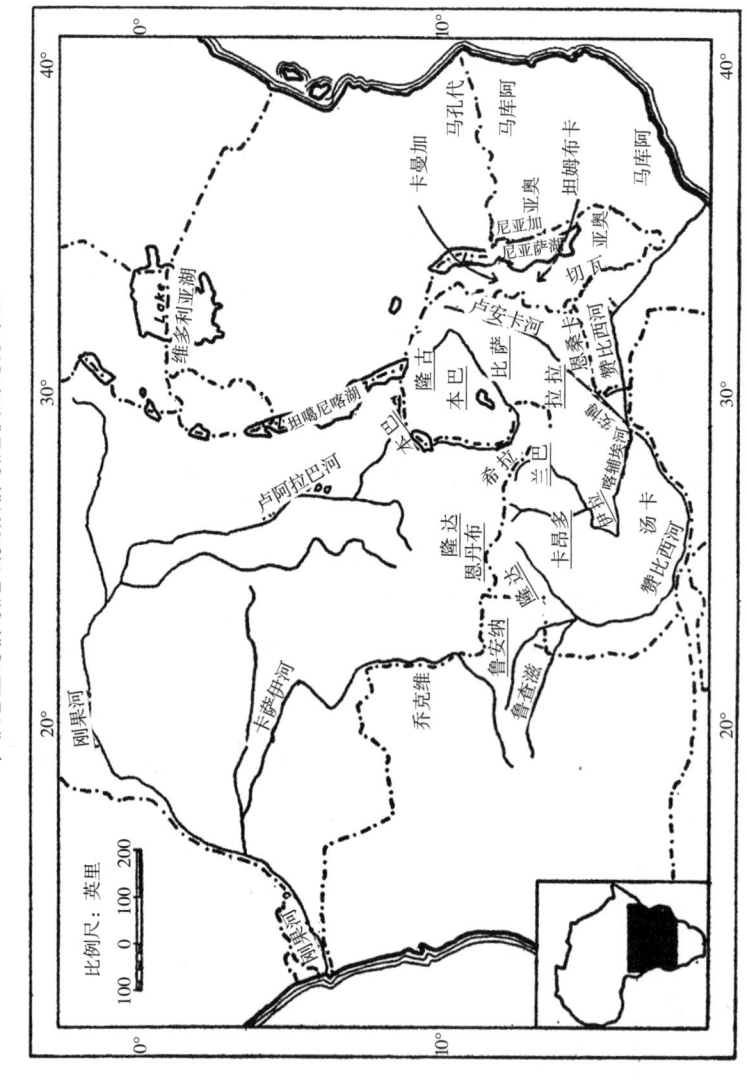

地区界限标志：—·—·—
下划线标出的是实行称为祈颂姑仪式的部落。

第一部分　文化背景

环境与活动

本巴曾经是北罗得西亚①东北高原上最重要的部落。他们有个集中的管理机构,最高酋长是齐狄姆库鲁(Citimukulu),其帝国曾经占据四大湖之间的整个地域。②齐狄姆库鲁曾是中非的赞比亚地区最强有力的君主,曾迫使远在北方坦噶尼喀地区的塔波拉人(Tabora)向其纳贡。本巴人至今仍为其过去的统治地位感到骄傲,并认为他们的传统应该保留。本巴的男人和女人都有一种胜过周围部落的优越感。

本巴现在是个小部落。在我做实地调查时,他们的人口有15万。可是,他们居住在非常广袤的高原,彼此相距甚远。每平方英里的人口密度是3.67人。每个30户到50户人家的村落彼此之间相距5英里到20英里。所以,他们的地域较之人口显得尤其广阔。本巴人从事轮耕制和烧荒式的农业。他们的主要粮食作物是穄子米,也种植高粱、玉米、豆类和葫芦。木薯的种植是现代引进的,因此,在祈颂姞礼仪中没有体现,不像其他的主要农作物。

本巴女人主要负责粮食的生产。要想开垦一片地,男人要先砍伐树木,女人把树枝堆到地中间,这样可以烧成灰,耪成垄,然后播种。把树枝拉到一起是个重活,也让女人似乎感到自豪。选种子和播种也是女人的活。她们也负责收割主要的谷物,以及在村落周围的耕地种蔬菜。

本巴的土地有良好的灌溉资源,但土壤贫瘠,产量很低。年年粮食短

---

① 现为赞比亚,以下同。——译者
② 指班韦卢湖,姆韦鲁湖,坦噶尼喀湖和尼亚萨湖。——译者

缺，最糟糕的年份会有饥荒。这种短缺现在可能比过去更为严重，因为有劳动力的男人不断离开村落，到矿区去找工作了。但在欧洲人到来之前，饥饿似乎也很明显，这可以从他们的老人所讲的民间故事中看出来。也许由此，女人控制和收割粮食的重要性尤其得到强调。本巴的许多仪式都是围绕粮食生产进行的。例如，有播种和收割礼仪，第一批水果收获礼仪，在开荒砍树前有祈福礼仪。

本巴人居住在海拔四五千英尺的高原上，到处都是灌木丛和矮树林。是典型的草原型森林，除了一些小河床之外，间或有些植物断裂带。本巴人可以被描述为典型的森林人。他们依靠树林为谷物提供肥料，因为他们相信只能在把从高树上掉落下来的树枝烧成灰的地里播种主要的谷物。本巴男人都是好猎手。尽管现在猎物不多了，但在森林里打猎被视为最快乐和令人兴奋的活动。在仪式中，他们所表演的最重要的考验形式就是借助占卜的狩猎活动。

丛林也为当地人提供了大量的食物，如野菜、蘑菇、蜂蜜和毛毛虫。本巴女人必须学会识别村落周围的丛林资源，因为如果没有这些知识，她和她的家人就不能在每年缺少粮食的饥饿月份活下来。一个十岁或十一岁的本巴女孩能辨别三四十种蘑菇：哪些能吃，哪些有毒。本巴人也利用木材造房子，做家具，做厨房用具，也做柴禾。除了经济用途以外，丛林中的树木被相信具有巫术特性；即使是随便搜集的一些"药材"，就包括有四五十种具有巫术力的树种。

本巴人将他们的世界两分为村落（*mushi*）和丛林（*mpanga*）。村落代表了文明的、有秩序的生活方式；丛林代表了一种神秘的、危险的环境，必须通过哄骗来让它为人类产出有用的东西。精灵在丛林中游动，并可能利用树来施展巫术。如同其他一些班图语言，树（*muti*）这个词和"药"是一样的。本巴人将村落与丛林、野生和未开垦的与驯化了和开垦了的生活领域之间予以分界，这在祈颂姑和其他礼仪中常常得到反映。

本巴的经济方面几乎没有特色。手工艺很落后。男人做衣服、编篮子和席子、做家具、做鼓，还有其他一些木器，而制陶则是女人掌握的唯一的工艺。如后面所描述的，制作陶器人物是祈颂姑礼仪的一个重要部分。

本巴人在欧洲人到来之前,没有任何形式的可储藏的财富。房子在过去和现在都是非永久性建筑,随时受到白蚁的侵袭。他们必须不断地再造房子;整个村落每隔四五年就要搬迁一次。土地的开垦只有四至八年,之后就又变成丛林,因此,菜园等都不是传承下来的。牲畜是东非人最普通的积蓄财富的形式,但也无法保留,因为采采蝇病疫在大多数地区流行。的确,一个男人除了可传承的弓以外,几乎没有什么能在死后留下。本巴人的财富是指对族人、徒弟,以及使先前的奴隶为其服务的指使权力,而不是有形物的积累。食物的储藏和对家人的分配是女人最重要的责任之一,因为正是基于她的成功管理,才可能发展出一个大家庭,以至最终建成一个村落。可是,本巴人几乎没有多余的食物用于交易。以物换物的交易很不发达,市场则根本不存在。在村落与村落之间,有一定量的食物分配以满足血缘关系的责任。

我在那里的时候还没有经济作物被引进。为了有现金收入,本巴男人离开村落到南部矿区寻找工作。在1931年,有40%到60%的男人离开本巴地区。尽管这种现象可能始于1920年代,可已经对本巴人的婚姻制度产生了影响,并体现在祈颂姑礼仪中。

本巴人的居住环境也影响到他们的健康状况,给他们带来很多焦虑。疟疾是当地的流行病。我在那里的时候,肺方面的发病率很高。三岁以下幼儿死亡率很高。其原因被医学专家认为是孩子断奶后,通常是在两岁至三岁期间,一点也喝不到牛奶;而且也由于感染导致的胃肠痢病。新生儿的死亡也很常见。女孩似乎在进入成熟期后马上就怀孕,一般是十五岁或十六岁。她们在生孩子之前和之后,几乎得不到有经验的照顾。村落的偏远分布也使得政府很难提高欧洲式医疗设备的效率。传统接生过程对母亲来说是极其耗费体力的,而且,接生婆也无法保证欧洲式接生法所需要的卫生条件。

本巴女人似乎习惯了食物短缺的季节,但她们对孩子面临的风险却尤其放心不下,因此她们所实施的巫术仪式,大多与保障婴儿的健康有关。祈颂姑礼仪便是个例证。

意识形态与信条

本巴人将他们的福分与不幸归属于超自然体,其运作或是受人的(或活人或死人),或是受非人的巫术力量(或善或恶)驱使。本巴人不相信所谓的"运气信条"(dogma of chance)。①

(a)人的巫术力量存在于:

1)祖先精灵(*mipashi*),主要指母系的祖先,可以借助神龛、酋长的墓地或者是后代的房子来沟通。祖先的精灵也可以随着孩子而转生,因为孩子需要这个精灵保护,或是通过母系,或是通过父系,或是通过他们所居住的地域的贵族世系。这些有保护力的精灵也可以被继承下来:逝去的男人或女人的一个同性近亲,可以通过他或她的名字获得他或她的精灵。

2)邪恶精灵(*fiwa*),指的是那些死于暴力伤害,或是由于悲痛而离世的人的精灵。邪恶精灵会回来用疾病或不幸来伤害他们的后代。

3)活着的人可以通过祝福(*ukupala amate*)创造福分。他们祝福的主要方法,是召唤那些他们有权力呼唤的祖灵,或是利用诅咒,通过某种不很明确的邪恶力量。酋长或是有权威的男人的祝福尤其具有生殖力,因为这些人有能力借用强有力的精灵。一个母系的头人,或是一个重要成员也可以用同样的祝福方法。一个有社会地位的人,如果受伤或没得到应当得到的,便会受到他人的惧怕,因为他可能撤回了他的祝福,或事实上说出了诅咒语(*ukutipa* 或 *ukulapishya*)。这一咒语与怀孕生产有特别重大的关系,因为姑姑的恶意可以导致女人失去生育力,或是男人失去生殖力。这被称为"大咒语"。但是,受伤的人还有许多可用的咒语。这些受伤的人,如果他们的财产被偷盗了,或是受到特别恶劣的对待,就可以"投出闪电",甚至被认为可能"投出狮子"。

(b)非人的巫术力量存在于:

1)一般的巫术(*bwanga*),存在于多种树的树叶、树根或树皮中,或是丛

---

① 我借用了戈德弗利·威尔森(Godfrey Wilson)和莫尼卡·威尔森(Monica Wilson)在《社会变化的分析》(*The Analysis of Social Change*,1945)中所用的这一术语。

林里，以及许多活的载体(*fishimba*)，如动物或人的某部位，可以被特别的巫师(*ŋanga*)用于有益的目的(健康、丰产、多育和成功)或有害的目的(疾病、死亡或颗粒无收)。布罗施(*buloshi*)是一种邪恶巫术，由那些被信具有超自然力量的人掌控。

2)性、血和火影响的巫术力量，如果被错误地施于彼此，则被视为对每个本巴人，特别是婴幼儿，都具有极大的危险。婴幼儿被认为极易受到许多危险的伤害。这种巫术对酋长也有特别的伤害，因为整个领地的希望都寄托于他。这个信仰体系极其复杂，但是，如果要想掌握祈颂姞礼仪的意义，就有必要去努力理解它。与性和火有关的信条，是存在于本巴人的多数仪式行为背后的互信共识。

简言之，本巴人认为，性关系让一对人"热"。在这种状态下，他们在任何祈祷或祭祀礼仪上去接触祖灵都是危险的，同样，如果没有通过净化礼仪去接触那些行使这些礼仪的酋长或头人，可能会有为这个地区带来灾难的危险。酋长的神龛由年长女人或世袭的祭司来保护，因为她们保持着性禁忌。如果酋长不严守性禁忌，或是没有经过净化礼仪就接触祖先，就是"玷污领土"(*ukuonaula icalo*)。

所有性成熟的人，事实上都由一个特别的词(*wa kuboko*)来区分，并因为处于"热"或可能会"热"的状态而被排除在礼仪之外。这样的人可能通过触摸而污染火炉，而从这个炉子上给孩子做的饭在喂给孩子后可能导致生病或死亡。性交后不净化的父母，在不小心触摸了炉架后会有引起孩子死亡的危险。奸夫尤其危险，因为他们不能净化自己；必要的礼仪必须由丈夫和妻子一起来进行。小孩子和母亲因此要避开啤酒，因为"坏"人聚在炉子边喝酒，得不到照顾。婴儿的饭常常要用不同的锅在不同的炉子上做。本巴人做母亲的艺术，事实上很大程度基于保护孩子免于火的危险。新生儿还"没熟"(*mubishi*)，处于特别危险的状态，直到被父母通过一次性交行为和点着一堆新火才被"摘"下来(*ukupoka umwana*)，通常是几个月后。为了保护婴儿，必须以将他举过一堆特别的火焰来将它"带到火里"，这样才能将它第一次放在乳房上吸吮乳汁；或是在脐带脱离后(*ukumwalawila*)再举过火焰。如果婴儿的父亲不在家，就不能举行"摘孩子"礼仪；要给孩子用特别的药(*umuti wa lueshya*)。母亲和接生婆把旧火熄灭,给房子抹上泥,点起一堆新火。然后,她们把婴儿带到男人们的房子,那里被认为有很多"带着热"或"带着坏东西"的年轻人;或是带到厨房,那里的人都被认为没有经过净化礼仪。在这危险的过程中,她们给婴儿喂在新火上做熟的米粉粥以便给它抵抗力。"吐食礼"(*ukumukokotola*)是由一个正在经期的女人,往婴儿身上吐生的食物,为的是让婴儿能被另外这样的女人安全触摸。这些方法都被认为是基于同感原理来保障免疫力的礼仪。

酋长的圣火,领地之火,必须格外小心地保护:被放置在隔开的房子里,并由一位年长的、生过孩子的、正做妻子的女人来保护。酋长的饭通常由一个男人来做,而不是女人。

解除由性交引发的危险,必须举行一个特别的仪式。此礼只能由合法结婚的一对夫妻来实施。由此可见,仪式规则与婚姻关系规则之间有着紧密的联系,而且,决定母系力量的巫术信仰极其重要。在婚礼上,每个新娘由她的姑姑牵着;姑姑的手里拿着一个约两寸半大小的小陶罐,而且,必须以极大的神圣性来保护它。只有有了这个陶罐,净化礼仪才能举行。把陶罐注入水,放在火上,男人和妻子一人拿一边。妻子用罐里的水浇在丈夫的手上;丈夫也对妻子做同样动作。然后,用取火棍或是现在常用的火柴再次点燃新的"净化"火。这个看似简单的礼仪是至关重要的行为:将热的状态从男人和妻子身上去除,免除罪罚并给予他们触摸炉子或接近祖灵的自由。当地有的人说,这个礼过去要在每次性交后举行;有的人则说,过去只是在特别的仪式之前举行,如收割庄稼时。现在大家还是带着极大的神圣性和羞色来谈论这类事,而且,尽管有传教士的阻碍,此礼仍在延续。在酋长的仪式生活中,陶罐仪式具有特殊的重要性。[①]

因此,将已婚夫妇结合在一起的仪式性联系在本巴社会尤其紧密。总是丈夫和妻子在一起时才能进行危险的性行为;他们也因此将自己置于对方的控制力量之下,也互相依赖地来举行缺一不可的净化礼仪。[②] 他们的

---

① 参见《北罗得西亚的土地、劳力和饮食结构》,1939,第365页。
② 在一夫多妻的家庭,只有长妻可以为丈夫举行陶罐仪式。由此确立她与其他妻子之间的法规性和仪式性地位的差异。

婚姻关系从一开始就被仪式化了。

在举行重要仪式时,如在建立新村落时的"暖地"仪式、酋长的授权仪式、结婚仪式、死亡仪式,或是为孩子举行的保护仪式,旧火必须熄灭;新火必须用点火棍或火柴点燃,而且,房子里的地面必须用新泥抹过。这些行为标志着污染被彻底去除了。火也受到"冷"的东西或人的伤害。与尸体接触使火变冷;接触经期女人也使火变冷。经期女人被用礼貌语言描述为"处于冷状态"(akuba na mpepo)或"怕火"(atina umulilo)。那些吃了这样的女人在火上做熟的饭的人注定会生病。

事实上,就家庭炉火而言,最常有的危险是处于经期的主妇自己的触摸。她必须小心地避免触摸她丈夫和孩子用的家庭炉火。她有分隔开的自己用的小炉火。如果这个小炉火灭了,她只能从一个生过孩子的女人或一个没到成熟期的女孩那里借火。对她来说,这期间与丈夫性交简直是不可思议;而且,她哪怕是不小心露出经血也会有严重的惩罚。经期女孩哪怕是让一滴经血落在丈夫的床上,或是在别人也用的河里洗东西,便会给周围的人带来疾病。我被告知,这样的女孩会受到同性同伴的惩罚,让她坐在火炉边直到她的肉被烤焦。

在经期结束后,旧火被熄灭;要有仪式性的性交行为,然后,点燃新火(ukusangulula)。这个词也用于村里在经历死亡污染以后举行的相似的净化礼仪。

杀死人或杀死狮子的人也可能因为处于"热"而伤害火。这样的人做了可怕的事,必须经过净化仪式以后才能吃熟食。在我还在当地时,发生了一起杀人案。一个本巴人侦探发现了破案的线索。他在一天晚上偶然听说某两个人没有和别的男人一起吃饭。"他们吃自己的冷饭"。这也就是说他们没有被净化,不能和别人一起坐在公用火边,因此,可以推断他们是凶手。

有关这些信仰的力量或是它们对日常生活影响的程度,其重要性无需夸大。每到村里做饭的时候,小孩子被指使到那些经过净化仪式的邻居家去取"新火"。处于经期的女人召唤她们的姐妹来给家人做饭。常能看到年轻的已婚女人在外面一起说笑喝啤酒,解释说"我有个小婴儿"。尽管有各种药和保护礼仪需要做,但是总有可能一个奸夫在喝醉时会触摸到火,并污染旁边的啤酒。

还有其他危险源。与刚经过成人仪式的女孩的第一次性交被认为是危险行为。需要举行特别仪式。如果是酋长，该仪式必须由一个特定的法官（kaulu）举行，以便将风险自己承担。这个人必须在女孩被带到酋长那里之前"吃掉祈颂姑"。尽管有这样的危险，这个行为是所有行为中最重要的：它将丈夫与妻子的关系通过仪式确定，这一关系由此得到敬重。这样，如果一个新郎的新娘在经过成人仪式后被诱惑，但在结婚礼之前，那么，新郎可以索赔损失，因为这种情况下当地人会说女孩的祈颂姑被偷走了。

对女孩来说，最致命的危险行为之一是在成人礼仪之前，或是现在在为处于成熟期的人举行的较简化的礼仪之前怀孕。她的孩子会被视为恶兆的产物（wa mputula），会给它住的任何地方带来灾祸。这个孩子会是邪恶的预兆。它会阻止下雨，会让粮仓很快空废，会带来意见不一。这样的孩子必须和它的父母一起被赶到丛林里，以免整个村落受到危害。

对那些触及了受到污染的火的人，所受到的惩罚总是早晚要生病，主要是胸部病（cifuba）。这样的抱怨在本巴地区很普遍。还要注意到的一个重要问题是，这种惩罚是降落在无辜的人而不是有罪的人身上。通奸的女人触摸炉台后，如果她的丈夫偶然接近火，则会导致他得"胸"病。一个"不洁净"的父亲通过非法性交会"用火杀死他的孩子"（ukumuipaya umulilo），婴儿由此变得无用，最终死亡。

读者至此会感到本巴人认为在丈夫和妻子之间存在极强的神秘联系。与南非班图人的父系联盟相比，尽管本巴人的婚姻似乎不稳定，但是，丈夫和妻子的命运却注定神秘地最终结合到一起。如果一方去世，另一方必须与逝者的某个社会地位相同的人睡在一起——如果逝者是男人，她就要与他的一个兄弟，或是外甥，或是母系外孙在一起；如果逝者是女人，他就要与她的一个姐妹，或是外孙女在一起。这样是为了从活着的一方身上"将死亡带走"。逝去的男人或女人的母系成员之一，必须从活着的一方取回亡者的精灵，以便活着的一方可以自由再婚。

但是，这只是将保护精灵（mupashi）与男人或女人的血通过性关系混在一起的信仰事例之一。那些在赞比亚城镇的女人被认为没有这样严谨的伦理观，所以，她们几乎不生孩子，因为她们将本巴与其他部落的男人"混血"了。另外，一个与两个女人睡觉的男人将三人的关系卷入到巫术性危险之中，因为血被混了(mulopa uasakanya)。如果 A 女人与 B 男人通奸，被 B 的合法妻子从 B 的身上的划痕看见 A 的血迹、一个纹身图案或是经血，那么，作为无辜的 A，她必须马上死，除非用合适的药来救她。同样，如果一个男人 X，与 Y 的妻子睡觉，而 Y 偶然看见 X 的血，那么，无辜的一方 Y，就必须死。

母亲与女儿和同一个男人睡觉，尽管彼此不知道，也是可怕的事。一个奸夫越过情妇丈夫的尸体，或是与她睡过觉的男人的尸体，也是对所有相关的男人都危险的事。这样的三重关系在法庭上常被提起，成为受伤害家庭索赔的问题核心，因为他们声称"他们的孩子"被这样害死了。当地人经常讲述一个有关本巴公主的过分渲染的性生活故事：她有许多情人，但不能因为同时保持这样的关系而给领地带来麻烦。

近来，与许多班图语系民族相似，本巴人相信，如果一个男人在他的妻子怀孕时通奸，孩子生下来后就会死去。因为他把孩子的精灵带走了(asendo umupashi was umwana)。如果女人在怀孕时不忠贞，那么她在分娩时会死，除非她坦白并及时得到药。①

我对本巴人的态度(意识形态)与信仰体系做了放大描述，因为我认为这对了解本巴人的成熟期仪式至关重要，而且，我也认为，对任何一个在此地做田野工作的人都会不可避免地遇到这些有关某部落的核心信条的问题。只要常驻在一个本巴部落，就不可能不常常遇到与这些信仰有关的事例，无论是在仪式上，还是在最实用的做饭和娱乐场合。如果可以说本巴人有一种对意识形态的困扰，总是有一系列恐惧感，那就是对性、火和血的巫术性生殖力的信仰。这种情感态度让我们难以理解。我在本章只限定去表述这些问题。在第三部分，我希望至少提出一些假想，以便刺激对其他部落的类似信仰的比较研究。

---

① 从前面的记述可以看出，本巴人认为不育或难产死亡有多重原因。不育可能是因为：姑姑的咒语；受伤的精灵返回来随意惩罚一个后裔；把婴儿带掉在地上；通奸；或巫术。流产被认为是因为受伤的精灵摇晃孕妇的子宫所以孩子掉出来了；出现流产时，母系所有女人都得用药治疗。难产死亡是因为母亲本人通奸。

概括起来，本巴人的信条强调祖先拥有决定后人福分的作用，以及影响受伤精灵的力量，因为这些受伤的精灵在活人身上为自己所遭受的不公正而报复。本巴信条也强调与性有关的巫术力量。这种力量与围绕着婚姻、分娩和抚养孩子所形成的禁忌及所表达的焦虑和负罪感有关。这种负罪感的存在极其普遍，以至于无辜的人被认为也会受到别人违规的性行为的巫术性结果的伤害。

这些信仰维持了本巴人的婚姻机制，因为只有通过男人的长妻所进行的礼仪才能获得免受巫术危险的安全。本巴人都知道这个方法无法避免一个丈夫去通奸，但是，合法妻子是唯一能够解救他和他周围的人免受惩罚的人。

读者需要记住，但不用试图去分析，在本巴人的意识形态中，酋长制、火、性与影响土地和人的繁殖力的力量之间存在着相互作用关系，而且，这些力量受到血、婚外性交、死亡、杀人、杀狮，以及所有冷、可怕的或"坏东西"(fibi)的伤害。人们极度渴望的繁殖力要通过让祖先和长者们，特别是父系亲戚的满意，还要通过有权威的人的祝福和举行婚姻仪式才能够得到。疾病通常是发生在无辜的人身上，起因是出现了婚外性关系而又没有经过仪式净化或有人做了坏事；还因为对那些正义和正当死去的人的伤害，使得他们"回来"，让冤枉了他们的家人不得安宁。

社会结构

本巴社会结构的最突出特征是其统治机制的等级与权威类型，如处于最顶级的酋长被认为具有超自然力，以及从妻居婚姻的母系传承制度。

本巴的政治结构是中央集中制。最高统治者齐狄姆库鲁的地位是在1931年以某种方式获得的，因为他们的信仰存在于国王统治的精神力量，而不是国王对每个有效的执行机制的控制。

我对本巴的政治结构曾有过描述。① 就本书的目的而言，只需要知道本

---

① The Political System of the Bemba of North-Eastern Rhodesia. In *African Political System*, edited by M. Fortes and E. E. Evans-Pritchard, 1940.

巴地区的所有酋长职位都是由国王家族成员（bena ŋandu）担任的。最顶级的酋长齐狄姆库鲁下面约有三十一代传承。他是自己特别领地的酋长，但也统治整个国家，被认为对整个领地能施展超自然力量。过去他也指挥军队，也是最高上诉法庭的头人。他通过严酷惩罚，如截肢、卖为奴隶和死亡来实施他的力量。他也有权力控制由可疑的巫婆施展的毒药计。他受到世袭的长老们的支持和控制；他们负责最重要的仪式，如国王、王子或公主的下葬以及在部落祖先神龛前举行的礼仪，照看国王的火，以及做出传承继位的决定。

在国王之下，是一系列地区性的酋长或王子。① 他们都是国王的亲兄弟或堂表兄弟，依长幼排序授位。一个酋长去世，家谱中的下个王子继位。国王和每个酋长都有权力从自己的领地索取贡品和劳力。每个酋长有自己领地内的法庭。酋长们也在自己领地负责安置国王祖先的神龛。他们各自有自己系列的农耕礼仪，并保持自己的圣火。这些王子酋长有时也有手下的小酋长，但也一定是王族的血亲王子。小酋长之下是每个村落的头人。继承村落头人地位的权力来自母系传承，或者，如果他能说服别人跟他建立一个新村落，他可以新建一个头人地位。如上所提，村落是经常迁徙的。

没有任何机制可以束缚一个男人必须在一个地方居住；男人可以随便与某个亲戚住在一起。头人最难办的事情其实是说服亲戚和自己住在一起；如果已经在一起了，或就是要让他们别搬走。

头人有权索取小礼物和少许劳务。他也有自己祖先的神龛，可以为村落的福利举行仪式。他通过与自己的长妻的仪式性性交来净化村落。他的火也被视为村落的火。

公主在这个政治体系中有着重要角色。齐狄姆库鲁的母亲是坎达姆库鲁（Candamukulu）。她在国王的领地中有一小片领土，因此，也是拥有国王的小酋长地位。王族的另一个公主姆库坎弗姆（Mukukamfumu）也如此，也有自己的小领地。两个公主在部落仪式中均有重要的仪式功能。

本巴人以母系宗族为组织结构，通过不同图腾、族内成员的问候方式、

---

① 所有的鳄鱼王族成员都是王子，但不都被任命为酋长。因此，"酋长"（chief）一词用来指那些担任这个职位的王子，"副酋长"（sub-chief）用来指他们下面的低一级的王子。

与相关族系的玩笑关系,[1]以及尊敬称谓来区分。一个宗族的成员包括创始母系祖先和她的兄弟的所有后代。他们讲述这些祖先最初来到这片领地的传说故事。他们记得祖先最早定居的村落,尽管现在没有一个宗族或支系可以说是当地人。宗族辈分依据所相信的祖先从西部到达这里的时间先后顺序来排列。

在同一宗族内,最重要的是母系传承原则。在村落头人的神龛前,祝愿词包括纪念所有祖先。一个男人要向自己的外祖父或已经去世的舅舅的精灵祝福。母系祖先的精灵被认为能促使婴儿在母亲肚子里的成长,保护它一生。这个男祖先或女祖先的名字要通过占卜发现,然后,用来命名孩子。一个男人以某个名字去世后,他的血亲世系责任和世袭的弓传给他姐妹的儿子或外孙子。事实上,在社会学意义上继承者成为已逝者:继承者接受了逝者的亲属称谓,比如,成为过去叫"兄弟"的人的"外甥"。对母系的女人来说,也存在同样的地位传承:一个逝去的女人被她的姐妹或外孙女接替。在这个体系中,女人作为生下很多孩子的母亲得到敬重;这样的女人被认为能建一所房子。

对于王族的鳄鱼宗族而言,维系后代的传承尤其重要。在本巴地区,所有地位高的酋长都是王族成员。

如此崇高地位的酋长的继承者有权力接近"大精灵"——他的过世的前任的精灵。他不但在自己领地中心的神龛为那些精灵祝福,而且,也由此获得超自然的力量,以便对别人祝福或施咒。他的健康和生殖力为部落带来福分,而他生病或死亡则为部落带来灾祸。

公主的特别责任是生出未来的酋长;她们也因此得到敬重。王族女人的精灵在祝福词中要谨慎和有敬意地提到:"那些背着我们又给我们喂奶的人。"最早的女祖先布瓦力阿-卡巴拉(Bwalya Cabala)被埋在一片丛林里,那是本巴地区最神圣的地方之一。[2]

本巴宗族没有断代。一个血亲宗族有三代或四代人,他们都能追溯到共同的曾祖母,而她也记得村落的起源地(*cifulo*)。他们不是以地域组合在

---

[1] 见拙著:"Reciprocal clan relationships among the Bemba of North-Eastern Rhodesia". In *Man*, vol. XXXVII, 1937。

[2] 参见:*Land, Labour and Diet in Northern Rhodesia*, p. 357。

一起的母系。在一个男人或女人的一生，其血缘关系在村落的迁徙中有着极重要的意义。村落的组成发生很大变化，居住地也因耕种的变换而从一地转移到另一地。

在这样的母系传承中似乎没有固定的头人，例外的只有国王世系。但这样的族群是地位、男人女人的名字，以及祖灵传承的一个单元。

在这样的母系传承体系中，一个女人与她的兄弟的关系非常紧密。女人生的孩子是她兄弟的继承人。男人是他姐妹的孩子的天然保护人；他必须在外甥女的婚姻问题上被征求意见，并且有权指使她嫁到他愿意的地方。如果他愿意，还可以在她婚后继续保护她。如果她的婚姻破裂，她的兄弟有权得到她的孩子的财产。过去，她可以把自己的孩子之一送给家族头人做奴隶或血亲，作为头人或家族中某一代人应得的赔偿。他可以要求自己姐妹的儿子给自己劳动，带他去打仗。反之，女人可以索要她兄弟的女儿的劳务，并被认为能为这些女孩的婚姻和生育带来吉福或凶咒。兄弟和姐妹间能互取财物，他们间亦相处得轻松融洽。

本巴人实行从妻居婚姻。同样，有血缘关系的比萨、拉拉、兰巴、切瓦和卡昂多部落都是如此。他们都举行某种祈颂姑仪式。结婚的青年搬到他妻子的部落去住。在那里，他自己要建一所房子，成为她的大家庭的成员之一。一个部落是一个家庭单元，也是一个经济单元。女婿跟从岳丈劳动，女人则跟着母亲。女婿为岳丈提供劳力，而不是牲畜或实物，像大多数的班图社会那样。新婚夫妻开始没有自己的做饭用火。女孩和母亲一起做饭，然后把饭送到丈夫住的男人的房子里，而丈夫则在此与他的朋友一起吃。新夫妻也没有自己的粮仓和菜园。随后他们会得到菜园，要在其他家庭成员的菜园边另外开垦出来。

随着这样的族群人口增加，头人常会选择与旧村落分隔开，另建一个他自己的新村落。所以，本巴人最渴望的是有很多女儿以便能够"建一所房子"。

结婚后，生了孩子，男女双方两个世系就有了联系，但是，丈夫是否能得到许可带他的妻子回到他的母系村落，或者他是否愿意永远留在他妻子的部落，这完全是个人决定。过去，生活条件较艰难时，有证据表明父亲都不愿意在战争和动荡时期让自己的女儿离开自己的部落。我在那里的时候，如果一个男人与妻子生过几个孩子,并证明自己是可靠的人,他就可以被允许把妻子带到他自己的村落。这样的决定似乎要依个人的性格和岳丈与女婿的地位而定。正如我在另文所提到的,①酋长不受部落条规限制,可以实行从夫居婚姻,就像娶第二个妻子那样。有地位或有好举止的男人当然可以在几年之内把妻子带走,例如当一个男人被确定为继承他舅舅的地位时。但当我在那里的时候,还有结婚后一辈子在妻子村落当"陌生人"的男人。

很显然,本巴社会中的基本居住单元是"大家庭",而这样的大家庭关系的关键是母亲与女儿的纽带联系。女人要吸引丈夫来扩大自己的族群,并在年轻的父亲外出到矿区打工时负责照看孩子。事实上,几个姐妹与母亲住在一起生活使她们相互依赖,并习惯了这种生活方式,以至于某个女儿有时会拒绝跟丈夫回到丈夫的母系村落,从而导致婚姻破裂。

还可以看出这种血亲体系中紧张关系的其他几个原因。首先是忠诚关系:一个男人和自己母系家族的联系与所居住的妻子的大家庭之间的冲突关系。作为已婚男人,他被与法律认可的群体分隔开来,也与最终他要继承其地位的舅舅分隔开来。从多方面来看,他都处于难堪不安的境地。他生活在以母系为根基的族群里,经济上依靠妻子家的人,并在他们的指挥下劳动。有时,新郎在结婚的头几年感到极其懊恼,以至于结束婚姻关系,回到自己原来的村落。本巴人意识到女婿的这种困境,对他一个人在妻子村落没有亲戚支持的境地以开玩笑来解闷。另一方面,如果丈夫能度过这几年,证明婚姻稳固,他自己也获得地位和尊敬,成为他自己的大家庭的头人,有自己的女婿效力,无论是回到母系村落还是留在所居住的妻子的村落。

当然,第二个冲突的原因是父亲与母亲的兄弟之间因为控制前者的孩子而出现的。这是母系制度内在的紧张关系。本巴人的父亲是自己的大家庭的头人,在孩子小的时候拥有主要权威。他有权决定女儿婚姻的彩礼、女婿的劳力;如果他有地位并受欢迎,他的儿子会愿意与他住在一起。但是,母亲的兄弟是孩子的法律保护人,能够指使他的外甥为自己劳动,如果愿

---

① "Some Types of Family Structure among the Central Bantu". In *African Systems of Kinship and Marriage*, edited by A. R. Radcliffe-Brown, 1950.

意，也可以控制外甥女的婚姻。

本巴女孩在结婚后也处于冲突之中。她在自己长大的地方与母亲和姐妹生活在一起当然高兴，但是，她的丈夫可能在结婚几年后要带她离开，到他自己的母亲的村落生活。这样的困难只有一种克服办法：丈夫在本村娶新娘。这样的婚姻有好几种可行，如娶姑姑的女儿。

对于成功的婚姻，如已经过了许多年，有了很多孩子，丈夫和妻子都会获得很有利的地位。父亲，无论住在自己母系的村落或妻子的村落，或是自己另建一个村落，都是大家族的头人，处于有力量和权威的地位。同样，母亲，无论住在那里，都有一群血亲族人与她合作。如果她留在自己的村落，她的姐妹会与她在一起；如果她搬到丈夫的村落，她自己的女儿也会跟着她。所以，尽管本巴人的婚姻稳定是个很难的问题，但这种关系稳定以后获得的回报也极高。

婚姻契约

传统的本巴婚姻要经过一系列步骤和阶段，通常是以仪式的方式逐步达成合约。藉此，一个年轻男人经过遵循合住的禁忌，并用自己的劳动换来食物与女方亲戚的支持，最终被吸纳为妻子家庭的成员。为了获得稳固的本巴婚姻，男女双方家族的关系必须在感情、共享经济任务和孩子抚养权方面达到一定的和谐平等。这个问题本质上总是离不开纠纷和过错的，特别是结婚的头几年。直至1931年，这些方面的问题仍很突出。

为了达成婚姻合约，本巴新郎要给女方亲戚送一系列彩礼，也要为女孩的父母劳动好几年。作为回报，女方父母给他提供一到两年的食物，并会有更长一段时间的支持。在欧洲人看来，丈夫得到的是最糟糕的交易，因为他为女方父母付出的劳动在离婚的情况下是得不到归还的；但是，本巴人认为新娘家的善待和提供给新郎的许多"敬意"礼物是至关重要的付出。我曾见过一个年轻人离开部落，因为他认为自己的岳母"讨厌"和缺少敬意。在一个家庭中，要由女人来负责对女婿表达敬意和尊重。新郎送上定亲礼物（*nsalamo*），一个有象征意义的铜镯子，或者是现在常用的一枚小硬币。主要的彩礼(*mpango*)过去是两到三件树皮衣服,现在是一笔钱。在我做记录的 1934 年,72 个婚礼中有 8 个是用钱。主要的彩礼或是在最初的商议时送给女方父母,或是在后期,促使还没有达成合约的关系合法化。过去,新郎也给他的岳父或岳母付钱,以便给新娘举办祈颂姑仪式,也给司仪一件树皮衣或钱,让她为"为新娘跳舞"。

过去,本巴婚姻的特点就是几次很少的支付,这与南部和东部班图地区呈送牲畜的婚姻不同。新郎主要的彩礼给予了岳父对孩子的有限权力,尽管在这样的母系社会不会给予他控制儿子或女儿的全部权力,但绝不会给予他或他的同族系的人控制他的新娘生殖力的权力,这一点也不同于南部班图人的牲畜彩礼婚姻(*lobola*)。①

一个女孩的第一次婚约,需要经过如下步骤逐步达成:

(a)定亲(*ukukobeka*):这个词的直译是"把自己挂在树枝上"。男孩女孩利用丰收季节的舞会,或是村落间的互访来约会。男孩随后向女孩求婚,送她定情礼。男方家庭需要表示同意,可在 1931 年时这种同意似乎显得不重要。但是,来自女孩父母、舅舅和姑姑的同意是婚约中的必要步骤。

订婚仪式通常伴有双方家庭以啤酒和熟食作为礼物的交换。但一般不把定亲这一步骤视为很严肃的约束,这只是婚约协商过程中试错的一步,通常是在男女孩的童年阶段。

(b)求亲(*ukwishisha*):新娘与她的朋友随后回访新郎的村落。她的朋友可以与新郎大笑聊天,但是新娘,如果接近成熟期,或已经到了,必须低头坐在一边;必须要用一份小礼物才能引她进入未来新郎的房子,也必须得是新郎再送给她一件礼物时,她才会与他说话。

(c)迁住新娘村落:如果新郎到了成熟期,他就搬到岳父的村落,给自己建所房子,开始为他妻子的家劳动。

接纳女婿成为妻子村落成员的仪式有若干阶段,要经过几个月或几年。

---

① 有关以钱为彩礼而改变过去的本巴婚姻传统制度的程度问题,我在我的《本巴婚姻与现代经济条件》(*Bemba Marriage and Modern Economic Conditions*, Rhodes-Livingston Institute Papers, No.4,1940)一书中有详细讨论。

这些阶段性仪式包括：

（d）献食物：本巴人认为向新郎仪式性献上熟食极为重要，而且，男女双方都迫切地要看看礼物的制作与敬献是否体现出了恰当的敬意。第一次订婚时，男方不能吃岳母送的礼物食品，因为他还要遵循食物禁忌。他要把食物分给他的朋友。随后，他的支持者之一会故意显得随便地说道："陌生人的孩子（指外人）正饿着呢"。这是一个暗示，意思是接纳女婿的宴席该开始了。新娘的家人都要带啤酒、肉或粥，每个菜都必须小心地用篮子罩上，上面放一个小礼物，如镯子。本巴人乐此不疲地谈论这顿盛宴的细节，其献礼方式模仿祈颂姑仪式。新娘的家人随后会对新郎的母亲说："我们已经给女婿展示火了，他现在可以和我们一起吃饭了。"不过，每一道菜，新郎需要被请才可以随便吃。每天给他一小碗粥，然后是豆，之后是肉，最后是鱼。这是大家都知道的正式过程。在南部班图的一些部落，对新娘进入新郎村落也有相似的禁忌解除过程。

（e）交新娘：将新娘交给新郎也有一系列步骤。第一步，新郎请人打扫自己的房子，给他打水；她的未婚妻也有可能被允许做这件事。在逐渐赢得她做家务的权力后，他的彩礼支付使他有特权让新娘与他睡觉。这一阶段一直持续到女孩接近成熟期。到时候，她的母亲把她带走，以免她在祈颂姑礼仪之前怀孕。

（f）之后就是祈颂姑，也是本书的主题，它意味着婚姻约定过程的结束。新娘必须要由礼物引着进入新郎的房子。围绕第一次性交行为有着特定仪式：作为婚姻完满的标志，新郎从房子里向外面等待的亲戚扔出一根燃烧的木头。这是他的性能力的证明；外面的女人尖叫，男人大喊。黎明时，新娘的姑姑给她一个"婚姻罐"，然后是向整个族群介绍新郎和新娘。之后是为新娘搭建炉火台，再往后，可能是一两年后，是向女婿赠送粮仓和他的菜园。

上面所描述的社会结构形式存在于一个特定的文化之中：没有永久财产形式，如土地或牲畜。这样的文化将血亲成员，或是不同辈分的成员联系在一起。因此，本巴社会的社会关系主要是由馈赠与接受劳务构成。

财富指的是指使劳务的权力，如酋长使唤族人，头人指挥村落成员，岳丈使唤女婿，或是舅舅指使外甥。过去，对劳力的需求也体现在对周边部落的袭击以便得到奴隶。

这种劳务使得男人有可能开垦大片土地,建个大的粮仓,以便下一年养活更多的人。

献给酋长的劳务的回报是,可以获得在酋长的中心驻地馈赠的食物,还包括大家相信的他所具有的超自然力量。献给村落头人的劳务也有同样的动机,但头人也常常是个亲戚,他作为族群的头人得到应得的待遇。对于那些与他关系不很紧密的人,他得又利用权威又表现得正式和客气。

在这样的社会里,突出的表达敬意的仪式方式有:跪在有权威的人面前、在他面前鼓掌、以特别的仪式方式敬献食物;抑或在地上打滚:在酋长面前,男人该爬过去,躺在地上,一边左右打滚,一边拍手。这种卑微的姿势让看到的欧洲人感到震惊。在此场景下,很容易理解岳丈吸引女婿不仅是通过所给予的经济支持,还有正式馈赠的食物,而食物几乎全部是由女人负责。反过来,女婿对妻子家族的年长成员要表现得礼貌得体。我所描述的这种母系社会婚姻系统的内在紧张关系,使得这些互动行为对维系家族和村落结构极有意义,而这种结构,如我上面提到的,是很脆弱和危险的。

性别角色

社会结构,如在本书中所用的意思,是由一系列社会角色构成的。这些角色与部落中的不同社会群体的成员身份有联系,或者是与各群体中的不同地位角色有关,或是带有正式化了的关系,如族人与酋长。就本书所述事例而言,最有意义的角色是那些基于性别、年龄,以及针对丈夫和妻子所期待的社会行为。

过去,一个本巴人的理想是战事的胜利,以及随之而来的对从所征服的部落获得的战利品和奴隶的苛求。他们有句傲气的话,"我们本巴人用枪矛开垦,不用锄把"。从事农活是个耐心的行业,得不到对使唤别人的权力的那种羡慕。人们敬仰的是凭慷慨大方和优雅礼貌的交往举止,以及个人的深受欢迎来吸引别人的能力。对组织能力和判断力的羡慕也是不言而喻的。

勤俭与慢慢积累财产则不受羡慕,因为这在本巴的经济状况下无法得到。孩子成长在一个与大家分享一切的族群里，毫无顾忌的馈赠受到赞扬。本巴人也羡慕展示一切。正如所能想象的，这里说的不是展示个人所拥有的实物，而是自己的随从。这些随从走在有地位的人身边，不断赞美他。

本巴人羡慕体现个人关系的仪式性行为、恰当的称谓、对社会责任和权力的认可，以及对争吵和不愉快的事，或可能扰乱村落人事微妙关系的"场面"的回避。他们赞美有自信和魅力，以及节制的个人关系。他们乐于用委婉的方式说话，似乎在社交上很世故，不同于他们的邻居比萨人。

本巴人的理想行为是那种住在院子里的人（*mwina umusumba*）的举止，明显不同于住在丛林里的人，或那种乡巴佬的行为。

普通人被期待对酋长要终身忠诚，要接受统治者对他所有时间和财产的支配权力。他必须保持安静不语，并且有礼貌。鳄鱼宗族的成员则被期望要有傲气，甚至冷漠无情，但必须在养活随从方面慷慨大方。

最大的差异在于年龄。村落里的孩子，每个都非常清楚自己所处的长幼顺序，并在玩游戏时得到相应的优先权。坐在村落公共房子里的每群成年人也都如此。要是小孩站到比他大的孩子前面就会受到责骂。

本巴女人也有许多这样的理想。她们在酋长的菜园为他劳动，都对他表示出同样的卑微顺从。她们对院子中举行的仪式都极有兴趣。她们在吸引追随者和同族人留在本村方面扮演着重要角色。头人通过啤酒、好的娱乐和同伴来吸引"自己的人"（*bumba*）。这要靠他对劳力的有效组织，主要是指男人的工作，也靠对食物的明智和策略的分配，以及与他人保持的友好关系。当然，食物则主要是属于女人范畴内的问题。

与男人不同，女人因为她的勤劳和在丛林里寻找食物的聪明能力而受到羡慕。她们因为生养许多孩子，特别是分娩时的勇气而受到尊敬，因为本巴人的生活条件非常艰难困苦。她们被期望对自己的性别要忠诚，要接受年长的女人的控制。

在部落生活范畴内，女人要扮演一个重要角色，或者说是一个被认为很重要的角色。如前所述，两个年长的公主各自拥有领地；年轻的公主则扮演村落"头人"的角色。在所有这类情况下都是她们发挥着政治权威，被视为具有女性特质的酋长，也就是说，她们对需要的人展示出更多的温柔友善的气质。大家都不会想到她们会冷漠无情,毫不通融。她们有男性顾问辅佐。除了这些实在的政治功能之外,年长女性也有重要的仪式责任,因为,像她们的兄弟一样,她们负责管理祖先神龛。她们也是未来酋长的母亲,并提供兄弟的继承人。年长的公主穿梭于她们兄弟的王族领地之间,给他们提出建议,训诫他们,向他们借东西。酋长的年长的妻子们也得到很高的荣誉,因为她们保护着王族的火,可以用自己的行为毁掉或维持酋长的超自然力量。所以,她们有能力随时"毁灭领地"。

骄傲地抱着第一个孩子的年轻母亲(参见边码第47页)。

第一部分　文化背景　49

司仪纳高西埃。注意第 39 首歌所描述的项链珠子(参见边码第 61 页)。

在房子外面的祈颂姑独舞(参见边码第 59 页)。

在法庭上，女人可以为自己辩护。这在南部地区的父系社会几乎是不可能的。女人在建立第一次婚约时，受父亲和舅舅的控制，但她们在有第二次婚约时则是相当自由的，随着自己的意愿。她们比父系的班图社会中的女人有更大的自由去结束自己的婚姻；在父系社会，女人要受到丈夫的父系控制，在结婚时要有牲畜交换。所以，本巴社会的离婚相当多。在赞比亚的铜带地区，本巴女人有个名声：别的部落的男人管不住她们。这样的男人只能耸耸肩、翻翻眼说："这些本巴女人啊！听听我的话吧！她们自己就是凶煞！"

与许多父系部落相比，本巴女人似乎有较高的地位。父母生了女孩时很欢喜，因为女孩能为村落带来丈夫和劳力。女儿也成为新的族系的创建者，因为世系是她们传承的。女人初次结婚时，受到来自亲戚的明确的权威控制，但她们是"在家里"，而她的丈夫则是来自外村的外人。她们得到母亲的支持，也可能和已婚姐妹组成小团体，因此，处于很有实力的地位。随着她们当上了母亲和祖母，她们的权威也相应提高。

本巴人以孩子身份称谓对方。女人被称呼的名字是她自己儿子或女儿的名字前加一个女性的前缀（na）。当第一个孙子或孙女出生后，她就被称为某某的祖母，作为一种敬称。① 本巴女人在孩子时代害羞顺从，但是成为祖母后，她们常常变得专横跋扈，显然很乐意居于这样的地位：坐在大房子的阳台，指挥别人做事，并分配食物。这样的地位是通过稳定的婚姻才能得到的，这也正是本巴女人所渴望的。

本巴人公开渴望建立性关系，不羡慕男人或女人独身。一个拒绝男人的女孩被说成有个"骄傲的子宫"（cilumba ca munda）。禁欲只是为了仪式的原因，如女人处在哺乳期。但是，女人通奸在过去要受到极其严厉的惩罚，而现在也是离婚的原因之一，被视为会导致分娩时死亡。男人通奸则受到不很严厉的批评，尽管人们也会认为那是罪过，因为他们没有接受净化礼仪，并会"杀死"他们的孩子。

在日常生活中，两性的工作和娱乐都是分隔开的。晚上，男人们在自己

---

① 例如，Na-Kampamba 就是 Kampamba 的母亲；Nakulu-Canda 就是 Canda 的祖母。

的房子待着,一起在那里吃饭;女人们则聚在自己房子的门前阳台。男人和女人都有各自的经济任务。女孩结婚通常没有期望丈夫陪伴的理想。新婚夫妇不能在公开场合示爱。总是跟新娘在一起的新郎会被鄙视。但稳定的婚姻也因年龄而增加感情。

从丈夫的角度看,有着一些明显的冲突矛盾。本巴社会是由男人控制的。女人过去要以跪下的方式向男人问候。现在,在正式场合仍然如此。男人得到最好的食物,在喝啤酒或是在其他社交场合拥有优先权。他们在家庭事务上有先发言的权力。男人要在性事方面主动。女人是被结婚($ukuupwa$),被动式,而男人是结婚($ukuupa$),主动式。女孩被教导要取悦丈夫,也被认为在性关系上有责任让男人愉悦。女人默默接受这样的事实:她们的丈夫会"在她们年轻时和心很快热起来时"打她们。

在祈颂姑仪式中最让我感到震撼的是这样的冲突关系:在男主人与顺从的女婿之间的矛盾;在有自己的亲戚支持和安全感的新娘与顺从下跪的妻子之间的矛盾。我感觉,这种矛盾在祈颂姑仪式中有其自己的表达,也许还有解决方法。所以,在男人控制但女人传宗接代的母系社会里,祈颂姑仪式应该被视为是这种两难境地的一种极端表达。

第二部分 仪式

仪式类型

班图语系的不同民族的成熟期仪式可以做如下分类:

(a)适时的成熟期仪式。这指的是在最初出现身体成熟期迹象后马上举行仪式,主要是针对身体而言。这些仪式的目的是为了保护处于青春期的人及其家庭不受到因生理变化而引起的巫术危险。这种仪式主要是针对个人而不是群体,而且,也很少是非常繁琐的,因为不用像举行大型仪式那样需要有足够的时间搜集食物和饮料。事实上,这类仪式在那些对成熟期有恐惧感的文化里很常见。一般认为,哪怕是在获得必要的保护时多等的几天里也会有极大的危险。这样的仪式常常是在一个更繁琐的成人仪式之前举行。

对于男孩,这样的个体性成熟期仪式在纳塔尔(Natal)的恩古尼人(Nguni)、尼亚萨兰的(Nyasaland)恩高尼人(Ngoni)、桑嘎纳(Shangana)的松嘎人(Thonga)和一些北索托人(Northern Sotho)部落都有,也都进程简短。

对于女孩,针对生理成熟的仪式在恩高尼和桑嘎纳的松嘎部落都有。在北索托部落,这一仪式是在女孩入学之前,如派迪(Pedi)或罗维杜(Lovedu)的布亚勒礼(byale)。在宛达人(Venda)中,这一仪式在侗巴礼(domba)之前举行。侗巴礼是有关男孩女孩的生殖力的礼仪。

(b)适婚仪式和生殖崇拜。在某种意义上,多数成熟期仪式也就是适婚仪式,因为一般是在结婚之前举行,但有些是马上就接着举行婚礼,故也被视为婚礼的一部分,以至于很难区分开这两个仪式。这类仪式主要是针对女孩。有时只是针对第一次结婚的女孩,被认为是对第一次合法婚姻的性交行为可能引起的巫术危险的防御。

适婚礼仪不可避免地包括某种生殖巫术。班图社会也有为进入成熟期的男孩女孩举行集体礼仪的事例，或许也与生殖有关。这些似乎是整个部落举行的生殖崇拜礼，同时也是在为个体的结婚做准备。例如，宛达人的侗巴礼，以蟒蛇舞为高潮，这是一种让男孩和女孩准备好结婚的方法，也是为部落保障生殖力。北索托和茨瓦纳（Tswana）的男孩的波克斯维拉礼（boxwera），以及对应的女孩的布亚勒礼，都是教导人们遵循并实行割礼，被认为直接与生殖力有关。北部特兰斯瓦尔（Transvaal）的罗维度人给男孩举行个人的成熟期礼仪，之后是割礼；波克斯维拉礼的最后，是一种祈雨的贡马纳礼（komana）。对于女孩，也有针对个人的成熟期礼仪，接着是一个时间很长的布亚勒仪式。

(c) 与加入年龄群体有关的成熟期仪式。这些主要是分别给男孩和女孩举行的集体礼仪，但目的不同。有的是为了将男孩过渡到具有成人地位，有的只是标志他进入了年龄群体系统中最低的级别。例如，尼罗哈米特人（Nilo-Hamitic）和一些尼罗缇克（Nilotic）人就是为了后者。这种仪式可能只限于男孩，但也可能为男孩和女孩举行对应的成人礼。在举行集体成人礼的地方，个别人可能要在到达成熟期后等几个月或几年才有仪式。这种情况下，个体的社会成熟变得比性生理成熟重要得多。

(d) 与加入特殊群体有关的成熟期仪式。由此，进入青春期的人不仅加入一个年龄群体，而且，也是加入一个具有特别巫术功能和社会特权的秘密社会。被接受到这种社会的只是部落中的一部分人，而且，进入权常常需要被作为一种特权来购买，而不是一种必须的责任。这方面的一个例子是刚果西部的布特瓦（butwa）社会。

(e) 与成熟期无关的成熟礼仪。在这些社会里，可以看出，针对适时的身体成熟礼与那些针对社会成熟的礼仪是彻底分开的，也是有先后顺序的。例如，肯尼亚的阿坎巴人（Akamba）为男孩和女孩举行三个礼仪：个人的简单的成熟期仪式，随后是实施割礼的"小成人仪式"，最后是不常举行的"大成人仪式"。最后的礼仪只为那些在部落里获得特别财富和荣誉的成年人而举行。

本巴的祈颂姞是为每个女孩举行的适婚礼仪，也可以同时为两三个女孩举行。之前先要举行一个简短、适时的成熟期仪式。当女孩知道她的初潮到来时，她要告诉年长的女人。他们必须马上"把她带到炉台"（uku-

mufishyo），或"给她展示火"（*ukumulanga umulilo*），因为她的状态让她"冷"。这些都要通过仪式性行为，尽管各地有所不同。在"吃熟热种子"（*ukusolwela*）的仪式中，巫医选的种子要在火上烤熟，女孩必须从火堆里把种子拿出来，趁着滚烫马上吃下去。在另外的一个礼仪上，她要被用在特别的锅里煮熟的药水洗浴全身，然后喝下这些药。之后，她一个人被关在屋里一天或多天，吃的是少量的在新火上做熟的米粥；接下来，她才可以随便吃，这样就不会给自己和别人带来伤害。这也是本巴人在经过不寻常或危险状态后重新回到群体的常用方法。

祈颂姑礼要等到女孩方便跳祈颂姑仪式舞的时候才举行。我认为，祈颂姑的后一部分是适婚礼，因为这很明显地是在婚礼前的"阈限前"（preliminary）阶段。的确，本巴人自己的说法也常常对这两个礼分不大清。过去，祈颂姑都是在女孩已经订婚后举行，但现在只是常常如此。新郎本人，或是他的姐妹在仪式上扮演"新郎"角色。他要支付司仪纳齐布萨举行礼仪的费用。祈颂姑保护新郎新娘避免第一次性交的巫术危险，也给予新郎行使这一行为的权力，这与此后在婚姻之内与之外所获得的权力完全不同。任何将他的这一权力抢走的人，都被认为是偷走或毁坏了祈颂姑。

现在，我要描述我实际观察到的仪式。

将这些仪式材料都展现出来有一定难度。我在1931年所观察的祈颂姑仪式持续了一个多月。（当时有人告诉我，过去可能持续六个月或更长。）这期间，我在举行成人礼的房子里和周围的丛林里还观察了另外18个仪式。每个礼仪都可以被切分出许多仪式行为，其象征意义对于一些观察者比如我来说，并不都是很清楚的。仪式期间，女人们做了四十多个不同的陶土塑像。之后我也注意到许多这样的陶塑。为此仪式，房子的墙壁画有九种图案。① 我记录了仪式期间的五十多首有特色的祈颂姑歌，估计它们只占所有唱过的歌的一半多一点。

有些礼仪是戏剧片段，毫无疑问会激发旁观者的想象，但这些片段是点

---

① Vernon Brelsford 另外发表过 16 幅素描画，参见，"Some Reflections on Bemba Geometric Art"，*Bantu Studies*，vol. XI，1937。

缀性地穿插于几天几夜不停的舞蹈之中。整个过程即使只是在一旁看也会感到乏味，可能会让读的人更觉得枯燥。

当然，如果把材料做些生硬的节选可能会读起来稍微有趣点。事实上，当欧洲人询问祈颂姑的情况时，本巴人自己也会毫不吝惜地漏掉许多细节而只说大的轮廓（见边码第135页）。但是，既然要描述仪式的一系列礼仪，那就必须是完整的。对细节的省略只反映了人类学家自己的厌倦程度。成熟期仪式会引发不同学科的学者的兴趣。例如，对本巴地区的适婚仪式还没有过完整的描述，可对于想要理清这个地区的不同文化群体的姻缘关系的民族学家来说，对仪式的某个细节的描述或忽略，都各自具有极大的意义。

研究象征行为的心理学家，或是对语言的仪式应用有兴趣的语言学家，如果要想从材料中得出任何推论，需要对应用这些象征的整个象征体系有所了解。所以，我提供了我记录的所有歌谣和图示资料。不仅如此，我认为有必要加上我对仪式相关人员的行为的目击者式的直白描述。在场的人看起来怎样，如何跳舞，如何说话？仪式的哪部分似乎让所有的人都感到恐惧、兴奋、无聊，或敬畏？在场者的评论是什么，看法如何？这些都是额外于已经让人感到乏味的详细描述，但我相信这些只能增加，而不是减少对这个仪式的兴趣。尽管现在已有大量有关原始仪式的文献，但几乎没有人注意对参与者的感情表露程度的记述。这也赋予那些有幸目睹一个较长时间的仪式，并完整记录其印象的人以此种责任。若没有这些细节，就不可能研究某一文化中仪式的功能，或是对仪式作为一个整体有正确的理解。

我尽力以小标题的方式让阅读轻松些。这样可能让读者找到自己感兴趣的东西，并把我的目击记录与阐释分开。我也把所记录的歌附在书后。

仪式参与者

仪式的主人（*mwine*）。准备祈颂姑仪式的计划由女孩的父母发起，也可能由两家或三家的父母发起，因为他们各自家庭的女孩都在差不多的时间达到成熟期。这些父母为仪式准备啤酒和食物，也得到女孩的舅舅家的帮助。女孩的父母要请司仪主持仪式。过去，必须要给司仪树皮衣作为报酬。现在司仪收到的是五到十先令的钱，还有新郎送的另外的礼物。过去的树皮衣现在多由毯子或几先令的钱代替了。

为仪式准备东西的男人或女人被视为仪式的主人。主人不一定是父母。酋长为娶一个年轻妻子，通常要在她成熟期之前为她举办祈颂姑，或是为他的外甥女或姐妹准备东西。有地位的男人也要为他的姐妹、女儿或孙女准备东西举行仪式。事实上，能够为这样的仪式准备东西也能提高一个有条件的男人的名声。别人会说他为某某"跳祈颂姑"（ukumucindila icisungu）了。

仪式的司仪，纳齐布萨（nacimbusa）。① 纳齐布萨组织各个礼仪，领头跳舞和唱歌，安排做必要的陶器。她被认为有着很重要的劳务责任。这份工作需要司仪对仪式的细节知识的掌握，要勤奋而又热情地把这个长时间的任务完成，具有组织能力，人际关系好，性格好。一个成功的纳齐布萨可能具有非凡的智力，当然还有领导力，以及能从临村吸引女人参加仪式的魅力，并协调一批帮手，让大家在几个星期里都不感到无聊乏味。纳齐布萨通常是个年长的女人，证明过自己是个成功的接生婆。纳齐布萨一词另有这个意思。纳齐布萨常常是，但不一定每个都是王族成员，而且，这个角色有传承的倾向。纳齐布萨向自己的侄女传授祈颂姑的秘密，并对她有特别责任，但可从侄女那里得到劳务。纳齐布萨也可能向自己的女儿传授这些秘密。但是，只靠这样的传承是不够的。一个年轻女人必须通过赢得父母信任来建立自己的足够的信誉，这样人们才会请她"给他们的女儿跳舞"。为了达到这一目标，她必须每次都认真参与当地的仪式，把自己表现得是纳齐布萨的特别助手。她必须展示出自己的能力和性格，为自己赢得成功的接生婆这一名声。我听一个年长女人说，过去，年轻的纳齐布萨们要经过一个加入礼仪，把药涂在身上，并支付加入礼的费用。但这个说法没有得到证实。

纳齐布萨们在村落受到别的女人的极大尊重。过去，她们可以穿头人

---

① 复数前缀是 ba，banacimbusa 或是 banacisungu。

的有羽毛的衣服(*ngala*)，它一般是酋长和宗族长老们专门穿用的。她们在酋长的院子里得到尊重，但要向酋长汇报每次祈颂姑的情况。我不确定现在是否还这样，但是，这些司仪比别的女人要富有得多，因为她们得到报偿，所以她们显得相当有气派。

纳布萨与她举办成人礼的女孩保持一生的特别关系。她可能会为女孩的第一个孩子接生，为新生儿扮演特别保护人(*mbosua*)的角色。

信使。过去，交替举行宴席是祈颂姑仪式的一部分，其重要性超过现在。纳齐布萨有个助手，叫纳卡兰巴(*nakalamba*)，专门负责邀请客人，在客人房前的地上打滚——本巴人对酋长表达顺从的方式。她们也负责取运做陶器的陶泥，并监督仪式所需的食物的制作。

待受礼人和她们的新郎。待受礼之人也叫"纳祈颂姑"(*nacisungu*)。前面提过，这些女孩通常在仪式前已经订婚，但也有可能为没有订婚的女孩举行祈颂姑。订过婚的男孩以"准新郎"(*shibwinga*)的名义参与部分仪式。这个词也可以用于在某些仪式部分代替其角色的姐妹或表姐妹。

亲戚。其他亲戚包括女孩的父母和她的姑姑。女孩的母亲要负责提供食物和啤酒，她的姑姑对自己的侄女拥有特别的生殖影响力，与她有特别的关系。但总的说来，她们的亲戚圈子不大。从妻居的新郎家人是主要的亲戚。

礼仪特征

祈颂姑是一种流行的仪式，包括大量舞蹈和歌唱。仪式上有其特别的鼓点节奏，虽然它也在一般的啤酒宴席上经常使用，但在祈颂姑时从头到尾一直不断。鼓又在仪式房内敲击，又在外面跳舞场敲击，而且也随着女人们到处走，有时候还要到几里地以外的丛林，然后再回来。歌唱始终伴随整个仪式；人们随着鼓点唱歌拍手。这是本巴人一贯的风格。有些歌是仪式特有的，是某种礼仪的必要部分，但是，有些可以在别的场合唱。所有的祈颂姑舞都有一个特色：都是含有戏剧特征的独舞，不是常在村落公共场合看到的那种集体圆圈舞。

本巴人之间的舞蹈是为了娱乐,但也可能是为了表达敬意。普通人为他们的酋长跳舞;年轻人为年长的男人或女人跳舞;年长的男人可能为他妻子家族的年长女人跳舞。在表达敬意的舞蹈中,常常是独舞的人在他要表达敬意的人面前跳舞,并很明确地为他唱歌。跳舞时表现出极强的活力和冲击力,也是一种特别的敬意。

我曾多次听到头人抱怨一批被叫来在雨中为他跳舞的年轻邋遢女人。他们总是说同样的话:"快乐点不行吗?你想让人知道我们不受尊重吗?快乐起来吧!快乐点儿!"在祈颂姑仪式中,这种表敬意的舞蹈是一种很重要的表示履行责任的方法,如同提供食物和啤酒。把祈颂姑说成"跳女孩舞"绝不是偶然的。

模仿家庭生活和农业生活的舞蹈常常是比较严肃的表演。她们有时模仿真的人,有时模仿动物,或是某些相关的人的动作。但是,在大多数情况下,我所描述的模仿是程式化的表演动作。例如,她们试图模仿脱谷或播种,但不是像在英国的幼儿园里看到的那种机械呆板的动作。

"圣物"一词贯穿在本书的描述中。我用这个词来翻译本巴语的姆布萨(*mbusa*),意思是"传承下来的东西"。圣物有多种多样,但都可以被视为秘密:或是有秘密的名字,或是有秘密的意思。有三类圣物:第一种是陶器。它们是经过烧制的一系列陶土的普通器物模型,通常绘有白黑和红色。有些代表日常用品(如水壶,锄头,或水管),有些代表动物或鸟类(如鳄鱼或白鹭),有些是生殖象征,还有些代表历史人物。许多都是具象的,很容易被识别出来;有些罐子上是常见的形状,每一个都有名字。有一些图案在整个地区都通行,尽管每个模型会有所不同,或有些地方特色。我自己收集了53个,但我觉得至少还有两倍于此的模型仍然在本巴地区广为人知。每一个陶器都有各自的名字和各自的歌。①

---

① 科里从坦噶尼喀不同部落搜集了数百个陶器。他即将出版的书中说明了各自的分别地区,另外还有许多图示。另见他的"Figurines used in the initiation ceremonies of the Nguu of Tanganyika", *Africa*, vol. XIV, No. 8, 1944. 葡萄牙属东非的宛达人、罗维杜人、宛塔乌人也使用陶塑。斯科菲尔德(Schofield)认为,本巴的陶塑与津巴布韦的陶器图案相似。参见,"Pottery images or mbusa used at the chisungu of the Bemba people of North-Eastern Rhodesia", *South African Journal of Science*, vol. XLI, Feb. 1945。

在祈颂姑仪式上也制作一些不用火烧的较大的陶泥模型,用豆子、煤块、白灰和红颜料来装饰。这些都要在当天晚上被毁掉。例如,有盘踞在整个房间里的巨蛇,或者是一个男人和一个女人的形象,还有在用木头制作的狮子上面使用陶泥和头发装饰。这些也被描述为圣物。

第二类圣物是墙壁图案。它们是在仪式的某些阶段,画在仪式房内墙壁上的比较粗糙的图案。大多数是常见的图案,但都有名字和秘密的意思。我所观察的仪式上有9种图案,但是,布莱斯福德(Brelsford)记录到另外20种。

第三类圣物是由很多小东西组成,代表了本巴人日常生活中的实物,或者说是他们不可缺少的食物,如穆米、高粱、肉、干鱼和盐,当然还有柴禾、鼻烟和红檀颜料(*nkula*)。用于仪式的有些种类的树也叫圣物。

仪式进程

我在金沙力(Chinsali)附近的齐桑德(Cisonde)村落所观察的祈颂姑仪式开始于1931年6月1日。金沙力是政府所在地。当时有两所欧洲官员住的房子,以及政府通讯员的住房,还有一些小店。几英里之外是苏格兰教会在鲁布瓦(Lubwa)的教堂,附带有一个培训老师的学校。所以,当我听到祈颂姑仪式要在这个受到欧洲文明极大影响的地方举行时感到很惊讶。可能我的惊讶是因为司仪纳高西埃(Nangoshye)的哥哥是政府的通讯负责人,也是她的保护人。她在附近算是有些身份的女人,把自己当做王族,尽管她只是王族的一个远房支系亲戚。纳高西埃性格非凡,极有组织力,伶牙俐齿,能指使同伴一路小跑地执行她的命令。她总是迫切并极力要保持她曾有过的名声荣耀,教导并吸引附近村落的女孩们。我估计她在五六十岁之间,并有着惊人的记忆力。我很熟悉她,因为有一段时间,差不多四个月,她曾跟我走遍了附近的村落,也是我的主要的信息提供者。她特别想让我看一次地道的祈颂姑仪式。当时,正好她的一个侄女该举行祈颂姑了,这让她有了合适的机会来安排这次仪式。当时,正好是食物短缺的季节。她提醒到,除非我能帮助提供必要的穆子米,要不然会很难备好足够的仪式用啤酒。

我觉得,如果不是因为我在场,这次为那个女孩和邻村的一个同伴举行的祈颂姑仪式,很可能会是在另外一个时间,规模也会小些,也可能仪式地点会换在一个较偏远的村子。无疑,如果没有我的在场,这次仪式就不会吸引附近村落更多的女人参加,仪式也不会以那么接近传统的方式举行。年轻女人们议论说,这次仪式对邻村有着不一般的意义,主要是因为,我觉得,她们羡慕和尊重纳高西埃。所以,这次仪式比1931年时当地流行的要繁复,但与欧洲人来之前相比则简短得多。整个仪式只是不到一个月。可在过去,会是六个月到一年。

司仪纳高西埃有个很老的女人做助手,叫纳西坦波,受礼的一个女孩叫她"姑姑"。纳西坦波肯定比司仪对祈颂姑的记忆更为遥远,但是,她的记忆不再那么有条理了。附近村落的五六个司仪也参加了仪式中最重要的礼仪。村落头人是受礼女孩之一的外祖父,也对仪式表示感兴趣。整个仪式是为两个女孩举行的。她们都在几个月前就进入成熟期了。其中的一个订了婚,对象正在远处的矿区工作,但另一个没订婚。

从几个方面来看,我当时处于观察这次仪式的有利境地。我那时已经在这个国家住了一年多,也可以相当流利地说当地语言,尽管我还不可能听懂仪式上用的一些古老用词。我与司仪很熟。作为啤酒的提供者,我被视为仪式的主人,有权力参与仪式的任何部分。我在祈颂姑房子的对面有个帐篷,所以,可以看到和听到所有的活动。可另一方面,对于一个田野工作者,几乎是不可能获得这样一个仪式所有的信息材料。很难一边照相,一边记笔记,而仪式有时在丛林里,有时在村里,有时在两者之间的路上。还有一个疲劳的问题。唱歌、跳舞有时持续到凌晨两三点。这种情况下,参与者通常要用啤酒来激发情绪。她们也习惯了小房子里的闷热:在直径八尺的圆房子里挤着二三十人,中间还有一大堆火。作为观察者的我,极力保持头脑清醒,几乎变得机械,眼睛被烟熏得流泪,始终感到窒息,有时得借助透过人缝间的火光记下身边尖叫般唱出的歌词。

所以,我注意到我的记录中可能有很多不可避免的空缺。在举行随后的下一步仪式时,也就是两个女孩的婚礼,我不得不离开了。我也没能有时间搜集村落中别人的评语,如村落里被避开的男人们,或是住在附近的一两个基督徒有何看法。我的材料中突出的缺失是当事女孩的评语。我觉得那是极其有意义的部分。这些女孩，按规矩不能说话，常常是用毯子罩着经过一个又一个的礼仪；对我这个观察者来说，她似乎失去了个性。她们既是整个仪式的中心，又是所有参与者中最让人注意不到的人。总之，我认为我没能安排与这两个女孩长谈和亲密接触是一个严重的忽视。这让我对礼仪的教育功能的阐释有着不确定性的因素。

在下面的描述中，我尽力直白地说明我的实际所见所闻，伴随着信息提供者在仪式进行中的评语，以及过后对我的问题的回答。在我 1933 年到 1934 年对附近其他地区进行访问期间，以及从本巴专业人士，保罗·穆辛多（Paul Mushindo）、齐莱西埃（A. Chileshye）、纳空德（I. A. Nkonde）和卡桑德（Kasonde）那里，我有机会确认了材料中的多数情况。

礼仪进程中别人对我所说的评语都被放在括号里。如果没有特别说明，其他的评语都是在场的女人的话。阐释是后来的，或是来自某个司仪，或是来自注释中提到的本巴专家之一。N. G. 代表纳高西埃；P. B. N. 代表保罗·穆辛多；A. C. 代表齐莱西埃。

第一天

为女孩祈福（ukupala amate）

整个仪式的第一个礼仪是在 5 月 31 日举行的。我被告知，村里的头人在前一天早上已经向他的祖灵祈福了。他的做法是向空中吐唾沫，呼唤他的祖先的名字。我没有亲眼见到这个礼仪，但在本巴地区常常是这样开始祈颂姑仪式的。

进房子（ukuingishya abanacisungu）

大约在下午四点，村里的鼓声响起了，敲着有特色的祈颂姑节奏。我被其中一个受礼的女孩儿的爸爸叫到举行仪式的房子里。① 从此，这个房子就叫祈颂姑房。房子里的家具都被搬出来了，只有一堆火和一个沸腾的大

---

① 作者在本书中始终用茅屋（hut）一词；但现今当地人认为那是他们的房子（house）。故本译文采用"房子"。——译者

水锅,里面有冒着泡的水,以备需要啤酒时使用。女人们都聚集在房门口,气氛显得紧张庄重。纳高西埃对着所有的人指手画脚。年纪小的女孩子和男孩们都被年长的女人训斥着赶走了。我们这些剩下的人被推搡着进了房子,紧靠在墙边,中间留出一块长方形空地用于跳舞。所有的人都大声地呼喊纳祈颂姑(待受礼人)。两个被毯子罩住的女孩终于出现了,在几个年轻的助手的指引下很艰难地倒着爬进来。在场的女人们开始唱祈颂姑的第一首歌(见附录乙,第一首)。

"我们怎么进来?

我们像从暗道进入一个秘密的地方。"

("她们像猴子一样爬进来。""她们为什么这样做?""啊,就是为了让女孩看起来笨,就是为了让我们笑。")①

长者间的等级结构

仪式一开始就表现出了在场的女人间的等级结构。这只是整个仪式过程中不断重复的一系列行为之一。纳高西埃蹲在地上随着鼓点上下起伏地跳着舞。她用嘴把罩着的篮子上面的小碗叼了起来。然后,又用嘴把一个篮子叼起来,献给在场最老的女人。后者作为回应,开始上下起伏的跳舞,然后,把篮子交给比她低一级的女人。这样,完全按照年龄顺序把篮子传下去。

("我们尊敬了不起的人,她们是区里的纳齐布萨。""为什么?""我们就是得尊敬她们",她们对我的愚蠢问题无奈地耸耸肩说道。)

之后是由这位年长女人开始的一系列独舞。鼓点的节奏具有鲜明的祈颂姑仪式特点,但是,有些歌似乎与仪式没有关系。整个仪式过程的气氛是严肃的。两个女孩儿几乎始终不敢从毯子下面露出来。等她们最后显露出来的时候,显得惊恐和害羞。

---

① 本巴人事后的阐释:女孩倒着爬,也就是放弃过去的生活方式。她们的样子被搞得可笑,也被要求去做不寻常的事。她们像偷东西的猴子那样偷偷地爬。她们在毯子下爬,也就是不让别人看见(P.B.M)。她们通过一个很暗的地方来到仪式房,也是来到神秘的中心,获得将来如何建房子持家的知识(A.C.)。

第二部分 仪式 63

举行第一次丛林仪式。一个女孩单腿跳着,为的是让她看着可笑:她害羞地被迫半裸着,把脸藏起来(参见边码第 69 页)。

去丛林的路上。两个女孩腰上系着衣服,低着头(参见边码第 69 页)。

纳高西埃做好了准备烧的鳄鱼模型(参见边码第 103、203 页)。

女孩儿的隔离(*ukusakila banacisungu*)

这样持续大约一小时后,在场的人都大笑着跑到村头的菜地边,对着一棵小树讲话。两个女孩儿跟在后面,始终罩着毯子,被年轻的助手们推搡着。没有男人在场,小孩子们也被大声的训斥赶跑了。纳高西埃坐在树边,开始用她的嘴咬下树叶。然后,她让两个女孩儿蜷缩着靠着树干,同时别的女人围着她们用树枝编起来一道栅栏。这被说成是:"把女孩藏起来"。

("她们把女孩藏起来,不和小女孩和小男孩在一起。")[①]

为女孩做捕鱼网(*ukuteela banacisungu*)

突然,纳高西埃大喊着给出新的指示。接着,每个女人都连喊带叫地从树上摘树叶。她们用梨子形状的树叶折成小鱼网的形状。他们唱起一首有关下渔网的歌(第 2 首),然后,绕着圈边跑边假装用树叶鱼网来套住别人的手指。

("这是个寓言故事(*Ni milumba*)。""鱼有很多孩子,女孩也有很多孩

---

① 本巴人事后的阐释:所有向我提供信息的人都说受礼的女孩应该这样从社区藏起来。

子。""这代表了男人的阴茎。")①

女孩的第一跳(ukuciluka banacisungu)

　　纳高西埃接着大声给出更多的指令。围绕着蜷缩在树边的女孩儿的树枝都被抢着拿走了。她们把粗大一点的树枝简单捆起来让女孩背上,以这种姿势爬出几米远。随后,树枝被拿下来,堆成有两尺高的柴堆。女孩儿被要求跳过去。两个女孩儿在高声的鼓励和威胁声中像受惊的兔子一样准备跳过去。(别颤抖! 别害怕,傻丫头。跳吧! 跳高点!)两个女孩儿显然很紧张。其中一个没能跳过去,只好一次又一次地跳。当两个女孩儿都过去以后,大家都高喊着祝贺。纳高西埃往所有的年长女人和作为仪式主人的我脸上和肩膀上抹红檀颜料。这种红色粉末过去是抹在凯旋的战士身上,或是那些成功地渡过苦难期的男人身上,现在还用来抹在杀死狮子的人身上。

　　纳高西埃把她的侄女背起来,另一个女孩儿由她的姑姑背着。两个年长的女人走在前面,一行人将女孩儿抬得有肩膀那么高,带回村子,就像抬酋长或新娘那样,作为一种荣耀的象征。

　　"我们从山上拉回来一块沉重的石头
　　我们把它带回来了。"
　　"让你哭的豹皮
　　我们拉回来了,拉回来了;
　　我们把它拉回来了。"(第3首)
　　("祈颂姑掉下来了。""是的,就像一块石头。""红粉是血。")②
　　回到村里,我们又都挤在祈颂姑房里。仪式助手又在大鼓上敲起来有特色的祈颂姑节奏。随着受礼人被推搡着进了房,女人们又唱起一首歌,让大家看看什么被带回来了。(第4首)

----

　　① 本巴人事后的阐释(A.C.):女孩的母亲说她已经教完她可以教的了,现在把女孩转给纳齐布萨。

　　② 本巴人事后的阐释:沉重的石头就是祈颂姑的重量(A.C.)。这意思是说在她到达成熟期前,她必须经历这些艰难。她们渡过的危险。所以,她们像猎狮人那样被抹红色。豹子的皮吓得女孩哭。(过去,纳齐布萨们都穿豹子皮衣服,所以象征权威。)豹子象征女孩必须面对的艰难。

"我被送给我狮子般的丈夫。

来啊,看吧!大家都来吧,看啊!

她们被留在姆库罗邦多(*mukolobondo*)树边,

是我们把她们带回来了。"①

这段礼仪以三个年长的纳齐布萨做仪式性顺从礼而结束。三个满脸皱纹的老妇人在房子中间的地上打滚,这通常是向酋长表示敬礼的行为。它明显地结束了这一阶段的礼仪。

("她们是表示敬意(*mucinsh*),让人感到荣耀(*ukucindika*)"。)

有些挤在门口看热闹的女人都散开到空场地,互相争着跳独舞,直到深夜。房子中间的火堆旁有啤酒,跳舞则在外面的月光下。

逗女孩(*ukubacushya*)

晚上大约九点,纳高西埃突然大声喊起来,"开始逗女孩了!"她和助手跑进房子,抓住两个女孩的手脚,在火堆边一边摇晃着一边唱起来(第5首):

"摇她啊,摇她啊,

仇敌自己难对付。"②

("这样做就是为了把世界上的知识传给她们。")

第二天

第二天的礼仪没有什么特别之处。几个纳齐布萨被派到村外看望亲戚了。啤酒都喝光了。但傍晚五点多,祈颂姑房外又开始跳起舞来,一直到晚上十点半。从外村已经来了一批客人,这似乎激发了更多的独舞。这些舞多数是角色扮演类型的。几乎不表现日常生活,极其奢浮滑稽,动作夸张,无拘无束。有些舞是专门在祈颂姑仪式上跳的,有些则可能是在比较正式的喝啤酒的聚会上跳的。

多数舞具有喜剧性。例如,两三个女人伴随着大家唱的一首有关青蛙的歌,模仿青蛙蹦蹦跳跳。还有的是模仿女人收割土豆,磨玉米。然后,突然有个小伙子跑到场地中间,跳起轻盈的舞步,在场地来回跳。他从地上捡

---

① 本巴人事后的阐释:我们把女孩带到有生命的地方,即,姆高罗邦多树。女孩被交给她强壮如狮的丈夫。她叫喊别的女人是要知道她的丈夫是哪类人。(A.C.)。

② 指女人们对女孩不懂事时所犯的错误的惩罚。

起一个玉米芯，绑在身后，模仿婴儿，周围拍手的人大声喊笑。一个女人站起来和他跳起来，两人以极其搞笑的方式来回扔婴儿。这个舞被说成"只是跳跳舞"(*ukucindafye*)。接着，是一个特别的祈颂姑舞。一个小伙子，不但是新郎的弟弟，也是一个纳齐布萨的儿子，他跳到场地中央，跳起了典型的表达敬意的舞。他在每个年长的女人面前都跳了，以示敬意，也请她们站起来和他对跳，还唱起一首祈颂姑专门用于表敬意的歌来（第6首）。显然他很了解这一礼节，有意让这场聚会欢快热闹。他被大家说成是"一个很有礼貌的年轻人"(*wa mucinshi*)。

随后，是其他表达敬意的舞。女孩家族的男人都跳了独舞，向新郎家族的女人表达尊敬。年轻的女人也以同样的方式向年长的纳齐布萨们献敬意。有一两个舞是现代的，模仿当地一个基督教清教学校的体操。

第三天至第六天

做小陶器

第三天开始的礼仪，是给纳高西埃和她的助手抬来一小罐啤酒。由新郎母亲献上，作为给纳高西埃的必要报酬。

大约十二点，十到十五个女人去了村边的丛林，开始做小陶器。陶泥是事先由助手在那里准备好的。这似乎是必要的任务，因为有一个女人没去，被罚交一个镯子。纳高西埃给每个人指示，给她们分配活，但显然她们都是有经验的陶工。纳高西埃本人制作了最重要的泥胎，利用桦树皮做支撑。（见边码第64页，正在制作鳄鱼模型。）女人们同时闲聊着，但都非常集中精力做事，很有效率。气氛很像英国的缝纫比赛或是妇女会的聚会，尽管偶尔会因为生殖象征物爆发出相当快活的笑话（见边码第221页图）。这时没有一点神圣气氛，尽管纳高西埃一直是一脸严肃，没有笑脸，还告诉大家在做圣物时不该笑。有个路过的男人被嘲骂走了。

大约两三点时，其中的一个女孩的母亲带来了食物。女人们满手泥地围过来。很明显，这是小吃，是犒赏，不是一顿饭。不久，另一女孩的母亲送来一盘吃的，并被强烈要求再多送些来。纳高西埃说，这么一小盘吃的东西是对仪式没有敬意。

第四、第五和第六天安静地过去了：主要是早上做更多的陶器，晚上则在房子里更多地跳舞。受礼女孩的缺场是非常扎眼的。有一次,她们回来时衣服像平日那样遮起身体了,大家马上朝她们喊道,"放下衣服!你们!天啊!你们就像我们普通人那样到处走?你们也像我们这样把胸遮住?"①

纳高西埃时不时抱怨说她得到的食物不够。她的自尊被伤了。确实有人请她一起吃,她也答应了,但她们只是出于同情。没有正式的献食物,就是没有"敬意"。

第七天

第一次林中仪式

带她们去丛林(ukufumisha banacisungu mum panga)

第七天早上大约九点,我们都被召集到房子里。受礼的女孩还是像以前那样被裹在毯子下。每个女孩都在一个老年女人扶助下单腿跳出来,因为她们的一只脚被用桦树皮绳子和大腿绑在一起,只能一条腿跳着。② 两个女孩看起来很尴尬,低着头来到公众面前。

("我们这样就是为了嘲弄女孩。我们受礼时也是这样被嘲弄的。"另一人明显是津津乐道地说,"我们总是这样嘲弄女孩。")

在村外,她们的腿被松开了,但还是裸着身走,只在腰间系件衣裳。她们在前面大步走着,极度害羞地低着头。跟在后面的是一群指手画脚的女人,边跑边喊叫着。两三个女人跑到丛林里去找后面仪式需要的东西:一种特别的藤条,用于捆绑小陶器和平衡弓箭模型。村里年轻的女孩跟在后面,头上顶着鼓。

菜园里的模仿哑剧

从村里走出大约一小时,我们停在一棵很大的姆素库(musuku)树前。③ 大树下面很快就用锄头清理出来。纳高西埃和她的助手便开始绕着树,模仿青蛙跳起来,后面是几个纳齐布萨。她们唱道,"啊,你这野猪,过来啃掉这些野草。"(第 7 首)

---

① 女人们在工作时把衣服系在腰上,但在闲暇时系在胸上部。公主总是以后一种方式穿衣服。

② 范沃梅罗(Van Warmelo)报告了一个类似的女孩"跳"的礼,亦即宛达人的有关男女生殖的侗巴仪式。

③ 即生殖树,和姆库罗邦多树的象征意义一样。

"因为野猪可以把草根除掉"。"这是教女孩学会用锄头"。"这是教她努力劳动,现在已经结婚了。"①

约十分钟后,人群散开了,但又跳起了另外一个模仿几内亚鸡的舞。她们假装用脚刨地,唱起召唤这种鸡的歌(第8首)。"你们这些几内亚鸡,快来吧!"

("我们就是这样教她们的。几内亚鸡能松土。要是一个女孩懒得干活,人们就训斥她。她就会想起祈颂姑教她的,她会说,'她们就是这样告诉我几内亚鸡的事的!'"参见边码第30页。)

接着,所有的主要演员都从带来的篮子里拿出种子假装播种——玉米、花生和豆。"播种"之后,她们用手把种子拢起来,唱道(第9首):

"小菜园,

花生园。"

("这就是为了教女孩怎么种地。")②

这时天热起来了。纳高西埃满脸流汗,但她一点也不疲倦,还不断督促助手和别的纳齐布萨更大声唱,更使劲跳。

随后,她用嘴叼起玉米棒芯,递给两个女孩也用嘴咬着。大家一遍又一遍地唱(第10首):"乌龟总也不爬树,但是今天要爬姆库罗邦多树"。

(事后的阐释有所不同。P. B. M 说,"乌龟不会爬树,可是今天爬树。女孩必须学做不可能的事。虽然不是男人,但要是需要,她们必须爬树砍柴。"一个年长的纳齐布萨说,"她们教女孩去打柴禾——要是女孩不会用斧头,丈夫又不在家,她必须干这活儿。"一个年轻的纳齐布萨说,"这就是个故事。要是丈夫通奸,她什么也不该说,只该装作不知道。我们教她这个,就是让她记住,'这就是她们教我的乌龟的故事。'")③

---

① 事后的阐释(P.B.M.):女人模仿野猪,因为猪能在不容易的地方挖出食物。所以,年轻妻子必须能挖地找到食物。(N.G.)这是教女孩早起床好帮助她的丈夫,因为猪在天亮前就进了林子。(A.C.)"你得找到食物给周围的人吃,像我们被带大那样把孩子带大。"

② 事后本巴人的阐释(A.C.):"还没挖过的地不能叫菜园。你还没开垦地就别想得到花生或任何东西。"

③ 事后本巴人的阐释(A.C.):"你总说你也什么都不做,可是当考验的时刻到来时,你的决心就坚持不下去了,你就做违背你意愿的事,就像乌龟突然爬树。年轻女孩必须小心,特别是饥饿的时候,不要受诱惑打破好客的常规。"

然后,玉米棒芯被用藤条绑在一个树枝上,纳高西埃和两个年长女人想办法用嘴咬住。接着,一个女孩爬上树,把玉米棒芯绑在更高的树枝上。纳齐布萨只好爬树,先是自己用腿。最后,她们在别人的帮助下都爬上树了。

("女孩要模仿猴子,因为树上的任何东西猴子都吃。""猴子总是偷东西。好妻子总是在需要的时候能为家里找到食物。这个歌是让女孩模仿猴子。")①

"所有自然生长的东西猴子都吃,
所以,它爬姆素库树。"(第11首)

"猴子叫妈妈。"(第12首)

敬拜姆素库树

随后的一个礼仪是向姆素库树祝福。姆素库树是本巴部落的女人身份的象征之一,被说成是"多产的圣物"(ukusapila mbusa)。两个白色珠子串系在树上的小嫩枝上,女孩被指使用嘴将其咬下来,然后交给纳高西埃。她用嘴接过这装饰过的嫩枝,上上下下跳着以年龄顺序献给别的纳齐布萨。每个人都跪下来用双手接过满是她唾液的嫩枝。每个人接到这些树枝时,高喊"乌拉,乌拉"以示祝贺。

("现在这些女孩该天天打柴了。""这是对姆素库树的敬拜。要是我们不这样,就不会生出女孩子。""为什么?""因为姆素库树结的果多。""这叫'用唾液祝福孩子的圣物'(ukupalila imbusa shya umwana)。")

然后,开始第一次唱"腋窝永远也没有肩膀高"(第13首)。这首歌在此后的仪式有多次重复,似乎是代表了不可替代的年龄的特权。因为一个人的腋窝永远也不会比肩膀高,所以,年轻的永远也不会比年老的更重要。

准备陶器组合

这时要把很多代表日常用品的小陶器绑在一起,包括平日生活的东西:

---

① 本巴人事后的阐释(A.C.):"猴子偷东西。这是吓唬女孩不用偷东西。饥饿迫使人做不寻常的事,如,倒着爬树。这就是制造麻烦。"

柴禾、盐、肉、烟草、各种做饭时用的种子、红色檀木粉、有巫术力的嫩树枝，特别是雌性树的树枝(*mwenge*, *mufungu*, *musuku*)。

接着是一系列没完没了的歌。受礼人很不舒服地吊在树枝上，下面是那些小东西，都是女人用嘴叼着一个个放在那里，以表敬意；同时，旁边的女人们一遍又一遍地唱：

"让我叼起来

让我用嘴叼起来。

我的圣物姆布萨。"(第14首)

最后，五六个年轻助手把女孩从树上放下来，并让她俩领着跳一圈舞。她们很害羞，身上还被绑着，很别扭，瘸着腿跳起来。但是，给那些坐在一边大声尖叫的年长女人一种好笑的印象，无疑是很重要的："快乐点，行不行？你们两个女孩，怎么就不能快乐起来？"当问到为什么这样做很必要时，纳高西埃简单地说，"她们必须这样做才能得到尊敬。"

逗新郎

现在差不多是一两点钟，我们开始返回村落。我们正走着，两个女人一边大喊着，一边冲到最前面。她们带着两个玩具弓箭，头上系着嫩树枝圈。她们身上挂满了树叶杯子，有点像下捕鱼网礼时用的那种，肩上扛着一棵很长的树苗，上面挂着一个蚂蚁丘，代表满载而归。她们用红木粉把全身都抹红了。

她们是新郎的姐妹，受到尖叫和笑声的欢迎："新郎来了。"两个女人模仿年轻骑士那样大摇大摆的走路姿态，装着粗声粗气地说话。她们带着男性象征物：弓和箭，还有给凯旋的战士和杀死狮子的英雄抹的红粉和盐。过去，要靠丈夫去找到一家生活用的盐。她们头上的嫩树枝被说成是代表过去的巫师戴的头圈，树叶杯子很可能是生殖力的象征，尽管我没问。

快到村口时，我们形成凯旋的队形。每个人背上都背着树枝，或是模仿的柴禾捆。哪怕是那些跑在前面大喊的小孩子，也在背上绑着一点柴草。假新郎跟在后面。在她们之后是几个纳齐布萨，肩上是那些绑在一起的象征物。

72 祈颂姑

接近房子时，两个受礼的女孩被要求一前一后跟着别人在地上爬，然后被用两张席子盖住裹起来。女人们摇晃着树枝，一会往前，一会往后。她们在慢慢爬的女孩的后面，向前走四步，然后向后走四步。她们又一遍一遍地唱起来(第15首)：

"一步做个记号

别再返回。"

("往后爬是教女孩学会顺从。")①

母女礼仪

游街的一群人没头没尾地绕着走，一会往前绕，一会往后绕，直到来到一个女孩的母亲的房前。几个纳齐布萨被告知躺下，先把头放在一堆高粱上，然后放在一堆穄米上。这是部落里最重要的两种粮食，是由女孩母亲事先准备好的。

（那个女孩的母亲说，"我该准备所有的种子给我的孩子。"这句话被好几个女人重复，充满快乐和自信。这似乎是对母亲的责任的一种仪式性认可，因为她要为婚礼后的女儿提供几年的食物，并为她做饭。）

假新郎突然出现了，这次装成一个瘸腿的老人，好像什么活都不能干。大家又是同样快活地叫喊，"准新郎来了"，并与装扮的老人诙谐对话。这回他头上带着树叶编的牛角。大伙唱起了一首取盐的歌。②

整个游街舞围绕着受礼女孩走了三圈；女孩一直站在中间，眼朝下看。接着，人群散开，然后又都聚到假新郎母亲的房前。真新郎母亲的家在另外

---

① 事后阐释：一个纳齐布萨说，"这是教女孩知道，如果她们犯了错误，她们就必须倒回去。"A. C.：" 需要经过的已经过去了。你已经到了一个新的世界，但你不应该忘记，不该退回去。"

② 事后的阐释：对此的解释尤其矛盾重重，但都有教育性。一个较年轻也较有知识的纳齐布萨说，牛角是为了驱逐邪巫。她们模仿的是巫医的角。假新郎装作老人，这是为了让女孩学会"跟丈夫一起长大，永远不要蔑视他。"一个年长女人说，"是的，女人模仿巫医，因为巫医知道怎么做父母（bufyashi）。"R. B. M. 解释说，"这是为了教新郎，尽管他老了，累了，他也必须照顾女孩。还有，不管他长得如何可笑，他都必须履行自己的责任。"一个明显是第一次考虑这个问题的年轻女孩说，"丈夫年纪大好。虽然和年轻男人结婚是好事，可是他总是到矿上去，把你一个人留在家。年纪大的丈夫会待在家，并能给你一片菜园。"

一个村落。

隐藏的陶器象征物

我们又返回到祈颂姑房。已经有另外一批圣物被藏到房顶了。过去，人们会用些铜镯子做礼物，但这次仪式中几穗穄米就被认为够了。女人们都假装找圣物，一边唱着同一首歌（第16首）。

"你在房顶为我找一条小蛇。"[1]

考验成熟程度

我们都挤到房子里。里面的火已经被故意熄灭了，为晚些时候的仪式性点火做准备。两个大水罐被放在地上，每个里面都有一条游得很快的水虫（njelela）在里面。跳舞和鼓声又开始了，纳高西埃跳上跳下，弓着腿，试图用嘴咬住小虫。这似乎是不可能的任务。尽管一次又一次尝试，别人鼓励，她最终还是没有成功。两个女孩被指派做这事；这不是常规的做法。结果，两个女孩都成功地咬住了，然后吐在纳高西埃的手上。周围一片拍手欢呼声。

这个礼仪始终充满兴奋的笑声，很像英国圣诞节时玩的抓龙游戏，显然有很重要的意义。这似乎是对女孩的成熟程度的测验，意思是看她们是否获得了对每个本巴人都很重要的社会特质马诺（mano），或社会常识。

（"她们要想办法证明女孩是否长大了（nga nabakula）。""如果女孩不能咬住水虫，女人们都知道'她还没有获得马诺'，那她的母亲就得支付罚金。"）

女孩随意敬食物

接着，两个大簸箕样的篮子被拿过来，里面装满了花生和好几种豆子。有一个篮子的中间还有一个小盆，里面放着几件小东西：一个镯子、一个玉米棒芯、一些盐、烟草，等等。这些也被说成是圣物姆布萨。两个篮子都被罩着，像运送食物那样盖着，作为一种敬意的象征。之后，又有更多的向纳

---

[1] A.C.说，"你必须为眼前的危险做准备，比如，蛇突然出现在房顶。"

齐布萨表示敬意的献礼。鼓声和歌声一直不断,同伴们弓着腿跳上跳下,像以前那样。一个年轻的女人用嘴把盖子叼起来,然后,用嘴含些种子再放在纳高西埃的手里。她们唱的几首歌之一是(第17首):

"你打开了它。

你吃下了整个恩索莫(*nsomo*)。"①

她们找到各种圣物,再次用嘴叼起来,前后传递。再次唱起"腋窝没有肩膀高"的歌。这一切都被说成是"一种向年长的人表示敬意的方式"(*ukucindika abakalamba*)。

这时,女孩被拉到中间,让她们请别人吃东西。她们唱道:

"来自菜园的食物准备好了。

自己吃吧,妈妈们。"(第18首)

("我们这些老年人说,'我们跳舞已经把你跳成了园丁。她必须开始自己开垦种地了。'"(*Few abakalamba tawcindila umwana wa umulimi. Nomba ali no kulimishwa*))

接着是没完没了地按年龄顺序向年长者敬献种子,然后她又递回来。直到一个女孩的父亲跳着舞进到房子里,气氛才有所缓和。他跳了一个跳跃式的舞,作为对纳齐布萨的尊重,把一个很便宜的镯子扔进篮子里。别人都批评说他的礼物太小气,但他的舞以一个很大的跳跃结束,带来一片欢笑。

仪式性点燃女孩的火(*namushimwa*)

这时到了仪式的一个重要阶段:点新火。这个礼仪可以被描述为聚合礼仪的第一步。其中一个女孩的年长的"姑姑",满脸皱纹,有着风湿性的佝偻,向大家跳舞,然后躺在地上,背朝地。纳高西埃拿起一根取火棍,开始在老"姑姑"的大腿间转动,告诉两个女孩也这样做。然后有两个年长的女人把火认真地熄灭。本巴女人一般不点火。点火的事需要技术和练习,当然也要相当有力气。那两个年长的女人费力地在地上研磨取火棍,流着汗,发

---

① A.C.评语:恩索莫是新郎的礼物。意思是告诉新娘,"你打开了它。这是你的生活。你得照顾那些需要照顾的人。"

出使劲的声音。同伴们左右摇晃地唱起祈颂姑求火歌：

"我们来求火，

我们向你求狮子。"(第 19 首)

还有，

"磨啊磨(炉边研磨取火棍)，

你生了几个孩子了？"(第 20 首)

焦急地等了近半个小时，我主动给她们递过去火柴。火柴在本巴仪式中一般被看作"新火"。这一举动引来了震惊和拒绝，"不行，这可不是普通的火。天啊，我们不能用火柴。"场面似乎陷入了僵局。

终于，火星溅到木柴，火点着了。大家都松了一口气。大家拍手欢呼，向新火致敬。令人好奇地是，之前房子里挤满的人群中的那种紧张等待的气氛一下都消失了。

这个礼仪被大家简单说成是"祈求当父母"(*ukulomba ubufyashi*)。姑姑在仪式中发挥领头的作用。从传统的意义上说，是姑姑影响女孩的生殖力。"棍子必须在姑姑的后背上蹭蹭，这样女孩才能尽快生孩子。"

(正如我们所看到的，狮子在整个仪式中被等同于新郎、酋长，或男性头人。当被问到第 19 首歌的意思时，两个女人只是说，"狮子是酋长。"或也等同于辈分。女孩从此对为她们点新火的年长的女人有所亏欠。"我们对女孩说，'我们女人为你点火。我们现在处于疼痛中。我们的手为了研磨取火很疼痛。你现在必须接过去'"。)[①]

大家不断往新火上加放小树枝，不一会就形成了噼里啪啦作响的大火堆。纳高西埃四肢着地地爬过去，头上顶着一个水罐。两个女孩在她后面爬，抱着她的腰。三个人一起用手和牙把水罐放到火上。我没有记录有关这部分仪式的评语。我觉得几乎可以肯定是象征加热女孩的"婚姻罐"。那个罐在一个年长女人的身边，同时新郎和新娘抱着她的腰。这也可能是象征将火从老人传递给年轻人，如上面的评语所说。

---

① A.C. 补充说，"你不能从有不同性状态的女人那里求火。女孩必须在祈颂姑之后有新火。她在有月经期间不能有性交。"

篮子里的种子现在都分配了,每个女人都要用一把种子来做出饭。剩下的都倒在火上的罐里,那是女孩的新火罐。之后,我们都疲倦地回到各自的住地,吃起自早上到现在的第一顿饭。

逗女孩(ukubacushya)

大约晚上七点,女人们又都聚到房里。小孩子都被赶走了。受礼新人被接回来了。

纳高西埃把一个篮子放在她头上,上面盖着一块白布。她跪在地上,一起一跪地跳起舞来。最后是轮到受礼人跳。大家都紧张地看着,不知她们会不会哭。一个女孩马上就哭了,但大家都大喊着鼓励,赞许地大笑。另一个女孩一点也没哭,可马上被亲戚嘲笑,"你这个孩子,哭点吧!就哭一下吧!"随着女人们唱起"我让你哭……",兴奋的气氛更强烈了。

(所有的女人都对"逗女孩"有各自的解释。她们说,"要是她们哭了,我们就知道她们懂了。要不然,我们说,'那是齐佟托罗(citontolo)!她听不到。她不尊重权威。'")

晚上余下的时间都在做差不多一样的事,就是让受礼人哭。我观察了七个唱歌游戏,都是把受礼的女孩拉来拉去,尽量折磨她。把她们的腿拉直,在她们后背上抹泥("教她们学会洗")。让她们在地上滚,浑身抽打她们。又让她们站到墙根,模仿哭鼻子的孩子。那个比较害羞的女孩彻底失败了,什么也做不到。女人们用手指勾住女孩的嘴,来回拉她们。女孩的头上用草把眼睛以上部位包起来,看起来像眼球掉出来了。

两个女孩紧张害怕,不断受到批评,显然都是在让她们在什么也看不见的情况下听从指令。有时是哄堂大笑,气氛热烈;有时似乎表现得好像她们勇敢地去执行乏味的任务。要是游戏缓歇下来,纳高西埃就专横地大喊,"继续,朋友们,我们必须不断地折磨新人。"那些疲倦的女人于是就开始唱另一首歌。多数歌都与道德伦理有关,如第21首,告诉女孩不要与朋友闲坐在村落广场上,那些朋友可能教她虐待她的丈夫。或者如第26首,警告她不要像老鹰那样一次把粮仓用光。

我在半夜十一点半离开祈颂姑房,可是跳舞持续到凌晨三点半,而且持续不断的唱歌声一直到鸡叫。

此时,女人们尝过在婚姻罐里煮的种子粥,然后回到各自的家。受礼的新人被告知不能睡觉,要去外面,取回白天要用的做模型的陶泥。

第八天

画墙壁图案

这一天是要在房子的墙壁上画特别的祈颂姑图案。两个年轻女人把墙壁分成九块"画板",用一把草当刷子,用白、红、褐和黑色的泥浆画出粗糙的图案。她们很专心致志,但在后来的日子里没有人提到这事,似乎也没有任何议论或羡慕。大部分图案是传统的,只有"鸟"和"豹子"(都没有说明)可以算作是对这两个词的有点儿艺术的再现。① 图案的名称如下(前五个见边码第112页插图):

"蝴蝶"($cipelebushya$),红黑色星星图案

"几内亚鸡"($amakanga$),一种传统图案

"眼睛"($amenso$),一种很有特色的图案

"猫头鹰"($cipululu$),一种传统的黑红色几何图案

"豆子"($cilemba$),另一种几何图案

"鸟"($fyuni$),似乎有点再现性

"钦布罗姆布鲁"($cimbulumbulu$),红黑色交替曲线

"白石灰"($lota$),黑红色交叉线

"傻子"($cipuba$),黑红色交替波浪线

其中在两块连着的墙壁上,每个"画板"上画了一个圆圈,被说成代表两个女孩。②

对这些图案,我没有完整的评语记录。画图案的女人太年轻,还不能自己说明那些名字的秘密,我也没能从负责的人那里得到全面的阐释。其中

---

① 布莱斯福德的书中所用图案也是属于传统的。

② 布莱斯福德认为,圆点图案代表女孩阴道。联系边码第107页所描述的射箭礼,这个说法似乎有道理。

一个纳齐布萨，经我再三追问后，把我领到丛林里，不让村里任何人听到，神色紧张地说，"人们都叫白石灰是帕姆巴（pemba），可是我们女人叫它洛塔（lota）。"她说，那是一个老词，很早很早就有了。整个仪式过程中，白石灰代表着洗去经血。过去，在一个重要的本巴公主的祈颂姑仪式之后，要通告各地的酋长。豆子图案明显有着性意义。纳高西埃说，那是一个关于男人的寓言故事。眼睛的图案被说成是教女孩要顺从。当她的丈夫侮辱她、斥责她时，她该默默地坐着，只抬头看着他。这样，他会感到羞耻，并说"其实你做得很好"（mwawamya）。几内亚野鸡图案也明显有性意义，是教女孩要坚持住。过去"钦布罗姆布鲁"一词是指领头的纳齐布萨，如歌中齐巴拉（Cibale）所指（第40首）。猫头鹰是指一个愚笨的人突然聪明起来。女孩在祈颂姑仪式上被教导，这样她就会变得聪明或有教养。在所指的模型中，有同样的傻子的名字。另外一个女人说，这个图案是指要教女孩学会隐藏：女孩要把教给她的一切都藏在心里。

我相信，这些图案和名称可以被视为祈颂姑仪式中最具局内秘密的部分。我所给出的意思无疑非常表面、浮浅。我很后悔没能花更多时间与纳齐布萨谈论这些图案和名称。

模仿野猪拱起树周围的草（第7首歌）（见边码第69页）。

第二部分 仪式 79

新郎的妹妹扮演男人,带着弓箭和一块假的盐。(参见边码第 73 页)。

后背被烧火棍摩擦过的女孩的姑姑,跟女孩的母亲在一起(参见边码第 62、77 页)。

傍晚,第一次向女孩传递图案的礼仪开始了。纳高西埃把两个女孩拉进房子,让她们各自站在自由的标志图案下。鼓声开始了,歌也跟着唱起来,"把女孩领给鳄鱼"(第22首)。① 女人们对着她们大喊,"看看你们得到什么了! 看看你的舅舅给你的可爱的衣服"。仪式从此时开始表现为向女孩传递或教授秘密,也强调了她的族人和丈夫要帮助她的责任。

第九天

做较大的陶器模型

第二天的事约在十一点开始。祈颂姑房外堆了一大堆陶泥。纳高西埃和助手开始做盘踞在整个屋里的蛇。做完后,又在最外圈加了腿。整个蛇用白、红和黑泥装饰,还有骨髓、蓖麻油,每隔两寸又细心地放上豆种。这项工作很繁重。一群女人极其专心地把蛇形做出来,抹光滑,直到傍晚五点,没有一个人停下来正式吃饭。这活儿在我看来好像没完。随着天色渐晚,我建议把放豆种的距离加大,这样可以尽快做完。我这个想法显然完全出乎她们的意料。纳高西埃显得气愤。"哎呀,我的妈啊! 我们不能那样做事。我们必须把一切做得很讲究(busaka)。我们必须像过去每次那样做。"这显然是不可越过的仪式步骤。

对这个象征物的阐释很令人好奇。这些女人都不愿意谈论。纳高西埃最初说这叫太阳光(amashindo eya itengo),并说这是教女孩知道太阳高高在上,她必须不停地劳动。后来,她承认这也是条蛇,是男人的身份(bwaume)。

兄与妹

与此同时,另外一些女人在做两个小的人模型:裸体的男人和女人,有两尺高,靠着墙站着。男人的两臂向外张着,一只手在女人的肩上;女人的一只手捂着脸。这对形象被说成是"兄妹"。这一天的主要乐趣都在做这两个陶模型上。旁观的人不断向我提醒,指着这两个形象,带着明显的愉悦:

---

① 事后本巴人的阐释(A.C.):鳄鱼代表智慧和对部落的忠诚。不经过这些仪式,女孩就不会忠诚。

"看，女孩在哭，因为她的爸爸死了。可是现在哥哥照顾她了。""那是哥哥，他说，'嘘，别哭！跟着我。现在开始我会照顾你。'""是的。她现在必须得尊敬哥哥了，因为她的爸爸死了。"人们一遍又一遍地批评或羡慕造型的细节。多数本巴人乐意谈论这种母系制度中关键的兄妹关系。他们以谚语和民间故事来讲述，而且，在日常生活中以特别有感情的语调谈论这层关系。多数祈颂姑仪式强调丈夫养活妻子的责任，但是在这里，女人似乎强调哥哥在妹妹结婚之前和之后，以及婚礼期间，照顾她的永恒责任。有些关于女人模型上的肚脐的猥亵笑话使我想到是否这后面还暗含兄妹乱伦的意思。但本巴人一般把肚脐看作身体上逗乐和猥亵的部位。所以，我不知道我的想法是否正确。

床

靠着墙的第三个模型是三个空的方形。大家说这是床，或"毯子"。这个模型似乎没有吸引人们的注意，尽管女人们开始唱起一首有关裹头巾的纳齐布萨的歌（第 23 首）。

（一个女人说这个模型代表女孩的床。另一个说这是教女孩知道，即使丈夫没给她毯子或衣服，她也要与他在一起。不管他做什么，她都要在一边看着(ukutamba)，不能与她的朋友议论。她还说，过去，如果男人不同意，女人是不能与其离婚的。要是她抱怨，她的外祖母就会说，"好吧，那你就光着身子坐着吧。别离开和你现在在一起的傻子(cipuba cobe)。"）

吸引巫术

在这一天辛苦之后，我惊奇地发现，所有这些图案和模型在完成两个小时之后，只是给受礼人看看，然后就都被打碎破坏了。每一粒种子都被认真地拣出来，和高粱面放在一起以备下一天用。陶泥都被堆在房子外面。纳高西埃最后一个离开房子，为的是往房顶上插一些巫术树叶。"这是巫术(bwanga)。把它们放在那儿就会有很多来访者，每个人都会说这的确是次很好的祈颂姑。"

别人都已精疲力尽，回自己家了。

第十天

几内亚鸡

第二天也是同样累人。做了一个有整个房子那么大的星星图案,上面有颜色和种子装饰。这被说成是几内亚鸡图案(*amakanga*),似乎与农业生殖有关,与(边码)第71页所描述的几内亚鸡舞一样。

("这是提醒女孩别忘了她的锄把,她需要继续为别人提供食物",我的一个最好的信息提供者说。几内亚鸡也是一个性象征(见(边码)第81页)。)

这些带有很多细节的模型在夜里都被清理了。断断续续的鼓声和跳舞持续到很晚。

第十一天

吃节日粥(*bwali bwa ukuangala*)

快到中午时,我被叫到一个女孩的母亲的房里,看到火上有个极大的锅,装满了水。准备做的是普通的粥,但这次做饭是仪式行为。纳高西埃先是在房里到处跳舞,然后把勺子递给女孩的一个亲戚。粥做好后,女孩的外祖母被叫进来负责盛粥,并把圣物藏到里面。她像平常那样,盛了一大搪瓷盆的粥,中间放了一小团做熟的饭,里面有日常用的圣物(烟草、盐、珠子、肉、红颜料,还有一小块石灰)。这盆粥又用种子和红色装饰后,再被端到祈颂姑房里。第二个女孩的母亲已经准备了一个类似的小碗,边等着边与身边的人兴致勃勃地聊天。

这一天是祭献和受礼的日子:从女孩的母亲到几个纳齐布萨;从年轻的纳齐布萨到年长的;从受过礼的女人到正在受礼的女孩。这是仪式性展示个人的责任和长幼顺序(本巴人的说法是 *mucinci*)。年轻的助手头顶着粥碗跳起舞来,同时,受礼的女孩被推着往后爬,伴着"进房子"歌(第15首)。粥碗被仪式性地反复盖上和揭开,伴随着欢呼声。女孩的父系亲戚接过碗来,按长幼顺序献给在场的人。然后再把碗放在女孩的头上,让她们绕圈跳舞,向在场的纳齐布萨们表达敬意。

之后是唱歌游戏。女孩的两个年长的父系亲戚绕着一个小凳子假装互相追逐,伴着歌;纳高西埃在一边训斥他们,"别坐在凳子上"(第26首)。这被说成是本巴人的驱赶下葬人(*shimwalule*)的习俗。这个专门负责下葬的人在按照要求埋葬了最高酋长齐狄姆库鲁以后被赶下座位。①

这两个年长的女人接着假装在碗里用鱼叉抓鱼。这被说成是,"女孩背着婆婆藏食物,并让自己的朋友保密。"

纳高西埃拿起一个碗,假装碗很沉重。女人们唱起了一首有关蝙蝠的歌(第25首),表现的是一个女人在黑暗中找情人。她们也唱了另外一首关于鹰的歌(第26首),表现的是毫无礼节地扑向食物——女孩不该这样做的。②

两个女孩被要求碰到每个碗,然后有一个女人用嘴叼起每个盖子,依年长顺序交给老人。最老的姑姑,纳西坦波(见(边码)第62页)给每个女孩盛一点粥,然后又拿回来。她又把一点粥藏在房顶。

隐藏的圣物现在要展示给在场的人了。纳西坦波,也是在场最老的人,代表其中一个女孩家族的父系亲戚,手里拿着包裹着小象征物的饭团,跳起舞来。两个女孩被要求站在墙边自己的图案下面,父系亲戚在她们身边一边站一个,从她们面前传递饭团。这是为了让她们有吃饭的自由,或者说,这是解除对女孩的食物禁忌。

在场的女人开始唱歌,是表示洗丈夫的手(见(边码)第202页),但实际洗的是女孩的手。姑姑这时跳到她们前面,假装向女孩展示隐藏的圣物,同时也假装与不让她这样做的纳高西埃斯打着。

这样看似没完没了的献礼还礼过程,突然在一个戏剧性时刻停止了,让感到极其乏味的看客也为之一惊。女人们唱起了一首旋律很不一样的歌(第41首):

齐巴拉!齐巴拉!

快来洗手!

你这个无知的东西,

快去打水,

齐巴拉!齐巴拉!

一个年轻的纳齐布萨跳得极其有生机和魅力,按照座位顺序,似乎在弯腰给每个人手上倒水。她假装把每个人面前的地面用白石灰抹白,深深弯

---

① 事后的本巴人阐释(A.C.):女人在她的长者面前不许坐在凳子上。

② A.C.阐释第二十六首歌:"晚上是玩的时间,但要等把家务都做完才能与朋友聊天。"

下腰,拍手,以示顺从。

整个人群立刻被激发得兴奋起来。她们小声回答我的问题说,"这是表敬意!"这是她们向丈夫表敬意的方式。这样他才知道她被教得如何。要是一个女人不知道怎么洗丈夫的手,他会说,"她不是女人。她像是还没有被跳过舞的人!"(Canakashi! Cabanga bashicindile!)

紧张气氛似乎解除了。仪式结束了。粥被严格地分给大家,每家都有应得的一份。虽然有人议论碗的大小,但马上都恢复到正常生活状态。

傍晚,跳舞又开始了。更晚些时候,又一次开始逗女孩。一个女孩马上就哭了,反倒获得一片掌声。另一个始终比较拘谨保守。一个女人对我说,"我们不能放过她!必须继续想办法教教她"。

第十二天

这一天很平淡。纳高西埃声称她受到了侮辱,去到自己的田里收割庄稼了。其实她有足够吃的,住在她房子边的人都知道。但是,亲戚们没有给她带来足够的"表敬意的饭"。"她们轻视我",她嘟囔着。①

傍晚,各种陶器都堆在木柴上,上面撒着具有巫术力量的姆弗古(*mufungu*)树叶,然后点火烧这些陶器。

第十三天

这又是平静的一天。早上,纳高西埃和助手去查看那些还在冒烟的灰中的陶器。

做蛇的模型

下午,在房子里,一个新的陶泥模型做出来了,是一个巨大的蛇(*yongolo*)。陶泥蛇被抹得很光滑,盘蜷着占据了整个地面,尾巴搭在墙边的炉架上,头在另一面的墙上。这也是件重体力活,花费了两三个钟头。房外有人在摔打陶泥,有人取出葫芦和豆种,然后细心地把种子放在盘踞的蛇身上。女人们都聚精会神,有种争分夺秒的气氛,丝毫没有偷工减料的意思。

---

① "bansula"。ukusula 指蔑视、轻视,或没能重视某人的权力。

（女人们都不愿意说这个象征物的意义。"就是条蛇"，好几个人不耐烦地说。还有一个人补充说，"这是教她不要骗她的丈夫。"问到纳高西埃，她有点难堪地低下头说，"是的，这是个男人的符号"。）①

做傻子的模型

靠近房门口，两个年轻的助手在做另外一个人的模型。这是个蹲着的、有点圆形的女人形象，相对有点特色。它马上被看到的人连尖叫带大笑地认出来了，都知道这是傻子（cipuba）。这是个很难翻译的词。意思是说一个人或是天生傻，或只是笨拙，意识不到文明生活的细致，也可能是意识不到她的社会责任，或是太懒不愿意去做该做的事。在这个场合，有个人告诉我，"那就是说她是个只知道懒坐在那里的女人。"这个人模仿一个坐歪了的人，然后倒在地上。"她就是不去做她被要求做的——所有的活儿。她就会对丈夫说'不'。她不给客人拿食物，不去打水，也不打扫房间！她就长这个样子"。还有一个女人模仿，坐在那里抱着肩膀，低着头。这些都是女人们非常主动地说的，还带着对这个形象的逗乐的评语。一个纳齐布萨小声对我说，"还有，这是个不会做事的女人，还没被教。她会让男人看到经血"。她又用很可怕的假嗓子说，"她就是不想费心做任何事。"这个形象代表了还没有受礼的女人，还没被教会女人做事的方法，也代表了一个懒惰的妻子，忘了曾学到的东西。

大约七点，所有的模型又都被彻底毁掉，陶泥又被堆放到屋外，留着下一天用。

第十四天

抹白巫术（ukuya kumpemba）

中午饭过后，鼓声响起了，村里的女人都聚到祈颂姑房外。我们三三两两地走向河边，站在岸边松软的黑泥上。纳高西埃含了一口浑浊的水，然后喷向空中。大家都拍手欢呼。

（这个礼仪似乎很有意义，因为表演者很严肃专心，但我无法完全阐释

---

① 事后本巴人的阐释：P. B. M. 事后评论说，这不是普通的蛇。那是罕见的蛇。这是教女孩知道，想不到的事会发生。她必须耐心地准备对付这一切。

其意思。有人告诉我这是教女孩在她喝过水后不要再装口渴。将唾液喷到空中是本巴人常用的祈求祖先祝福的方法。)①

接着,在泥地里清理出一块地方,挖了一个坑。纳高西埃用双肘支撑将身体在上面保持平衡,然后前前后后地在泥坑上晃动身体。

旁边的女人唱道:

"按照上帝的法子

我们模仿着母亲。"(第 27 首)

(这个礼仪的细节对我来说不是很清楚。纳高西埃解释说,她在泥坑上晃动是"模仿生下我们的妈妈",并暗示她在再现分娩的动作。她也说这是在教女孩在月经期如何在河里洗澡,就是说,如何与别人分开,不致污染了河流。P.B.M. 提到同时唱的歌,说那意思是,"有时我们不按照上帝(Lesa)的,而是按照妈妈的做法来做"。这似乎是一种基督教的解释,但也暗示了传承传统和传宗接代的意思。A.C. 写道,"我们的责任是跟随上帝,向过去传给我们东西的人那样把东西传下去。我们像你妈妈想要的那样让你成为一个妈妈。")

受礼的女孩接着被拉到前面,腰上系着小裙子。她们被推进泥坑,浑身都是泥水。然后她们被清洗干净,用白石灰把身体和脸抹白。白色石灰水是用草把当刷子,极认真地刷到身上的。女孩的头上被放了一块十字形的黑泥,上面有常用的南瓜籽和红颜料装饰。她们的头随后用布盖住,眼睛向下,明显感到尴尬,直到走回村落。女人们唱道:

"我们找到了菜园里的狮子,告诉了大家,

猎人还没有忘记。"(第 28 首)②

她们随后把受礼的女孩围起来,开始一遍又一遍地唱那首有关白鹭的歌(第 48 首),跳着舞簇拥着回到村子。

当我们路过各家的房子时,坐在门前的男人们假装低下目光。

我们都聚在祈颂姑房里,开始唱歌,依长幼顺序向纳齐布萨献物表示敬意。所有在场的亲戚都被抹上白色。然后把受礼的女孩领到村落头人的家;头人向她们"吐出精灵的祝福"(ukupala amate)。

---

① *Wilaba cilaka nga amina menshi! awikasakaminawa!*

② 事后的阐释(A.C.):这种仪式就像豹子身上的斑点,永远不变,或被忘记。

（这个礼仪的名称直接的意思是"准备去抹白"。女人们似乎觉得这个礼仪相当浪漫有趣。整个过程中，她们谈论受礼人的那种感伤情调，很像英国的女人在婚礼上谈论新娘之美。"我们让女孩白了。我们让她们漂亮了。""我们让她们像白鹭一样白。""是的，她们现在没有血污了，白了。""现在好了。那东西以前是红的。"）

抹白巫术似乎标志着仪式的特定阶段。这是从经血中净化的礼仪，也是一种美化巫术。随后是第二次呼唤祖灵的祝福。

第十五天

做住房和屏风的模型

纳高西埃和几个助手在接近中午时，去丛林里找回来一些较大的树枝。中午过后，我看到她们很吃力地用五个粗树干搭起了草棚。这种草棚在本巴地区的村落很常见。桩子和棚顶都抹上了泥，上面还有不明显的豆子、南瓜籽、红檀颜料和白面粉。棚顶上插着一根木棍，尖头磨光了，像根羽毛（ngala）。整个棍子像条蛇，或像个男人的房子，或像一个专门在酋长的村落由战士领头建的房子（nchenie）。这是个防御保护的地方，是战士们晚上聚集过夜的地方。

（这个象征意义很不清楚；不只是我，那些参与建造这个棚子的女人也显然不知道。大家说这是个安全的地方，也是个闲待着的地方（ukuangala），或休息的地方。一个女人说，这是教女孩以后别再坐在村子的广场上。作为已婚的女人，她该待的地方是房子里。另外一个女人含糊地说，棚顶上的月牙形很像过去的纳齐布萨头上戴的羽毛。这也成为一个令人好奇的例子：费了极大力气做成的东西，但大家对其象征意义没什么兴趣。）

同时，另外一批女人在做一个有四尺高的屏风，上面都是用陶泥装饰的东西。墙上有个小窗户，中心插了一根羽毛。

（此物的象征意义也是很复杂的。这个屏风（lubondo）被视为新郎为新娘建的房子的一面墙。中间突出的地方被叫作肚脐；人们用一种诡秘的口气议论它。本巴人总是把肚脐看作身体上相对有乐趣又有点神秘的部位。一个女人用有点害羞但又自以为是的口吻说，"对，这是教女孩忍让她的丈夫——他想跟她睡觉时他就能。"）

不知道在场的人是否都知道这些圣物特有的局内人（esoteric）的意义，但房子里的气氛是相当快乐的，犹如英国的孩子们过圣诞节。晚上，受礼女孩和她的父母近亲都聚在房子里，围着棚子和屏风玩着各种热闹的游戏。有的躲在屏风后，咯咯笑或大喊大叫；有的围着棚子跳舞，还有的用衣服包当球在玩。大家都玩得其乐无穷，特别没耐性"解释"她们在做什么。"我们就是照老样子做"，一个女孩平淡地说，一边微笑着准备接一个同伴正要扔给她的球。

这类游戏持续到晚上九点左右。之后，纳高西埃、几个纳齐布萨，还有一两个助手围着村子一圈一圈地走，踩着祈颂姑的鼓点节奏，直到深夜。她说，鼓声会告诉人们这个仪式有多么重要。

第十六天

这是平静的一天。年长的女人早上都去收集米面为随后在临村举行的庆祝做准备。下午，烧过的陶器被用红、黑和白色装饰起来。有些过去被藏起来专门用于祈颂姑仪式的陶器也拿出来再装饰一番。整个夜晚，房子里都在跳舞。棚子和屏风已经被拆除了。

第十七天

第二次林地仪式

带女孩出门（ukubafumya panse）。

这天一开始就是一番讨论，进进出出。我被告知这是带女孩出门的日子。我有种很肯定的感觉，这是整个仪式进程中一个新的重要阶段。我们要一起去到丛林中的姆维格奈树那里，[①]但年长的女人们为了哪棵树最适合而争吵起来。另外一些人聚在祈颂姑房里，两个受礼女孩这时看起来很高兴，衣服盖住胸部，像成年的本巴女人平时那样。可是，安静是短暂的。纳高西埃马上就看出她们和别人一样了。"把衣服放在胸下"，她不耐烦地喊道，"你以为你们是谁？有地位的人？"

女人们似乎有些厌烦；有的在继续争吵该带什么圣物到丛林里去——一个搪瓷碗，里面装着日常用品象征物：盐、烟草、白灰石、红颜料和珠子；一

---

① 一种雌性树。

个大口篮子,装满了花生;两个陶器:一个像罐,一个像盖子,但被视为菜园的垄背（*mputa*）和菜园（*amabala*）（参见（边码）第 96 页）。一个小女孩抱着一个装满啤酒的小葫芦,不断用手指抠着旁边的糖浆吃,尽管不断被训斥制止着。有一两次她们刚出发又返回来了,因为有人忘了带上需要的斧子和锄把。事实上,我感到当时的气氛不热烈,人们有点消沉;或是因为大家都累了,或是因为她们感到仪式快结束了,或是这个礼仪没有什么大的意义。

敬拜姆维格奈（*mwegne*）树

有个年长的女人在路上砍了一根姆维格奈树的嫩枝。我们都聚在一棵姆维格奈树下。接着是一个"敬拜圣物"的礼仪,在祈颂姑中有多次重复。装着圣物的容器被司仪盖上又摘下。给纳齐布萨们的礼物,也是这样按照年长顺序依次敬献的。这次祈颂姑的特点就是,每个被触摸过的东西都是用嘴,而不是手来放置。纳高西埃用嘴从树下叼起草,吐在圣物上。她用嘴把红颜料吐在树根周围。她用嘴叼起锄头,在树下清理出一块地方,只是在最后需要更干净地清理出这块地方时才用了手。整个礼仪过程中,鼓声不断,女人们唱着（第 14 首）：

"捡起你的东西,

用嘴捡起来。"①

在圣物被一个个献给年长女人时,她们又唱起曾唱过的歌：

"腋窝总是没有肩膀高。"

每个人似乎都在中午炎热的太阳下感到相当疲倦。纳高西埃竭尽她的权威以便让大家保持兴致。她训斥大家忘了一个象征物：白石灰。"跳祈颂姑可不是开玩笑",她说。她继续与没有兴致的同伴唱着,露出有点愤怒的样子,似乎也着急做完这冗长的事,但又不能省过任何一步。

（这部分仪式被大家说成是敬拜姆维格奈树。读者会记得,代表生殖力的姆素库（*musuku*）树,也是用同样方法在第一次丛林仪式中被敬拜的（见（边码）第 70 页）。姆维格奈是另外一种雌性树,明显代表了女人柔顺的一面。而姆轮布佤（*mulombwa*）是一种硬木树,有一种红色树汁,代表男性,

---

① 事后本巴人的阐释（A.C.）：别把别人说的话当真。别嚼舌头！

狮子,有时代表酋长。

用嘴叼起来各种东西被说成是对姆维格奈树表达敬意,并被大家带着恭敬的言辞说成是因为这些东西不寻常。有个女人说,女孩必须学会做不寻常的事。)

喝啤酒

纳高西埃在树下挖了一个小洞,然后把小葫芦里的啤酒倒进去。黏土渗不进去,啤酒和沫与地面一样高了。纳高西埃把红颜料粉、小白珠子和白色陶土撒在上面。她还是有些生气,停下来训斥助手,问道,"谁在来的路上把这啤酒喝了?"这可是严肃的事,不像在非仪式时那样为了乐趣可以随便喝一口。不过,她继续着手头的礼仪,没去澄清谁喝啤酒的事。她躺在洞边,背朝下,两肘支撑着,随着鼓点上下跳动着,直到找到合适的位置。然后,她把头侧面低下,靠近洞边,用舌头舔些啤酒,先从右边,然后是左边。接着是几个年长的纳齐布萨,最后是所有的助手,都照她的样子来做。每个人都对纳高西埃和我做了一次正式表达敬意和顺从的动作。这是个很难的动作。每个完成动作后喝到啤酒的女人都得到欢呼和拍手,还有歌:

"我不该回答你

我不该回答你,没用的人。"【原注:事后本巴人的阐释(A.C.):"喝过酒后别说话。"】

两个受礼的女孩也最后从洞里喝到啤酒,但她们是在许多劝告和喊叫之下完成的。大家此时开始显出有了乐趣,每个人嘴边的啤酒沫被视为是尤其好笑的事。

最后,还有一个"敬拜圣物"的礼仪。纳高西埃拿出陶器象征物,往上面挂珠子。然后仪式性地依年长顺序献给大家,独自唱起以前唱过的歌,"腋窝总是没有肩膀高"。

女人们欢呼着向她祝贺,唱了一首歌颂酋长的老歌:

Mpuba musumba!

Kwewa! *Kwewa*!

并使用这次祈颂姑仪式期间给她的昵称"瓦西埃"(*Washishye*)问候她。"你被拒绝给食物了"——指的是仪式期间一个女孩的母亲那次小气地给了不够的食物。

这次礼仪的象征意义对我来说还是不清楚。制作和分配啤酒是已婚女人的最重要责任之一，很自然，女孩未来的这部分责任要在仪式中被模仿出来。她们告诉我，这是教新娘要在家藏一葫芦啤酒，等客人走后给丈夫喝。另一个女人说，这是教女孩顺从丈夫(*ukunakila*)。这层意思可能和敬拜姆维格奈树的柔顺有关。有关做啤酒和种地的联系，在本巴人的日常用语中很明显。敬献的陶器象征物被叫作"垄背"，这也许可以被阐释为是让新娘自由地开垦自己的菜地，这样就可以做啤酒了。垄背也象征女人被丈夫拥有和"开垦"（第 44 首）。

准备跳圈(*mupeto*)

两个受礼的女孩被派去和几个助手一起取回一段雄性姆轮布佤的树枝。她们回来时在肩上扛着这根树枝，又被指使跪下，这样就让她们眼睛向下，显得谦虚（见插图），同时，年长的女人向树枝仪式性地献上不同的圣物。[96]

然后，把这根树枝插在地里，弯成半圆形；同时，那个雌性姆维格奈树枝被交叉放在上面，角度正好形成两个圆圈。这被叫作"圈"。这时，每个人都精神起来了，情绪高昂，尽管已经是差不多一点钟，都还没吃一顿正经饭。姆轮布佤树枝很脆，断了。可是大家耐心等了一个小时，直到又在丛林找回了一根。等的时候也兴致勃勃，不断谈笑这个那个。最后"圈"做好了，但先是试验用了一下，看女孩是否能顺利过去。

猎狮人的凯旋回村

同时，纳高西埃和助手去从第三棵树上找来一个大树枝。这种树叫卡布巴(*kabumba*)，代表狮子，也在仪式上一直被指为狮子。两个女孩又跪下，肩扛着这根树枝，别的女人又一个一个地向它献圣物，不停地唱着歌，敲着鼓，跳着舞。最后，纳高西埃跳到前面，挥舞着系着树叶的斧头，就像过去在酋长的庭院为猎获的狮子和猎狮手举行的净化礼仪那样。这次独舞的效果犹如闪电，人群立刻爆发出叫喊，跟着跳起舞来，也唱起有名的歌：

Kakoshi! sompa! Cilipi! Cilipi!

这首歌过去是由猎狮手唱的，或是由因为冒犯而被放逐后又得到宽恕回到村里的人向酋长唱的歌。

92 祈颂姑

第二次丛林仪式。纳高西埃把啤酒和红粉放进洞里。
(注意前面代表菜地垄背的圣物)(第 44 首和 45 首歌)。

一个女孩在准备倒着仰头喝洞里的啤酒(参见边码第 94 页)。

第二部分 仪式 93

两个女孩扛着代表男性的姆轮布佤树枝。上面装饰着白色珠子(参见边码第95页)。

两个女孩找到卡布巴树干,代表狮子(参见边码第96页)。

回到村落的一路上气氛热烈。每个受礼女孩各拿一个"圈"。两人肩上扛着由大树枝象征的狮子。纳高西埃和几个年长的纳齐布萨舞弄着斧子和锄把，一路连喊带跑。在村口，女孩被用黑布包起来，其他人排成队走。年长的女人和我都被抹上红颜料和蓖麻油。烈日下，油和颜料融在一起，整个脸都变得猩红色，可能都显得粗野怪异。事实上，几个受过基督教教育的年轻女人开始感到不自在，拒绝被抹成那样。女人们绕着头人的房子走了三圈，不断唱猎狮归来的歌。

头人的妻子出来向大家献花生，给女孩的亲戚一些小镯子和别的小礼物。兴奋的气氛也像来的那样突然就没了。大家都累了，饿了，所以也没情绪了，接着就散去了。

（这一礼仪的象征意义很复杂。狮子象征男性，当然是代表新郎。一个女人说，向卡布巴树表敬意就是向男人表敬意。杀死狮子的人被恭贺，被抹上红颜色。他们被改变形象，在酋长面前唱猎狮手的歌，以防狮子的精灵"回来"。盲人唱同样的歌，表明他没有痛苦怨恨，他的精灵不会"回来"。所以，这个礼仪似乎代表新郎像狮子一样回来，但也暗示祈颂姑的危险，还有血和红色的联系。女人们被祝贺，因为危险过去了。她们绕着头人（或酋长）的房子，唱那些从危险中过来的人才唱的歌。）

种植圣物（*ukushimpe mbusa*）和最后一跳（*ukushimpa umupeto*）

大约三点，年长的女人们到河边去布置树枝圈；雄性和雌性相交的两个树枝圈。她们把上面用陶泥盖住，再装饰上种子和红颜料。一个有四英寸直径的泥球被放在房子上面，这样整个结构有四尺五寸高。大家在河边摆好，准备最后的一跳。两个女孩都从一个方向跳过去了。接着，她们又被要求从另外一个方向跳。这次，有一个女孩两次没跳过去。这显然是很可怕的事。她的母亲看起来很生气，用树枝打她的腿。女孩也吓得发呆，不会动了。大家向她喊叫，给她出主意。"你这个懒丫头！""往上看，别看圈。""你让我们丢脸。""跳啊！快跳啊。"女孩这时开始哭了，哭得可怜，但是，在她母亲最后在她腿上抽打一下后，她极努力地跑起来，跳了过去。大家全都如释重负，松了口气，爆发出欢呼声。两个女孩都被母亲背起来，带着胜利的眼泪。几个纳齐布萨得从"圈"下爬过去。两个女孩也被推到"圈"下面，先从一个方向,然后从另一个方向钻过。一个女孩的母亲把一个镯子挂在"圈"上。接着,两个女孩把整个架子从地上拔出来,抬到河边,扔进水里。场面很活跃。大家激烈地议论该由谁抬女孩,是外祖母还是祖母。定下来后,女孩被抬回到村里。

(这次跳圈被大家说成是让女孩长大的礼仪(ukubakushya)。)

做狮子的模型

　　助手没能有一点休息,马上回到祈颂姑房里,开始做陶器。鼓声一直不断,可大家都累了。一个小女孩偷偷去找吃的,被训斥调皮不听话。有些年长的人也悄悄散开了。

　　几个女人努力地用从丛林里抬回的卡布巴树枝做狮子。用四个有叉的树枝支撑,一头放上用泥做的很有生机的狮子头,嘴用红颜料抹红了,牙是用南瓜籽做的。头上又用草盖上,看起来像狮子头上的毛,爪子都嵌上种子。整个形象很逼真,是所有形象中最写实的。

　　接着,把前一天用的棚顶又拿来靠墙做了一个新的棚,并用新的豆子嵌在支柱上。这活儿一直干到五点左右,多数人都散开了。纳齐布萨一个人留在那里,把所有的陶器都重新刷上颜色,为最后的礼仪做准备。

最后一个夜晚的一系列礼仪

蒙眼的新郎的到来

　　晚上八点左右,我们被叫到祈颂姑房里。炉子里烧着大火,三大锅水已经滚开了,就准备时间一到往啤酒上倒,然后大家就可以喝了。房里极热,里面挤了有二三十人,中间有一小块跳舞的空地。每个人都显得很疲倦、烦躁,有种随时因为一点小事就大吵的架势。但有一种兴奋的气氛,我感觉仪式的高潮要到来了。[①] 鼓声和歌声一夜没停,直到凌晨,陪伴着每个礼仪。我提到的每首歌都被唱了一遍又一遍,以至于几乎没有安静的时候。鼓是接力式的,年轻的女人轮着敲。

[①] 每次都很难知道下一个礼仪是什么,因为从来没有人能准确告诉我仪式的进程。我想可能是她们每个人都知道仪式的大概进程,但不知道具体是哪天,而时间又有很大的灵活性。

晚上，又是以假新郎的到场开始了。他们被挡住眼睛，用手摸着门边房檐进来。他们唱着：

"我在黑暗中摸索

我生病了。"（第 30 首）①

大家爆发出笑声。"来了，瞎子来了！新郎来了。"

（女人们对我解释说，女新郎是假装的，假装新郎看不到要送给新娘的圣物。"这是因为他们来到了已经在做活儿的房子里了。"）

越过房顶

两个女孩接着被提起来，手抓着屋顶的椽子上，膝盖弯曲在下巴下，来回摆动，这样用屁股把"棚子"都扫到了。这对一个普通英国女孩来说需要有很好的体操技巧，但对本巴女孩明显是不难的动作，她们的臂膀肌肉因为经常磨和捣食物而相当发达。假新郎又重复表演。之后的礼仪是一个女孩的父亲跳舞，向年长的女人表敬意。他轻盈地用经典的小快步跳进房里，激发一阵欢呼，马上又如进来时迅速消失了。

（这个礼仪的象征意义也很复杂，没有一个女人能一致地说清楚。她们对我说这是"房顶的父亲"（*shintembo*）之礼。意思是，新郎和新娘现在要照顾她们的姻亲，要凭好心，也就是说，不是因为法定责任。）

纳齐布萨的胜利

纳高西埃接着挤到中间跳舞的地方，模仿一个疲倦的女人，打着哈欠，伸着懒腰，可是找不到地方睡觉。一个假新郎仪式性地献给她一块睡觉的席子，她在上面躺下，一遍又一遍地唱道：

"咱们都躺下睡觉吧。"

随后，假新郎给她一块布，她把自己裹起来，唱道：

"打开席子

我们就能睡了

---

① 我没能得到较完整的解释。新郎可能是看不见的，因为他们要触摸神圣的象征物和女人的秘密东西；或是因为他们这是第一次被允许进入仪式房。A.C. 说，"我被愚弄了。我看不见我要做的事。我要有麻烦了。"

受礼的人说

你把我们裹在了一起。"(第31首)

(女人们悄声对我说,新郎在指使纳齐布萨去把秘密的东西送给新娘。纳齐布萨便告诉新娘必须接受丈夫(*ukusumina umwaume*)。)①

纳高西埃后来离开房子,回来时带了一个大篮子,里面装满了那些为这次仪式费力做的陶器模型。她站在门口,像个胜利者,头上戴着陶制头盔,被叫作"插玉米的头饰"(*ngala*),腰上围着一块黑布。这个严厉且相当霸道的女人站在门口,又紧张又兴奋。她最了不起的时刻到来了。她唱道:

"狮子的皮

被穿在姆宛巴(Mwamba)的庭院。"(第32首)

(姆宛巴的信使(*musolo*)过去是穿狮子皮衣服的。纳齐布萨作为酋长的信使而受到尊敬。纳齐布萨穿桦树皮衣服,因为在过去,她主持祈颂姑仪式得到的报酬是这种衣服。)

准备圣物

所有的陶器都被展示出来。漫长的赠献圣物(姆布萨)礼仪开始了。

每个象征物都有相关的歌。这些歌的意思都在附录乙中。每首歌都是先由纳高西埃唱,接着是几个年长的女人,再接下来是两个女孩分别唱。每首歌都有特别的伴唱动作。有些圣物只是仪式性地献给在场的人,有些则有相关的模仿动作配合特定的歌。

这一晚上,有43件不同的圣物献给了女孩。我在附录乙中给出了对30件的阐释,并附有18件的图示。在此,我试图把它们分类,但不是严格的,因为每个象征物都有几种意义,所以,这个分类无疑是相当任意的。

A. 日常家用品

石臼(第52首;图示15)。大家模仿捣米。这首歌强调女人提供食物的责任。

水罐(第62首)。模仿地把水罐被依次放在女孩的头上,伴着这首歌,强调女孩给丈夫打水的责任。

---

① 事后本巴人的阐释:A.C.补充说,"要是有需要做的事就马上做,免得被误解。"

炉台石板(第62首)。这是个锥形的模型,代表本巴人过去在蚁丘上用的火台。女孩站在模型上假装把水罐放在火上。

烟袋(第59首)。这是比较简单的对白人用的烟袋的模仿。用来教女孩总也不要懒惰,不要抽烟。

B. 农业用品

垄背(第44首;图示7)。这个模型代表了女人耕出的地。这首歌是要人勤奋耕种,也有双重意义,指男人对女人的责任:女人是已经开垦的地,别的男人不应该从这里穿过。

菜地(第45首;图示8)。这个模型是头盔型的碗。在唱这首歌时,碗被参与者来回传递,意思是敦促女孩专心种地,保护好种子,这样在饥荒时就不至于没有食物。这个圣物在丛林中的礼仪中也被用过(见(边码)第95页)。

锄头(第47首;图示10)。纳高西埃拿出一个锄头模型,大约8英寸长,假装耪地,随后两个女孩也照样模仿,别的女人用胳膊模仿耪地的动作。伴唱的歌敦促女孩耕种自己的地,而且还有双层意义:把丈夫比喻为锄头来开垦女孩;女孩也因此被比喻为菜地。

C. 丈夫与妻子的责任

镯子(第38首;图示1)。这是一种较大的陶土镯子,抹上白灰,依次被戴在女孩的手上。它代表了婚姻的首次约定金(*nsalamu*),强调丈夫为妻子提供衣物和其他物品的责任。

珠子项链(第39首;图示2)。在有些仪式上,这个模型有点像蘑菇型,代表了圆锥型的壳。本巴女人戴的三角形贝壳珠子(*mpande*)就是这样切割出来的。在我所观察的仪式上,这个模型本身就是三角形的珠子,或是挂在女孩的脖子上,或是在一个表演者的手上。歌词表明,"我的珠子在酋长的庭院掉了",指的是这样一个事实:如果妻子受到不好的待遇,就会跑回到她自己的家。那样,丈夫就必须求她回来,忍受极大羞辱,就好像他在酋长的庭院丢掉了宝贵的东西。

鳄鱼(第45首)。这是个写实的鳄鱼模型,背上露出脊骨,浑身抹上白石灰,并在女人中传递。其意思是针对丈夫的:他被视为鳄鱼,像酋长一样要提供所有的东西。鳄鱼在芦苇中生活,芦苇代表着保护家里神圣的秘密。

丈夫也可以像鳄鱼那样,如果妻子欺骗了他,就躺在地上等待她。

傻子(第55首)。这是一个翻过来的碗,放在表演者的头上像个头盔。一个男人要是不照顾妻子,给她提供穿的衣服,就是傻子。

没胳膊的懒人(*cilume ca ciboa*)(第56首;图示18)。这个形象是一个有大头、有阴茎、没有胳膊的男人。意思是指一个整天在家里待着、挑妻子毛病、什么活也不干的男人。

走路轻快的年轻人(第55首B)。这是一个穿着欧洲衣服、戴帽子的快乐青年。这是个只讲究穿、不干活的人,或是去找锄头支付婚姻彩礼的人。

齐波内姆素巴(第65首)。这是个圆锥型的有小刺的模型。大家说是代表树。这个名字也是传说中的一个酋长的漂亮长妻的名字。丈夫应该看重自己的妻子,视其为最漂亮的女人,就像酋长更喜欢长妻一样。

松萨卡拉莫(第60首)。这也是个圆锥型的有小刺的模型。这首歌告诉女孩不要跟丈夫讲故事,或传谣言,或嚼舌头。

刺猬(第49首;图示12)。这个模型是一块小球形的陶泥,上面插着背骨,两边缠着线,挂在女孩的脖子上。她要随着音乐来回摆动,这样背骨刺可以扎到她的乳房。这被说成是对她在没受礼之前犯过的错的惩罚。歌词告诉她,所有的错都不能隐瞒,都会得到澄清,受到惩罚。

星星(第46首;图示3)。这是个大水罐,口很细,周围都扎出小洞。里面有个点燃的蜡烛,代表星光。歌词是敦促女孩表现出宽恕,哪怕是丈夫虐待她。

戴羽毛的丈夫(第42首;图示5)。这是个菠萝形的花瓶,顶处大约八寸的地方有不规则的洞,插着小刺,画有一半白色一半红色。被放在纳齐布萨的头上。同伴们要唱对丈夫表敬意的歌;丈夫戴着羽毛头饰,像个过去的战士或酋长。在她还戴在头上时,受礼的女孩拿一个小勺(图示4),假装把水倒在丈夫的手上,另一只手擦下面的地。这进一步说明了妻子的责任:在性交后要用仪式罐里的水洗丈夫的手(见(边码)第31页)。

D. 对其他亲戚的责任

家族(第46首;图示9)。这是个有把手的小篮子,在手里来回摆动。同时,女孩头上顶着的圣物为"戴羽毛的丈夫"。这个模型表明了女孩对姻亲的责任。她把自己的婚姻戴在头上,也就是在最高的地位:她的家族就悬在她的头上。

E. 母亲身份

喂奶的妈妈(第 53 首;图示 16)。这个模型有八英寸高,代表母亲在给两个孩子喂奶,后背还背着两个孩子。歌词是说这个女人给孩子断奶太早,结果一个孩子死了。

孕妇(第 54 首;图示 17)。这个是孕妇形象。相关的歌说她分娩的日子到了。

房子(第 51 首;图示 14)。这是个房子的小模型,用小树枝和泥另外做有一个小门。唱歌的人来回搬它:孩子在哭,因为母亲出去喝啤酒,把他一个人留在了家。

蜈蚣(第 64 首)。这是个蜈蚣的形象,很像雨天出现的毛毛虫,有着黑背和黄腿。整个模型染成白色。歌词是告诉女孩不该太经常地性交,不然会生出可能死的双胞胎:多胞胎就像有许多腿的蜈蚣。另一种说法是说警告她,在生了双胞胎后,她要做净化礼。

F. 一般道德

鬣狗(第 64 首)。这是个写实的形象,有脊骨。女孩不该像鬣狗那样偷东西。

乌龟(第 50 首;图示 13)。围绕这个模型,纳高西埃和几个纳齐布萨蹲下用脚尖伴着音乐跳上跳下,轮着把头探前探后,一会是好奇的表情,一会是无聊的表情,同时唱着:

"乌龟在家时把头
放在壳里。"

意思是说女孩不该像峇啬女人:峇啬女人在出去串门时窥探别人家的篮子和罐子,并说,"朋友,这里是什么?给我点尝尝。分我点吧。"可当朋友到她家时,她低着头,故意不提家里吃的东西。

G. 祈颂姑仪式

有些模型只是指某个礼仪本身。

红头鸟(第 63 首)是一个身上染成白色,翅膀上点着红色的小鸟。红头鸟有红色的月牙形,所以,模仿的是过去的纳齐布萨头上戴的红羽毛的头巾。

白鹭(第 48 首;图示 11)。嫩树枝上的小鸟。这首歌唱的是女孩的白色和漂亮(见(边码)第 88—89 页)。

狮子(第 56 首;见(边码)第 129 页)。这是个大水罐,上面封口,两边有开口。之所以被叫作狮子,是因为其声音很像狮子的怒吼,从一边吹气,另一边堵上后,就发出那种声音。狮子的象征意义在前面已经有描述。

"给孩子圣物"这个礼仪持续到深夜。鼓声和歌声多少让人感到浑身酸痛。① "为什么纳齐布萨不自己唱?"我问一个看起来很疲倦的女人。她似乎对这个愚蠢的问题很惊讶。"当然,每个纳齐布萨都需要自己唱出歌词",她说。这对我来说是非常有意义的评语,我会在后面的阐释部分再提到。

新郎的到来

当房门打开,爆发出欢呼声时,大家感到的是一阵轻松。"新郎来了!"在此之前,新郎一直是女性亲戚代替的,但在这礼仪的高潮时刻,男受礼人(*shicisungu*)要出现了,或者说该出现了。事实上,其中的一个女孩已经订了婚,男方离家去矿区打工了。他被他的姐姐代替做假新郎出现在之前的礼仪中。另一个没订婚,但是她的一位姨表哥出场了,因为本巴人重视姨表婚姻。

两个新郎快乐地带着弓箭进来了。在他们面前,他们的两个妹妹在地上爬着,背上捆绑着柴禾。她们唱道:

"你去打柴还没回来

你又去找柴草。"(第 33 首)

同时,两个受礼的女孩各自靠墙坐在代表她的圆点处。新娘这时装饰得很漂亮,衣服在乳房上处整齐地折挽起来。她们看起来有些拘谨,但不像先前那样迷惑沉默。两个新娘都没抬头看进来的新郎。

两个新郎便唱起一首新歌,在屋里昂首阔步走过,显得文雅庄重,微笑

---

① 歌都很短,但至少有四个人唱,每人至少重复六次两句的歌词。可以想象这一"给孩子圣物"的礼仪的时间长短。

着。他们跳起舞来,唱道:

"我找到了我的猎物;

现在我已刺到了我的肉。"(第34首)

两个新郎各自瞄准各自新娘上方的墙上的圆点。箭在墙上松软的白灰上晃动几下,立住了。每个新郎仪式性地将一只脚踩在新娘的头上,将弓靠在她头上的墙。两个新郎阔步走出房子,同时女人们兴奋地议论着。"看,他射中她了!他伤到她了!他射中标记了。"显然,大家把这视为浪漫的时刻。对我这个陌生人而言,也的确有此感受。这是这天晚上仪式的高潮。两个女孩得到了她们的圣物。秘密也揭开了。她们的丈夫来展示了她们的婚姻。

这个礼仪的结束是以女孩用嘴打开包着的柴禾包为标志。包里面有常用的家用圣物、肉、珠子和红颜料。同样的东西也仪式性地献给了在场的几位纳齐布萨,还有一个女孩的外祖父,他是特意被请来的。

这时,大约夜里一点半了。兴奋的气氛开始消失了。争吵和喊叫开始了,也开始喝啤酒了。房子里冒出的烟很浓。女人们汗流浃背。两个女孩精疲力尽地倒在地上。不过,鼓声和歌声断断续续一夜没停。我在大约两点半溜出了房子,无法再记录任何东西了。大伙都还在房子里,等待着黎明。

第十八天

黎明的公鸡(*nkoko ya ncela*)

刚过四点,我被叫醒了。公鸡叫第一遍了。这也是到了最后的杀鸡礼的信号。两只鸡被绑起来,头朝地。鼓声急了起来,两个女孩也跳起舞来,坐下站起来,坐下站起来,每次用头碰到鸡的头。这被视为一个重要的礼仪。"看看,要是她不能杀死鸡,我们就知道她还没长大。我们该叫她"没受过礼的人"(*citongo*)。用这样的方法杀死鸡需要很长时间。

等到鸡的头和脖子有些破了,不再扑动了,女孩便把鸡毛拔下来,放在火里烧焦,然后放在水里煮。这是本巴人平常做鸡的方法。

这时,村里的每只公鸡都高声叫起来了。女人们这才涌出闷热和满是烟雾的房子,走进一年中冷季的清晨。每个人都喝醉了,都兴高采烈。村里晃动着粗野的人,犹如色狼得胜,大笑大唱:

"公鸡先生

在你来的时候,已经走了,

咱们来玩玩吧。"(第36首)

唱词有着朗朗上口的节奏。鼓声跟在大笑的人群后面。几个男人回到自己的房门,困得睁不开眼睛。他们看起来很不高兴的样子,就像被兴奋的他人从睡梦中叫醒一样。终于,吵闹声消失了。只有最老的纳齐布萨一个人还绕着菜地,用嘶哑的嗓音唱着:

"你和祈颂姑孩子睡觉了,

你和狮子睡觉了。"(第37首)

共餐吃鸡

大约十一点,我们又都被叫进祈颂姑房。一大锅粥做好了,要和鸡一起吃。一个女孩的祖母负责安排。她假装给每人一勺粥,然后又拿回来。接着是一个本巴普通的解禁礼(*ukulishya*):那些经历过仪式,或遵循禁忌的人现在可以随便和村里所有的人一起吃饭了。这样的人不能自己用手触摸食物。他们必须经过仪式才可以。此时,纳高西埃用粥碰了女孩的嘴唇,然后做了一个大饭团,每个女孩必须吞下去。这样,她们就可以随便和别人吃东西了,再次回到村里的普通生活之中。

那锅粥后来被分成三份给年长的人、孩子以及那些纳齐布萨们。纳高西埃小心地挑出两个鸡翅,一个女孩一个。余下的炖鸡分给在场的 25 到 30 个女人,成为她们口中的美味。

女孩的沐浴

两个女孩之后被带到河边去进行仪式性沐浴。这也是本巴各种仪式之后的一个礼仪。村里一定还藏有一些啤酒,因为一些年长女人似乎快乐地喝醉了。她们在泥里一个一个地跳着喝醉酒的独舞,在河边唱道:

"我们已经把水罐装满了。"

她们把草编的手镯戴在女孩的胳膊上,告诉她们这是丈夫以后会给她的很多东西之一。

第十九天

第二天早上大约五点,我被帐篷外轻轻的拍手声叫醒。我打开门帘,看到跪在地上的两个受礼的女孩,洗得干干净净,剪过毛发,头上戴着洁白闪亮的新手帕。她们仍很谦卑,表现得顺从,眼睛看着地,但她们很快回答我的问题,带着羞涩和微笑,带着本巴女孩该有的礼貌。她们的脸色第一次显出活泼生机。事实上,当我想起那些在几个星期里被戏谑推搡、浑身脏兮兮、充满惊恐和疲倦的孩子,再对比她们经过祈颂姑礼仪后成为娴静害羞的新娘时,我对"过渡礼仪"一词开始有了新的理解。她们是来要小礼物的。随后,我看到她们挨家挨户在门口跪下,谦卑地拍手。"她们在向所有的年长的人表示顺从",这是纳高西埃骄傲的评语。"她们在表示愿意和我们一起干活。"

第二十三天

祝贺礼(*ukushikula*)

本巴的各种过渡礼仪之后,都要举行解除禁忌后方可以随便吃东西的礼仪(*kulishya*),也同样常常伴随着祝贺礼,或向全村的展示礼。祈颂姑受礼人、婚礼后的新娘、成功得到新的头人地位的酋长都要遵从这一礼仪。改变地位的人被带出房子,坐在外面的一块新席子上,被沐浴,抹上油,通常要剃毛发,穿新衣,默默坐在村人面前。大家依长幼顺序来到面前,将一些小礼物扔到席子上,对这个有了新身份的人在过去犯过的错误表示斥责。这就是祝贺礼。

此时,两个新受过礼的女孩坐在席子上,旁边是真的或假的丈夫。她们的族人来到她们面前,向她们大声喊家训,一边往她们脚边的小篮子里扔小镯子或硬币。所有的东西都由纳高西埃收起来,分给她的几个助手。祈颂姑仪式结束了。

婚礼仪式

婚礼应该紧接着祈颂姑礼。婚礼包括:把新娘抬到她的丈夫家,以新郎从房门里扔出燃烧的草为达到完美,最后是仪式性地送给一对新人"结婚罐"。当女孩的父亲送给新郎一张弓,要他保护她的名誉时,还有进一步的祝贺礼。这两个女孩都没有举行婚礼仪式,因为一个女孩没订婚,一个女孩的新郎在外地矿区。

仪式活动历书

(罗得西亚[赞比亚]东北地区举行祈颂姑仪式的日历,1931)

第一天　　　　　进入房子(ukuingishya)
　　　　　　　　　　为女孩祝福
　　　　　　　　　　隐藏女孩(ukusakila)
　　　　　　　　　　第一跳
　　　　　　　　　　第一次凯旋回村
　　　　　　　　　　逗女孩
第七天　　　　　第一次丛林仪式
　　　　　　　　　　模仿种地
　　　　　　　　　　敬拜姆素库树
　　　　　　　　　　准备陶器组合
　　　　　　　　　　假新郎的第一次出现
　　　　　　　　　　把柴禾带回村
　　　　　　　　房里礼仪
　　　　　　　　　　第一次考验成熟
　　　　　　　　　　女孩随意敬食物
　　　　　　　　　　仪式性点燃女孩的火
　　　　　　　　　　使用女孩结婚罐
　　　　　　　　　　仪式性做种子饭(用女孩的新火)
第八天　　　　　在墙壁画图案
第九天　　　　　做阳光的模型
　　　　　　　　做兄妹和床的模型
第十天　　　　　做几内亚鸡的模型
第十一天　　　　吃节日粥
　　　　　　　　　　女孩随便吃
　　　　　　　　　　洗丈夫手

第十三天	做蛇的模型
	做傻子的模型
第十四天	抹白巫术
	祝福祖灵
第十五天	做住房的模型
	做屏风的模型
第十七天	第二次丛林仪式
	敬拜姆维格奈树
	啤酒礼
	准备跳圈
	猎狮人的凯旋回村
	最后一次跳圈
	做狮子的模型
	蒙眼新郎的到来
	陶器的展示
	带着弓箭的新郎
	第二次考验成熟——杀鸡
第十八天	共餐吃鸡
	女孩的沐浴
第十九天	新娘向村落表顺从
第二十三天	祝贺礼

第三部分　对仪式的阐释

阐释方法

任何努力要阐释一个复杂仪式的人类学者必须运用多种不同的方法。

表达出的目的（主要的）

人类学家要做的第一步应该是询问表演者，他自己认为通过仪式行为所要达到的目的是什么，并尽可能准确地总结该群体成员对有关问题的不同看法。这种解释（explanations）可以被视为"表达出的"（expressed）或"定式化的"（formulated）礼仪目的。同时，我认为十分重要的一点是，从一开始就需要将信仰者所说的一切，与观察者所推论的做出明确区分。当然，人们对仪式目标的概括说法，会有很大的差异。有些仪式有着明显的短期既定目的，筹划得清晰，表达得容易。例如，"我们这样做是为了分娩顺利"或"为了下雨"。但另外一些象征行为，则表现出较宽泛的目标。① 人们会说，他们举行礼仪是为了得到祖先的保佑，为了得到好运或福气，或者只是"为了愉悦神灵"。他们可能相信，通过自己的行为可以达到预期的心理状态，或是建立了和谐的关系体系。他们也可能说，"我们这样做是为了村子的安宁"，或"为了消除人们心中的愤怒"。

显然，即使是同一个群体的所有成员，或即使是有关的仪式专家，也不可能对某一仪式中的每个行为均做出完整的阐释（interpretation）。为了理解仪式的本质，如我所希望表达的，我们必须对象征行为的大部分形式做出多重的解释。但是，我认为，因为礼仪的目的无疑是一种要"做"某事的努力

---

① 马林诺夫斯基对巫术与宗教行为的区分，主要是基于其目标的短期性与长期性。

行为，如改变不理想的或保持理想的，所以，我相信在一个仪式的背后，一定总是存在表演者所能够和想要表达的目的，不论此目的多么宽泛。在我们英国社会，一个男人会告诉我们他将去教堂与某小姐结婚，尽管他不太可能解释出为了达到此目的的各种不同仪式行为的象征意义。在那些人类学家经常研究的文化中，即使是"我们这样做是因为我们的前辈就这样做"这样的一句话，也可能是某种目的的表达。

此类主要目的可能是单一的，也可能是多重的。例如，有时候表演者可以清楚地指出一个礼仪具有好几个目标。Swazi 的 ncwala 仪式，被当事人说明是为了使国王更加强而有力；为了考验新的年轻战士的勇气；为了让大家随便吃新水果而不受伤害。此外，人类学家，而不是当事的表演者，通过观察还会推论出许多其他结果。① 这样的多重目的，是成熟期仪式的特点，如我前面所展示的。

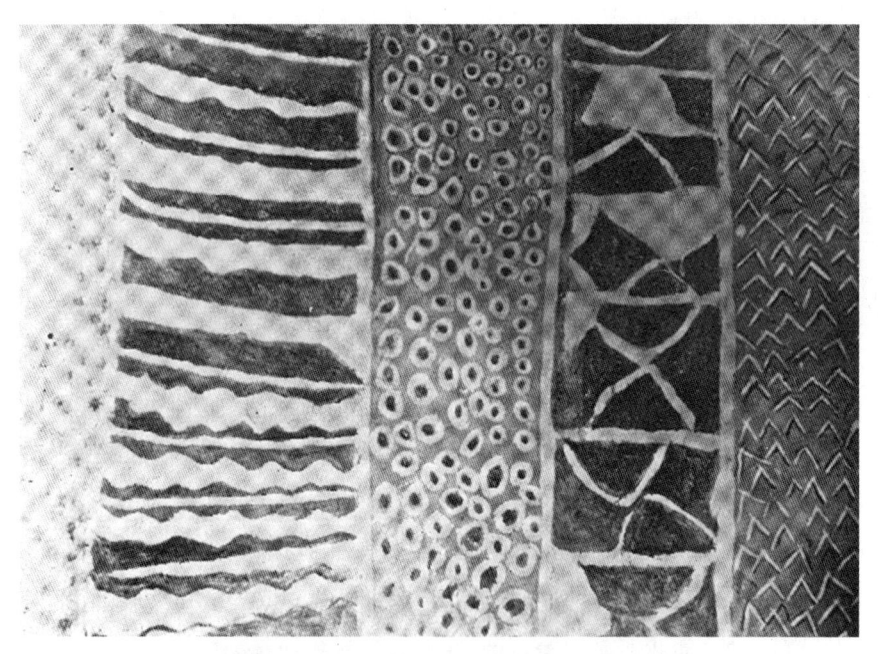

祈颂姑房内墙壁上的图案，从左到右：1 豆子；2 猫头鹰；
3 眼睛；4 野鹅；5 蝴蝶（参见边码第 80 页）。

---

① 参见，Hilda Kuper, *An African Aristocracy*. 1947。

第三部分　对仪式的阐释　*109*

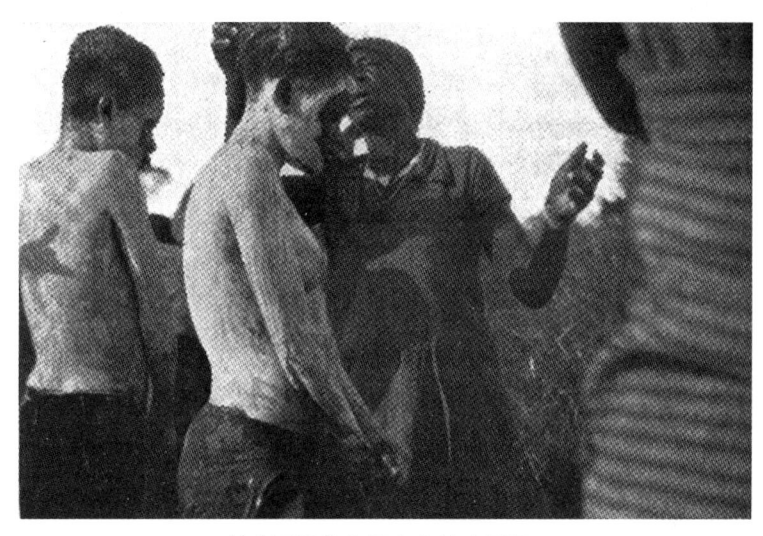

纳高西埃往女孩身上抹白石灰。

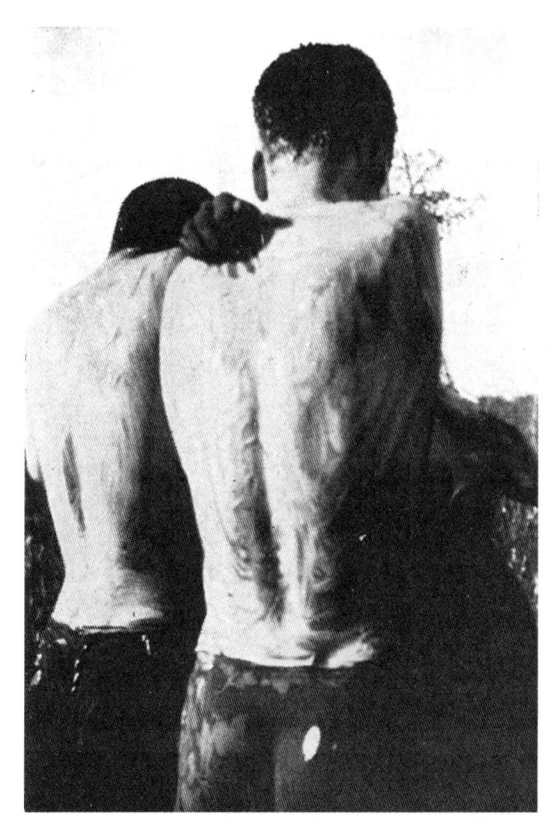

满身是白灰粉的女孩(参见边码第 88—89 页)。

表达出的目的或定式化的目的，可以通过如下方法得知：对于整个群体共知的或仪式的司仪们所共知的信条的分析；通过询问获得的评论和解释，以及与信息提供者的讨论；或者是通过在仪式进程中听到的随便的议论。显然，在某一群体内，有关仪式的目的，无论是一般的或是具体的，都存在很大的个体性认知差异。礼仪的某一个目的，可能是全部群体成员都清楚，但另一个目的则可能只有某些人知道，或者说其详细内容只有该社会中很有学识的成员或司仪才有能力用语言做出答复和表述。坎特伯雷(Canterbury)大主教对于圣子的意义的表述，不可能与教堂守门人、教会里的崇拜者，或刚刚受洗的男孩或女孩所表述的一样。同理，有些仪式象征很容易阐释，因为它们在其特定社会被定式化了。但另外一些则需要思考和抽象概括，以及询问者掌握问题的立场观点和能力。对于田野工作者而言，他需要知道两者的差距：喜欢抽象思考的信息提供者；无法回答问题而只会模糊地说"不这样做就很危险"的当地人。①

早期的人类学家满足于就某仪式给出仅仅来自一个信息提供者的一种或两种表述。近年来有关仪式的研究，在细节上有了改善：通常是基于直接的观察，司仪和尽可能多的非专门人士的评语。② 克拉克洪(Kluckhohn)等人的实验向我们表明，如果有足够的时间，并且观察到足够多的仪式，那么，对个体的观点就可以进行相当深层的数量分析。③ 我本人只参与了一次祈颂姑仪式，又因为我是一个人，还要忙于照相，所以，没能记录下参与者的所有评语和所有的歌词。我只能简单表述该仪式最突出的特点，而不能详述在信仰上的个体差异。这可能也是多数人类学家第一次下田野时所能做的，无论事先做多少准备。

表达出的目的（次要的）

表达出的目的可能也包括主要的动机和次要的动机。例如，人们可能

---

① 读者需要注意，人们对面前的变化都倾向于将信仰与伦理价值模式化；如果没有受到挑战，他们一般不会对此有所表达。我在那里时，本巴社会正在经历着迅速的社会和经济变化。

② R. Firth, *The Work of the Gods in Tikopia* (1940)对所观察到的和听到的评语，给出了非常详尽的记述。

③ Clyde Kluckhohn, *Navaho Witchcraft*(《纳瓦霍巫术》), 1944.

会说,他们如此做的目的是为了即将结婚的女儿,但也可能注意到仪式本身也会为他们带来地位的影响,通过经济和劳务的回报以加强亲戚之间的联系,或者在他们的群体中提供声誉。成人仪式有时在出现断裂的社会有可能会被再次举行,因为这些礼仪曾为其举办者在现代条件下带来了经济收入和社会地位。这些动机对于有关的人来说,可能已经被非常清楚地定式化(模式化或格式化?)了,尽管这一动机是依主要动机为条件的次要动机。

推论出的目的

但是,信仰与目标也可以从间接的证据中推论出来。从中,我们有可能推论出某个象征行为的重要性,或是表演者的感情反应的本质,例如,他们对此礼仪的兴趣程度、紧张程度,或是厌倦程度。正是出于这个原因,我尽可能详细地记录了在我所观察到的仪式中表现出的感情态度。另外一种方法是对描述礼仪的文本的分析,希望从中发现共同的强调点或启示点。也许有可能对某些重复出现的特定象征行为,或是重复陈述的某信仰进行某种统计评估。可以合理地假设,那些表演者绝对不愿省略掉的仪式,具有比那些模糊或可以忽略的仪式有着更为重要的意义。前面所描述的事例便说明,对于有些繁琐的细节,祈颂姑的司仪无论如何也不愿简化。同样,我们可以推论,如果在非洲某地区的一个仪式行为,在面临欧洲人的禁止,或是面对基督教或伊斯兰教的挑战时,马上就被放弃了,那么,这个行为的基础一定没有那些经过与其他文明长期接触之后仍在继续被表演的行为的基础牢固。

最后,一个核心行为的意义可以通过对其他相关仪式的分析得出,因为在那些由同一群体所表演的其他仪式中,相同或相似的行为也会出现。[①]

很自然,人类学家对宗教与巫术的阐释,很大程度上是基于社会学的概念,倾向于强调仪式在保持某种机制中的功能,如家庭机制,或库拉圈(Kula ring)那样的互惠制度。他们也强调宗教在表现一个部落整体的规范时

---

① 拉德克利夫-布朗(A. R. Radcliffe-Brown)对安达曼人信仰中的特定意义的描述,几乎都是基于这种分析得出的。参见,《安达曼岛人》(The Andaman Islanders),1922。

的重要性。在另外一些情况下,人类学家也指出,举行某个具有相当明显目的的礼仪,可能会产生另外一些现实的结果。现代人类学家对于与个人需求和感情有关的宗教礼仪的功能越发不感兴趣了。[①]

以下是几种常见的有关仪式行为的解释。首先,在描述仪式时,联系到该部落的常规模式与价值观及其因果关系等概念。这样,可以较好地研究与该机制中的伦理观和法典(规矩?)、参与群体及其活动有关的特定仪式。例如,对某一葬礼中不同仪式行为的研究,可以联系到仪式表演者的生死观信条、族群起源神话、关系到死者及其姻亲的父系和母系的责任,或他们之间的经济交换等方面。

最广为接受的有关仪式功能的社会学观点是,仪式的宗教行为表达、展示、强化或传授部落规范。这一观点集中体现在拉德克利夫-布朗的如下陈述中:一个社会之所以存在,是因为这个社会基于共同的社会性情感而结合在一起,这些情感必须不断地在一定强度上得到维系。[②] 他还认为,针对特定的社会机制,人类学家应该询问,在多大程度上一个特定群体的价值观与信仰决定着他们所进行的活动,及其在特定礼仪中所表现或象征的关系。例如,就祈颂姑仪式而言,我们应该问,丈夫与妻子的关系,以及法律对他们的约束,在什么程度上通过寓言故事来褒奖,在什么程度上也在仪式中以理想的方式被象征出来。

但是,人类学家也倾向于将部落的价值观视为决定某种体系的因素,而无论它在其体系中可能有多么地不和谐或矛盾。

因此,他们在各种重要的宗教仪式的系列中,寻找普遍的行为常规或世界观的表达方式。很可能,丧葬仪式在通过对死者的赞誉来表达悲哀的同时,也象征着表演者对酋长的责任,或是他们对不同经济活动的价值判断。但是,一个部落的整体价值体系与其在仪式中的表现永远不会是完全对应

---

① 这种明显的对于个体的兴趣的缺失,可能是因为在某一次田野工作中缺少足够的时间来研究个体的反应。拉丁(Radin)、罗维(Lowie)等美国人类学家通过书写印第安人自传的方式提供了这方面的材料。那些印第安人一旦看见幻象,就会进入恍惚出神的状态。马林诺夫斯基和弗斯始终从社会和个体角度来描述仪式。

② 参见,拉德克利夫-布朗,《安达曼岛人》,1922,第264页。

一致的。有些基本的价值观,也就是说整个部落所秉持的理想,似乎得到戏剧性的再现,而有些则不是那样。几乎还没有人对礼仪与价值观做出准确的比较研究,这主要是因为人类学家还没有掌握将部落价值体系进行分类的实用方法,因此,无法对其进行系统性检验。但是,只要这样做可能有助于对那些不断在仪式中出现与那些不常出现的价值观和信仰做出分类的假设,就有必要进行这样的实验。也许经过更进一步的努力,有可能在社会结构类型与仪式类型之间发现某种对应关系。

相似的有关仪式功能的解释,表明其自身常常是相当格式化的:宗教仪式之存在是为了加强群体的社会聚合。在此,所强调的不是某一社会中的任何特定机制,或是基于其政治、经济或日常活动的价值观体系,而是维系某群体团结的情感的重要性。

有些解释是紧跟着涂尔干的思想:涂尔干将图腾仪式想象为澳大利亚土著仪式之组成部分,对其进行了富有想象力和生动的重建,认为礼仪的功能可能是倡导群体意识,或是个体对于成为更大群体的成员的感知。① 但之后的观察记录表明,重要的仪式,如同其作为团结群体的机会一样,也常常是分裂群体的时刻:②一个共同体此时分裂出不同的宗族、世系或姻亲群体,或公开表明各自的优先权。它所公示的不只是群体的简单成员资格或团结感。这正是近年来出现的对仪式的结构论阐释。③

对于这类假设,几乎无法论证,除非是该社会中的一位资深成员公开表明其礼仪是为了加强忠诚,或除非发现两个有可比性的地区:一个地区举行这样的仪式,另一个不举行。我们可以合理设想,任何一种形式的联合活动都会进一步拉近该社会中具有面对面交往的成员之间的关系;一次重要的仪式可能是一个原始社会中某一成员一生中最大的聚会。但是,人类学家表现出一种循环论证的倾向:坚持认为一个群体的成员因为经历了仪式而

---

① E. Durkheim, *Les forms élémentaires de la vie religieuse*. 1912. 另见,拉德克利夫-布朗,前引书;E. E. Evans Pritchard, "The Dance", *Africa*, vol. I. 1928。

② 见拙著,《一个野蛮部落的饥饿与劳作》(*Hunger and Work in a Savage Tribe*),1932,第71页。

③ 见 M. Fortes, M. Gluckman, E. R. Leach 有关著作。

强化了对于群体的忠诚,而仪式之存在又是因为该群体有强烈的举行此仪式的情感。

随之而来的是,通过强调宗教作为群体团结的表现,一些人类学家将仪式解释为社会和谐与社会紧张的象征性再现。的确,对于社会结构的分析越是详细,就越是容易发现存在于一个群体与另一个群体,或一个社会角色与另一个社会角色之间的紧张关系。

对此,人类学家侧重依靠的是心理分析假设。有关个体从其梦境象征的场景中找到对其挫折或冲突的补偿,这一假设最早是被心理分析家引用到仪式研究领域的。根据这种观点,宗教仪式为特定的感情提供了象征性解决方法;这些特定的感情或是普遍的,或是内在于某一特定社会体系。

对于社会结构感兴趣的人类学家——近年来已经成为多数派——开始将似乎与部落的社会价值具有惊人差异的仪式形式,解释为是对日常生活中不得不被压抑的恶意的仪式性表现,或是对于社会赋予某个体或群体的不愉快角色的象征性补偿。所以,贝特森对伊阿特马尔(Iatmul)岛的纳文(Naven)仪式的独特分析认为,那里的性别角色倒错可以被解释为是一种补偿:女性因为日常生活中的顺从角色而对男性那种趾高气扬的角色的渴望。格拉克曼对于祖鲁的一种祈雨礼仪的阐释也使用了类似的方法:仪式中女人打扮成男人样,拿着盾牌,举止冒失,富有攻击性。①

所有这些推测,在我们得到不同地区的更完整的信息之前都无法证实。例如,我们不知道所谈论的群体是否在其内部感知到我们所假设的紧张关系,尽管也许可以通过对其法律官司、巫术指控或通过心理学测试做些检验来进行了解。心理学阐释注定有预设倾向。如果一个女人在仪式中表现得顺从,那么,阐释就会是她表现出了该社会中一个女人应有的性别角色,温顺会得到羡慕;如果她趾高气扬像个男人,其阐释就会是她从顺从的角色中表达出一种反抗。

总之,仪式可能具有一系列实用效果;这些效果可能根本不是表演者所

---

① 见 G. Bateson, *Naven*, 1936【参见中文译本《纳文》,商务印书馆 2008 年。——译者】; M Gluckman, "Zulu Women in hoe culture ritual", *Bantu Studies*, vol. IX, 1935。

意图的,甚至是他们或他们中的大多数所没有意识到的。马林诺夫斯基指出,特洛布里安群岛的多系列种植礼仪的目的,是很有效地组织不同阶段的农业劳动。弗思将毛利人(Maori)对于捕鸟的季节性禁忌从宗教意义上做出解释,但也说明了这样做是对产卵期的鸟的保护。本巴人自己说,他们在收割前等待酋长的祝福,是因为他们相信如果不这样,他们就会错失祖灵的好意。然而,来自欧洲的观察者则认为这样的仪式是一种有效的手段:从时间与气温的角度看,这样能保证庄稼在一年中的最佳时间被收割。这种"实用"效果(借用马林诺夫斯基在对特洛布里安群岛各种巫术的卓有成效的分析中所使用的术语),当然要与有关群体所表达出的目的区分开来。后者是一个思想体系,而前者是社会行为的结果;这种结果在人类学家对诸多礼仪效果做出充分检验之前不会有明确的呈现。

从某种意义上讲,上述的各种人类学阐释都可以描述为实用的,因为它们都是基于这样一个论点:人们举行宗教礼仪是因为这些礼仪对于个体、对于整个社会,或是对于有关群体具有某种功能作用,简言之,因为它们满足某种需要。

总而言之,研究仪式的一个重要目的是将仪式视为与该社会的普通教育方法相辅的一种育人手段;将仪式中公开宣扬的法律责任与强化这种责任的其他方式联系起来看;将不同仪式行为视为对个体或群体赋予信心的一种手段。

我将利用祈颂姑实例对上述各种解释做进一步的扩展。

祈颂姑表达出的各种目的

主要目的

在被直接问到为什么需要给她们的女孩跳祈颂姑时,多数年长的本巴女人都以最大的热情谈论此事。非常明显,祈颂姑的目的是要做点什么事,做些她们认为最为必要和重要的事。相比之下,男人则不知道或不该知道该礼仪的辅助目的,而只是泛泛地谈论此事。他们当然会说这个礼仪有必要;谁也不想娶一个没有被跳过祈颂姑的女孩;因为那样的女人不知道她的其他女人同伴所知道的;她也不会被邀请参加别的祈颂姑宴席。她只会是一个废物(*cipele*),没开垦过的野草(*cangwe*),没烧过的泥罐(*citongo*),一个傻子(*cipumbu*),或干脆"不是一个女人"。本巴人重视的是为女孩的婚姻和地位变化做好准备。男人知道这些使女孩成熟的巫术的危险,但如果他们表现出来就又不妥当。所以,他们的回答,通常带有相当的暴力色彩的表现,最终无非是说就是为了避免女孩得不到成人礼。①

女人们则具体的多。她们的答复没有提到婚姻,而是强调对女孩的转变。她们的回答可以分成三类,表现出本巴人眼中该礼仪的三个方面。她们说,跳祈颂姑是为了使女孩成长(*ukumukushya*),教导她(*ukumufunda*),"让她成为像我们一样的女人"。第一个目标有着明确的和典型的巫术意图。这个礼仪是为了以超自然的手段改变自然进程,而且,正如我们所能看到的,也是要检验这些改变是否已经发生了。第二个目标被描述为"教"或"传授"(调教),所用的词与现在欧洲学校里常用的一样,尽管,如我们所看到的那样,这种形式的教也是仪式行为的一种,可能具有巫术意图。第三个目标则被表达得相当模糊,取决于推论出的主要是哪种态度。

(a)成长与适婚性巫术

"成长"(*ukukushya*)一词到底是什么意思?这是动词"成长"(*ukumukushya*)的使动形式。或者说,"我们做这个礼仪使女孩成长"。这个词主要用在礼仪开始阶段和后来的两次跳跃考验上,也就是第一天、第七天,以及最后一天。当然,祈颂姑的许多特色与范热内普对"过渡礼仪"所做的论述相符。对女孩的"分隔礼仪"非常明显。她们睡在隔离的房子里,白天不被人看到,除非是需要参加某个礼仪。她们也有效地隐藏了自己:仪式性的隐藏。她们第一天在毯子包裹下进入成人礼房,并一直保持这样隐蔽,直到第三天从第一次丛林礼返回。回来时,用树枝隐藏或被别的女孩围住。描述这个场面的歌唱到,她们像通过一个暗道爬进一个秘密的地方。

---

① 青年男子多数情况下承认现在的女孩多数不"被跳"了,但即使是在受过教育的本巴人中,我注意到也有一种对过去女孩"被教"的较强的怀旧感。

社会隔离也通过禁止日常生活的习惯得以标示。女孩在腰间穿上又旧又破的衣服。她们被指责三次,因为她们将衣服像普通本巴女人那样系在乳房上方。她们的食物是在另外的火上做熟的。她们不许洗漱或剃毛。这种隔离在一定程度上体现在祈颂姑的所有参与者身上。例如,村落的男人不许参与重要的仪式,并因为从制作陶器圣物的地点路过而被指骂。当游行的女人在村里走过时,男人总是把目光转向别处,并在女孩从抹白礼仪回来时要低头而不能直视。女孩的母亲和纳齐布萨也与受礼的女孩一同经历这种隔离,不断地洗涤和解除禁忌,但在出现失误时则轻松地解释说她们"差不多是基督徒了"。

这样的象征性分隔行为,也出现在本巴的其他仪式形式中,例如,转变社会角色的礼仪——与结婚或是酋长的任职有关的礼仪。但在此,有特色的是,女孩所必须经过的礼仪阶段之多之难,这更加强调说明祈颂姑不只是对新生活,也是对女孩必须经过的成熟度的考验。受礼者被"给予自己的菜园",或被要求随便开垦自己的菜园。她们的新火要经过礼仪点燃,然后她们可以随意触摸炉台、做饭,在 namushimwa 礼仪中随意给别的女人献食物。她们有两次可以随便吃食物:一次是在点燃 namushimwa 火之后;一次是在最后一天,通过用嘴唇触到粥和仪式性做熟的鸡肝之后。她们随后被洗浴,剃毛,穿上新衣服,最后被领出来接受整个村落的祝贺。

这些是角色承担礼仪,但其中难道没有考验或是磨难的巫术成分吗?很难说分隔和重新与共同体聚合的象征行为是否被视为是导致社会成熟的起因,并由此被分类为成长巫术;也很难说这些是否就是受礼者准备好了经受这些变化的标志,或是身份已经得到成功转换的标志。也许祈颂姑包括了所有三种因素,但象征性的跳跃,在我看来,似乎无疑具有考验或预兆的性质。受礼女孩的母亲的激怒是极端的表现。"要是女孩跳不过去会怎样?""没什么。不过她要是跳过去,那就是非常好的事。反正她必须得跳过去。我们不会让她跳不过去的。"这样的说法适于每次对女孩能力的考验:用嘴抓住水虫,在最后一个晚上用头杀鸡,以及新郎射中墙上的标记等。

对所唱的歌的阐释也表明,整个礼仪尤其强调女孩承担艰难和从未做过的事的责任,如倒着爬树,倒着爬进屋等。提供信息的人都解释说,这些歌都强调了女孩该做的事的难度。她们告诉她,她将要做以前从没做过的事,还要接受对于她的各种要求。

范热内普强调了成熟期仪式作为身份转换的表现方式的重要意义。但是,不能忘记本巴女人说的"我们让她成长",而且,我相信,在成人仪式中的许多磨难性考验,如祈颂姑中的"逗女孩",不只是顺从权威的仪式性表示和对于为得到巫术保护的付出,也是考验形式或神谕巫术。或者说,它们反映出父母和亲戚的焦虑:受礼者是否已经真正成人或在社会意义上是否适合婚姻生活,以及这样的变化是否能同时得到社会的接受。要记住,如果一个母亲的女儿被视为没有社会感(*mano*),那么,这个母亲会受到指责(参见(边码)第75页)。

"成长"也是一个礼仪的名称。该礼仪的目的是保护女孩免受与成熟期身体变形有关的危险,并使她有可能与她的丈夫拥有安全的性交,也可以安全地生下孩子。女人们垂下目光说,祈颂姑是为了解除女孩的恐惧:对血的恐惧,对性与火的危险的恐惧(我在前面已经有详细描述)。

将仪式的这一方面与其他组成方面分隔开来是很困难的,因为整个祈颂姑仪式被视为就是为了这个目的,但是,解除危险的主题在不少独立的歌和模仿行为中有所表现。在开始时的一首歌中,危险被描述成落向女孩的石头。整个仪式中,经血被用陶器和房子图案上的红色、圣物上的红色檀木粉,或是星形模型上的红色火光来代表。

血通过抹白灰被去除。祈颂姑房内墙壁上的一个图案,被用一个古老的词来说明是洗白。女孩们被抹白,犹如白鹭,也被比作漂亮的白色鸟儿。白鹭也被做成陶土圣物,并在仪式的最后一天送给受礼者。

红檀木也被用于表示从战场上安全返回。仪式中的受礼者和主要人物在四个礼仪中都被抹上猩红色:在第一次跳过柴禾之后;在第七天的第一次丛林礼之后;在抹白巫术之后;在最后一天当象征性的狮子被打死并带回到村子时。女孩和家人做了某种可怕的事,但成功了。她们经历了危险,也从中逃出来了。她们的文化教导的是对于经血的恐惧。而祈颂姑提供了得到安全的方法。这是保护巫术的一种,其保护力量只有在经历过事先计划好的行为，向拥有秘密的人，在这种情况下就是纳齐布萨，支付罚金之后才能够得到。这正是一系列再现或模仿行为所要展现出的获得安全的方法。

生殖巫术也明显是祈颂姑仪式的一个要素。整个礼仪是为了使女孩适于结婚，也因此获得潜在的生殖力，可是，有些行为被特别表现为生殖的性行为。她们利用鱼，让人想到鱼是生殖力强的动物，能产很多卵。祈颂姑房中的一个图案是鱼。姆素库树也被联想到生殖，并在第一次丛林礼中得到敬拜。模仿种菜则是彻头彻尾具象性的。假新郎头上戴着树叶犄角，像个拥有生殖巫术的巫师。一条蛇被认为藏在房顶。由姑姑仪式性点燃女孩火，这被描述为是"祈求做父母"。女人们常在姆彭杜树上采集果子，这样的树枝被插在祈颂姑房顶，目的是让女孩同样多生孩子。墙壁上的两个图案画的是豆子，而豆子经常是生殖的象征。房内的一个图案是代表女孩的床。在第二次丛林礼中，姆维格奈女人树受到敬拜，啤酒也被倒在树根。一个女人树枝与姆轮布佤男人树交叉，形成圈，让女孩必须跳过去。

在这些礼仪中，很难确定人类生殖与农业生产有多么久远的联系。从来没有一个人告诉我说模仿种菜的行为是为了使菜地增产，而只是说"教女孩种地"。无疑，很难非常明确地确定女孩的生殖力与她们在多个礼仪中不断种下的多种多样的种子的生殖力这两者之间的关系。

总之，我相信，负责祈颂姑仪式的女人们坚信，是她们促成了她们庇护下的女孩在身上发生了超自然的变化，并留下标志。她们将一个危险的情况变成了安全的情况，并保证了从安宁但无生殖力的女孩时代过渡到有潜在危险但有生殖力的女人时代。她们在教女孩的同时也使得她们成长。由此，我感到有足够理由来谈论这些礼仪的"巫术"方面。

(b)对女孩的教导(*ukufunda*)

如前所示，本巴女人解释说，她们通过祈颂姑来调教受礼的人。她们极其强调，且不断重复说，"我们教，教，教女孩们"。有时，她们用动词的使动用法，补充道，"我们使她们聪明"，"使她们变得有头脑，有社交能力，有礼节知识"(*ukubacenjela*)。

人类学家一直在强调成熟期仪式的教育功能；有关原始社会教育的学术讲座过去主要就是关注对成人礼的描述，有时成年礼被视为原始社会的

126 孩子所受到的"唯一的正式教育"。有关中非地区女孩成熟仪式的记述,大多数都有这样的说法,"女孩这时得到有关性和做母亲的指示"。因此,我们很有必要首先问自己,本巴人在此使用"教"(teach)时所意味的是什么。

我要承认,本巴人对祈颂姑的教育功能的强调,以及她们所使用的(现在,常用于指欧洲式学校的教育)"教导"一词最初误导了我。即使当时在对这个课题做了相当广泛的阅读之后,我仍在想象,仪式进行中受礼人至少就某些问题得到了某些直接的指示。我曾构想出这样的场面:女孩坐在仪式房里,听着年长的女人对她们的训话,讲的是用现代的表达法所指的"婚姻指导"方面的话题。

我现在怀疑:我所目睹的祈颂姑是否有丝毫这样的直接指示哪怕是在任何一个礼节上?在整个祈颂姑期间,几乎没有这样的教导时间。而且,女孩常常是被推到仪式房的角落,有时被直接命令不许抬头看正在发生的事。女孩的头也在大多数情况下被厚毯子裹住。我也从没听到谁解释任何部分的礼仪。即使在祈颂姑期间有什么有用的信息被传出来,也可以想象,受礼的女孩是最后才会有机会听到这个信息的。女人们说,她们在教女孩"做女人的事"和"种地的事",或者说,如何生孩子、养孩子、做饭、当主妇和种地。我们在整个仪式中也看到耪地、播种、做饭、收柴禾和分发食物等仪式行为的反复再现。

但是,从欧洲人角度理解的"指示"在这些问题上显得非常没有必要。本巴女孩从会站立起就在炉台边玩,并在家里时时帮助母亲做家务。她们与年长的女人一起种地,也跟她们学会如何找蘑菇和野菠菜。而那些较复杂的家务,如照看粮仓、收割庄稼等,要在女孩结婚几年以后才可以托付给她们。也就是说,祈颂姑礼仪既不是教给她们更多的知识或技巧,也不是给

127 她们这样做的权力。同样,本巴女孩并不是对性问题愚昧无知,因为她们中的多数都在成熟期之前,就许配给了她们的丈夫,她们也体验过某种通常不完整的性交行为。她们也在一定程度上充当过保姆,照看自己的弟弟妹妹,这在我们这样的社会是少见的。所以,她们对自己部落所实行的相当简单的儿童护理制度是熟悉的。

那么,本巴女孩在祈颂姑中学到了什么呢?或者说,从什么意义上可以

说她们是在学习新东西？

　　首先,她们学到秘密语言,或者具体地说,秘密术语。不同的圣物(姆布萨)(见附录乙)都有只有受礼者才允许知道的特定名称。例如,我被拉到丛林里,在小心翼翼地确保秘密不被泄露的情况下被告知,"我们女人"管抹白叫"*lota*",一个古老的词,而不叫"*pemba*",一个更普通的词。女孩也学会祈颂姑歌。有些是与圣物有关的,如同顺口溜韵律的歌相当流行,但是,除了大家都知道的意思之外,这些歌还有许多秘密或半秘密的意思。对于一个教育工作者来说,那些似乎无聊和无用的仪式部分,可能实际上构成了对当事人来说具有最珍贵信息的言行。

　　受礼女孩也学到有关婚姻的秘密语言。本巴语言充满具有隐含或典故意义的短语,是求婚礼节中必不可少的部分,也被用于其他特殊社会关系,特别是夫妻之间。一个男性的信息提供者说,"我们已婚的人知道如何说年轻的男孩女孩听不懂的话。这是我们要女孩在祈颂姑上学到的。"夫妻间的身体的亲密关系,被描述为"房内的秘密事"。这在欧洲人看来,值得感兴趣的似乎是其关系形式的单调,不是秘密事本身。但是,很显然,一个男人希望他的妻子从祈颂姑学到的正是这些特殊用语和婚姻生活的禁忌。受礼人也要学会礼仪本身的复杂进程细节。在没有文字的社会,这里所表现出的是极强的记忆力。

　　而女孩是否看到为她举行的仪式的全部并不重要。其教育形式被视为是积累性的。一个女孩可能在经历自己的祈颂姑时对所发生的事几乎没有理性的理解,尽管她可能处于感情上的兴奋状态,可能只是笼统地知道那些礼仪对她的婚姻和生育很重要。可是,一年后,她会成为纳齐布萨的年轻助手,所以她的知识会增加。正如一位年长的纳齐布萨所说的,"如果她看过两次或三次祈颂姑,她就会过来对我说,'告诉我鳄鱼的事吧'。她会记住所告诉她的,以后她又会过来问我,'再告诉我更多一些鳄鱼的事'。我会再告诉她一些。但别的女孩听不懂这些。她们什么也不问。她们只会说,'就那么回事,反正那是祈颂姑的事'。"换句话说,聪明的女孩开始记住所学到的,并积累越来越多有关更深层的象征联想方面的知识。而且,这些女孩可能长大后成为专门的纳齐布萨。无疑,其他女孩在知道自己不能掌握仪式的繁琐细节后会放弃。①

　　其次，祈颂姑教的不仅是做妻子、母亲和主妇的技术上的事，也有社会所认可的对于她们的态度。事实上，女人们自己都意识到这一点，并且也对我说过。聪明的纳齐布萨都承认，女孩们在祈颂姑之前就知道如何做饭和磨面，但在祈颂姑之后，女孩做活的方法不一样了。这些女人对我解释说，一个女孩在年轻时，如果愿意，可以在田里懒散不干活，她母亲也会无可奈何地说，"她还没长大"。但是，她结婚后，就不可以拒绝自己的责任，否则会导致离婚。丈夫会责骂懒惰的妻子，这会给她的家人带来羞耻。正如一个女人所说，"以前，如果她们被叫去干活，她们可以慢慢腾腾地去做。现在，她们必须跑着去。"或者说，这时女孩被告知必须在干活时有新的心情，有新的责任感。仪式不仅让女人对责任有神圣感和荣誉感，而且让法律上的婚姻责任在公众面前有确认的机会。有关新娘和新郎的责任，大多由陶器象征物来联想。

　　浏览附录乙中的歌就可以看出，有些歌是关于女孩对她的丈夫和公婆的义务；作为母亲对孩子的正确行为，以及对她的同伴、其他女人的责任。有些歌和陶器关系到妻子作为园丁和厨子的家务责任。有些责任是在结婚时被赋予的，作为她的婚约的一部分。大家会记得，在仪式的最后一天晚上，女孩必须亲自唱每首与陶器圣物有关的歌。所以，这些礼仪似乎是女孩公开接受她的新的法律角色的方式。这些是教授给她的责任。这些是在仪式上给予她的圣物；她在接受时得到朋友们的祝贺。我们还要记住，对本巴女孩来说，这些婚姻责任可能是她过去从没有经历过的第一次独立履行的责任。有关这一点，我在后面还会提到。

　　当然，祈颂姑也模仿到其他的社会责任，例如，对丈夫的适当的顺从，给家人分配食物，礼物交换。兄妹关系被以陶器来象征，并有相应的名称。还有一个丑陋懒惰的女人蹲着的陶器。我认为，这些陶塑形象，用克瑞格斯（Kriges）描述罗维杜仪式的说法，一定有着与前面提到的角色获得礼仪极

---

①　克瑞格斯（Kriges）指出，一个罗维杜部落的女孩只有在看过六次成熟期仪式后，才被视为体面地完成了自己的成熟期礼仪。参见：*The Realm of a Rain Queen*，1943。

不相同的意义。女人们看到兄妹形象时非常有兴致，但又不坚持女孩必须自己接过这个陶塑或亲自唱对应的歌。

在为了某种目的并被视为具有巫术行为的模仿礼仪，与再现某种社会角色并公开宣布个体接受了有法规责任的角色的礼仪之间，很难也没有必要做出明确的区分。我在此用"巫术礼仪"、"再现礼仪"和"角色接受礼仪"这些术语，因为，对我来说，它们似乎反映了当事人的态度的差异。

(c) 作为身份地位转换的祈颂姑

在本巴社会，大家对于那些没有经过祈颂姑礼的女人都持一种轻蔑的态度。那么，是否有证据表明，祈颂姑礼明确地被视为将受礼人接纳为新的社会群体（如年龄群体）的一种方式呢？

祈颂姑礼与一般的标志一个男孩或女孩进入新的年龄群体的成熟期仪式，有许多共同的元素。例如，索托部落的青春期男孩或女孩就是经过这样的礼仪成为成熟的大人。亦如其他仪式，内传的知识通过受礼人或其亲戚以忍受艰难等非货币形式的支付而得到。本巴父母向纳齐布萨支付报酬并提供食物，女孩被戏弄和被找麻烦。

但是，祈颂姑与其他礼仪的相似仅此而已。没有证据表明，即使在过去，被"跳过"的女孩与其他没被跳过的人在穿着或装饰上有什么区别。主司仪纳齐布萨头戴羽毛，身穿豹皮，但这只是表明她们个人的重要地位，而不是展示她们经历过的不同年龄群体和阶段。从语言上，也没有明确的词语描述某个正式的年龄阶段。*mukashyana* 一词用来指即将结婚和刚刚结婚的女孩，而如我们所见到的，她们在这两个阶段所做的事很相似。结婚并不从其字面上带来任何独立的身份变化。现在也用 *citongo* 和 *cipele* 这些词，但更多地是在村里有吵架时骂人用，而不是用来描述某个社会类别。它们暗含的意思是从不可结婚到可结婚的身份的转换，而不是表明某个新群体的成员身份；暗示是否拥有已婚人的行为和社交礼节。祈颂姑礼授予的是生孩子的权力，而不是加入某年龄群体的权力。

不过，通过祈颂姑，女孩的确获得与他人的新的关系，并将自己归顺于新的权威。显然，她也多少处于与姻亲的新关系之中，因为祈颂姑是标志逐

130

渐巩固的婚姻关系的一系列礼仪的第一步。① 但女孩也获得了一个身份地位,可以加入由邻居女人们形成的非正式的群体。某一年的祈颂姑受礼人,在接下来的一年里,要为同一个纳齐布萨做助手,成为她的不同级别的年轻助手之一。主司仪常常是受礼女孩的姑姑,这样,这个组织松散的群体的头人也是父系年长的女人。一个地区的所有的纳齐布萨都按照年龄、世系和声誉排名,尽管现在只按声誉或受尊敬的程度。与这些社会中的女领头人联系在一起的,是那些聪明又有人缘的已婚年轻女人。这样的女人,还有几年前受礼的女人开始练习做接生婆。刚刚受礼的女孩有责任为自己的纳齐布萨帮忙操办一两次随后的祈颂姑,但她们并不需要再继续做下去以提高自己的声誉,除非是她自己愿意。祈颂姑给予她们与女头人在一起的权力和机会,使她们有可能逐渐提升到未来的纳齐布萨的地位,尽管她们没有受到任何强迫去这样做。

在这个松散的邻里群体中,依照本巴的理想,年长的女人受到尊敬:但不是作为一个平等的群体,而是严格按照优先顺序来排列每个人的。这个年龄和名望的等级制度在仪式中不断得到突出。"腋窝总也没有肩膀高"一歌,被反反复复唱过很多遍。② 主司仪戴羽毛头饰;各种圣物被多次按照敬重的顺序奉献给年长女人;以向酋长表敬意的方式,跪下和在地上打滚来献圣物。跳舞是为了贡献"敬意"。事实上,这种表达对等级的敬意的礼仪,在祈颂姑中比其他的象征形式都多。

也许有必要提到,展示女人紧密关系的等级制度,在从妻居的母系部落里比在从夫居的父系部落更为普遍。如前所述,本巴村落的各种关系的枢纽是基于女人,而不是男人。

祈颂姑中年长女人的地位,也反映出她们在日常生活中的行为角色。纳齐布萨也是接生婆,照顾她"跳过"的女孩的产褥期,为她们能安全渡过这个难关而提供巫术。如果有晚产或难产,纳齐布萨也倾听通奸者的坦白,尽

---

① 参见(边码)第 44 页所描述的系成串的订婚礼物,向女婿赠予食物,第一次成熟期礼仪,祈颂姑,婚姻本身,以及几年以后女婿的加入等。

② 也就是说,腋窝被造在肩膀下,这个顺序是绝不可逆的。

管坦白经常是被强迫的。是否向女孩的公婆隐瞒或告知女孩的真实的或可能的不当行为，或是难产的征兆，这些都由纳齐布萨来决定。女孩疼痛得哭了吗？分娩时，她是否在蹲着用力时（这是被认为必要的生产姿势），是否在孩子的头就要出来时，放弃用力而倒在地上，从而"杀死"了婴儿？孩子是脚先出来的吗？这些事实纳齐布萨都可以公开或隐瞒。

仪式的司仪常常成为孩子的保护者（mbosua），或用我们的说法，做孩子的教母。过去，纳齐布萨决定给予产后的夫妻重新合房的许可，并提供各种保护新生儿的必要的防御巫术。她有干预和更正的权力。所以，一个女孩从生下来开始到成为女人都受到纳齐布萨的监护。这个女孩在祈颂姑上向一个纳齐布萨坦白自己的过失；在最后的祝贺礼仪上接受训教；与同一个纳齐布萨和她别的助手保持婚后的紧密关系。我认为，母亲唱到把女儿交给纳齐布萨，这里面有很深刻的意义。母亲是温柔和纵容的，但是，纳齐布萨矫正孩子的错误。母亲和女孩不易在一起谈论性方面的事，但是，外祖母，或许她本人也就是纳齐布萨，或某些无关的接生婆，则不受这层关系的限制。

正是因为女孩被"跳过"，并受到巫术性保护，也因为她被"教过"，并获得了女人等级制度中的一个地位，也就得到本地区其他纳齐布萨的保护，所以，她不再是野草，一个废物，或没烧过的陶泥罐。

次要动机：

除了上述主要目的之外，本巴人无疑还有许多次要动机。如其他类似的仪式，祈颂姑也是一个娱乐的机会，一个亲朋聚会的机会。这主要是针对女人，但男人也为了同样的目的去访问祈颂姑村落。如前面所见，整个仪式中几乎没有哪个礼仪是庄重的；许多都是提供机会来模仿表演，做游戏和跳独舞。事实上，有些礼仪上的女人"就是在玩"。祈颂姑的节日气氛在过去可能更加明显；那时的仪式周期更长，可能有更充足的食物和啤酒，而且村里的小伙子们都还没有离开家到矿区打工。

许多本巴人似乎清楚地注意到，祈颂姑就是新郎和新娘父母以及纳齐布萨自己的社会地位的展示机会。在我所参加的祈颂姑中，从本巴人的眼光来看，食物的交换只占少得可怜的比例，如我们所看到的，纳高西埃总是抱怨因为所得到的太少而感到受了羞辱。以前的祈颂姑，似乎包括一系列展示有盖子罩住的菜盘（*ukutebeta*）的环节，被称作"向女婿表敬意"，这标志着他在祈颂姑举行前受到新娘村落的接纳。我获得的一份有关过去的祈颂姑的记录显示，除了我描述的吃粥礼之外，还包括四次类似的食物展示。

在本巴这样的社会，通过仪式表达血缘关系的责任是极其重要的，特别是在接纳新郎到新娘村落的漫长的过程中。所以，女人们将祈颂姑视为亲缘关系的中心是毫不令人意外的。很可能，以前的六个月长的祈颂姑都是为了这些目的。一次成功的祈颂姑吸引很多看热闹的人，提高纳齐布萨的声誉，也为举行仪式的村落带来好名声。跳舞是表达对不同身份地位人的敬意的机会，所以，纳齐布萨实施吸引巫术让人们来看她主持的仪式。纳高西埃解释说，她之所以极其认真地做祈颂姑房里的蛇和其他模型，目的之一是为了让来看热闹的人羡慕（参见（边码）第 83 页）。本巴的头人极力地吸引人们来到他的村子落户，渴望能成功地建立起自己的村落。同理，衡量纳齐布萨的能力是看有多少有名望的女人从头到尾参加了她主持的仪式，或是有谁时不时出现在仪式场面。

现在，收入的差异成为仪式声望的一个方面。有地位的人希望他女儿的祈颂姑被人议论。正如一个花钱操办"白色婚礼"的英国父亲会说，"我要为女儿尽全力"，一个本巴父亲会说，"反正，我不想让别人说，'那是个穷人！在他的村落里都没有啤酒给他女儿跳祈颂姑。'"甚至可能有某种对于"拥有祈颂姑"的名望的竞争；比如，在一个女孩的父亲与舅舅之间。需要注意的是，在本巴社会，除了提供啤酒和食物以外，唱歌和宴请也是表达敬意的方式。①

在现代的条件下，非常难以成功地举行一次祈颂姑，因为缺少男人在场，也因为家庭人口变少，导致食物不足。在祈颂姑仪式中没有大笔的金钱交易，所以，虽然酋长和有权威的男人参加表演，但几乎得不到什么。我觉得，这些是祈颂姑如此迅速消失的原因。不仅如此，仪式完全是由女人操

---

① 一个男人可以在他的妻子年纪大后（称作 *bwinga* 婚姻）为她举行第二次祈颂姑以表敬意。

办;而男人的统治地位又是通过现代挣工资的方式来得到强调的。

在非洲的一些地区,如塞拉利昂和南非,仪式的遗存完全依靠这种次要动机。在这两个地区,与传教士的接触有较长的历史,当地人也比较世故。但是,在其他地区,如蒙德,酋长会因为给女孩举行邦杜(*bundu*)礼仪而得到一大笔收入;这被认为是这个礼仪之所以不消失,反而影响更大的原因之一。① 克瑞格斯也指出,在北穿斯瓦尔(Transvaal)地区,有些成人礼学校正是因为这个原因而愈发普及。② 基于这些情况,可以说举行仪式的次要动机超过了主要目的。可是,在本巴地区,情况不是这样;过去强大的次要动机现在不再发挥作用了。

推论出的态度

除了从当地人的角度区分出祈颂姑的主要功能之外,我也试图推论出她们对仪式不同部分的态度。我所借助的方法是,关注她们在直白口述中的强调口气,观察表演者在不同场合所表现出的紧张关系,也分析她们对于不同的仪式部分所付出的时间与精力的多少。当然,这样的信息并不能准确反映相关人士的情感。在具体的礼仪上,因为实际考虑和个体差异,相关的强调程度是不一样的。一次仪式的某个司仪对某种象征行为形式的兴趣,不一定说明她的同伴也有同样的兴趣。只有经过问卷调查,选择恰当的代表人物,才可能肯定地说"本巴人所认为的"是什么。

但是,哪怕只是为了对解决在田野环境下研究仪式的困难有所启示,我们也值得沿着这些思路去探索一些问题。

我在目睹祈颂姑之前所得到的有关该仪式的描述,与我实际所观察到的差距极大。过去的描述省略了大量细节,与我所见到的礼仪顺序都对不上。即使是我所见到的与我在刚到田野时所读到的,或是在我亲历过后,那

---

① Kenneth Little, "The role of the secret society in cultural specialization", *American Anthropologist*, April 1949. 举行亚奥成人仪式的特权受到极大敬重。(见附录甲)

② J. D. and E. J. Kriges,私人通信。

些纳齐布萨所讲述的之间也无法对应。

当然,如此多的礼仪细节在没有文字记录的复述中,对任何人而言很难都记住。所以,毫不奇怪,那些最愿意提供信息的人也会有混淆的时候,并会倾向于只讲容易描述的部分,或是有可能让询问者高兴的部分。而我的信息提供者又多数是女性。许多有经验的本巴男人能将事情按照欧洲人的想法做出分类,或是因为他们去过欧洲人办的学校,或是为欧洲人当职员或翻译,但多数女人没有经过这样的脑力练习。

还有必要注意到,原始社会的仪式顺序,不能指望像欧洲宗教仪式的顺序那样规范。有些礼仪有着先后逻辑关系,本巴人不会去想到改变;有些依外界原因而定,如特定时候是否有足够的食物。一个满足于所见到的两个礼仪的巫术关系,并相信这是加入某群体的必然"阶段"的田野工作者,一定会吃惊地发现有这样一些议论,"当然,我们那天不能那样做,因为某某的粮食歉收,不能做啤酒,那天她也找不到粮食"。

我到达当地的最初几个月所听到的大多是这样的:"哦,她们把女孩带到丛林。然后女孩跳过一个树枝圈。然后她被姑姑背回到村子,她外婆和家人给纳齐布萨支付报酬——(停顿)——她们做很多啤酒……富裕的人给女儿做很多啤酒。然后,新郎夜里带着弓箭来。他射中墙上的记号。女人都拍手,大喊,'他射中了'。然后她们给女孩圣物姆布萨。她身上抹油,坐在席子上,她们往她怀里扔手镯。纳齐布萨拿走这些东西。"有意思的是,纳高西埃在最早见到我时就这样说。她是我所参与的仪式的司仪纳齐布萨。但她也可能完全有另外一种说法。

透过许多相似的述说,我注意到,所有的说法都包括跳树枝圈和在最后的夜里射中目标。有些提到用嘴咬住水虫。都提到最后的公开祝贺礼仪。多数都提到对女孩的教导。但是,没有一个提到模仿种地或逗女孩。很难说是否是信息提供者对事件做了选择,因为这些都根本不是秘密。也许因为她们感到这些一点也不会让欧洲人吃惊。本巴人觉得欧洲人对于与性有关的事都有好奇和无法描述的想法,对进攻性行为都持批评性看法,如伤到身体的行为、打人,或戏弄人。

而欧洲人的叙述,如我所提到的,倾向于或是强调礼仪的怪异,或是其教育功能。有个传教士说,"女孩被关起来四个星期。这期间,只能由没成熟的女孩给她送食物。这整个期间,她得到的都是有关性的指示。然后她们把她带到丛林里给予更多的指示。外婆把她从丛林里背回来,而她必须从水池的水面上抓住水虫。女孩和她的新郎在河里被洗浴,然后两个人穿上新衣服在村里露面。岳丈给女婿一套弓箭,告诉他要保护她不受到通奸者的伤害。"

我所得到的最完整且还没有发表过的记述,是来自已故的麦克民教父。他提到了许多我亲眼见到过的场面,而且还有额外的一个礼仪形式:男人的弓箭被拿到丛林中,放在被倒过啤酒的树根上。这不可能是当地的一个礼仪变异,因为齐桑德村(Cisonde)是距离麦克民教父住的鲁布瓦村(Lubwa)很近的村子,但是,这个礼仪给人的深刻印象是它与本巴的象征模式的兼容性,以及他们对弓的态度。麦克民对于宴请和食物交换的细节记录比我所做的更详尽,但是没有提到跳圈或狮子礼仪。

概括来讲,从本巴人给一个人类学家的随便的表述中可以看出,她们强调的是行为的戏剧性和公开性,例如,最后一次的跳圈和祈颂姑结束时的弓箭礼仪。她们也强调食物的交换、啤酒和宴请。她们将秘密的方面省略或一带而过:点燃女孩自己的火、她的净化、她的抹白、陶器人物和其他所用的圣物。这些都作为有价值的评论与其他相关材料做了比较,一并归纳于附录甲。

我曾问自己,本巴的祈颂姑是否比相邻的母系部落的成熟期礼仪更复杂,或者说,我是否得到了本巴仪式的完整信息。在重新阅读了这些文本以后,我可以肯定,答案更可能是后者,而且,如果有更多的目击记录,这些不同部落的仪式之间的相似就会显得更多。

如果从我所观察到的祈颂姑来判断它所展示出的表演者之间的紧张关系,我应该说,从本巴人的眼光看,最关键的时刻是我所描述过的巫术征兆或磨难:亦即跳柴禾堆和那两次跳树枝圈,还有那次女人们差点失败的用磨火棍点火。年长的女人们也在女孩跳着用头杀鸡的时候,大声叫喊。的确,这表明同伴女人对这些时刻的担心和焦虑。这些让我开始感觉到祈颂姑既是一个过渡礼仪,又是一个巫术磨难。仪式的最后一个晚上,向女孩赠送陶器圣物,以及新郎到场,这也是在令人疲倦的一个阶段的活动中所达到的极大感情高潮。女人们相互催促着,为的是将仪式进行到最后一夜,直到村里的公鸡在黎明前发出第一声啼叫。

就仪式所花的时间而言,对圣物姆布萨的准备和呈献可能比别的礼仪所用的时间都多。对于那些陶器圣物,对于在丛林里和家里搜集的圣物的安置、准备和呈献,占去了组织者大量的时间和精力。如我所表述过的,一共有42件陶器圣物。其中的37件是为这次在齐桑德村所举行的祈颂姑特意制作的。另外,还有许多圣物,如盐、烟草,以及树的不同部位。我曾描述了一整天都在祈颂姑房里准备陶器的活动,但还要记住,这漫长的一天的工作成果在同一天结束时都被毁掉了。

除了制作和寻找圣物之外,对于不同女人依年长顺序的呈献,至少对我来说,似乎是祈颂姑仪式最没完没了的一部分,因为这些活动每次都是有最少二十遍地重复唱着同一首相关的歌。在丛林里的模仿礼仪令人感兴趣,但对我来说,它似乎更有公示性,更有因时因地的可变性和自发性。对于在丛林里的这些礼仪,我几乎没有一点"神圣"的感觉。① 那时的场面充满玩笑、聊天,尽管司仪告诫要认真做活,要严肃些,跳舞也要更卖力些(见(边码)第73页),但是,很明显,没有自发的情感。

戏弄女孩显然是被视为一种义务,而不是令人愉快的兴奋。

还有一个问题:对于本巴人来说,在变化的时代,这些传承下来的仪式还意味着什么?在我1931年看到这个仪式之前,祈颂姑被传教士禁止了30到50年。这个仪式非常引人注意,因为仪式主要由击鼓和跳舞组成,不是可以在房内举行的秘密礼仪。祈颂姑完全由女人负责,没有酋长的直接支持。而在非洲其他地区,酋长非常执着地支持成人仪式。目前的经济情况,如食物短缺和缺少了那些去矿区的男人,也阻碍了这个仪式的持续。在这样的背景下,有必要质问,祈颂姑仪式的哪些部分得以传承下来了?

当我在这个国家时,即1931年和1933年,各地的成人仪式都简化了。

---

① 我这里用"神圣"一词,不是按照涂尔干的意义,而是用来描述对于遵从仪式规则时的敬重、严肃、安静的行为。

有许多地方彻底不再举行了。在这样的情况中,成熟期仪式的本质,也就是说,在女孩第一次月经之后把她带到火边,成为唯一保留的内容。尽管祈颂姑仪式本身没有什么组织,但它是一系列礼仪的合成:第一次的"吃熟热种子"礼仪(参见(边码)第 54 页),将女孩隔离在特别的房里,在不同的村里停留几天,都是在从断山(Broken Hill)通向卡萨玛(Kasama)的路附近,也在卢散萨(Lusansha)和恩多拉(Ndola)的矿区,这些都是有最多人相互接触的地方。这些可能包含了对于本巴人所评论的那些话的分析结论,亦即这是一个巫术保护礼仪,是当地人认为祈颂姑最重要的部分。这个结论也支持萨培拉(Shapera)的假设:在与欧洲文化的接触中,巫术礼仪倾向于被传承下来,而那些与伦理价值有关的或向祖灵祈祷的宗教仪式则倾向于被抛弃。

下面的表格给出的分析数据试图表明,通过祈颂姑歌和圣物的方式所要教导的道德有些什么变化。下文还将提到这个问题。

表 1

	陶器人物	摆在地上的陶器模型	墙壁图案	歌	总计
祈颂姑保护火的规则	2			8	10
丈夫和妻子的社会责任	14	1		4	19
对姻亲长辈的责任	3				3
家庭义务	2			8	10
农活义务	3	1		3	7
做母亲的义务	4			3	7
母女间的责任				3	3
性行为与生殖	4	2	1	5	12
酋长的权力	3	1		3	7
一般的伦理规则	2	1		6	9

祈颂姑与部落信条和价值观的关系

祈颂姑仪式与本巴人社会的婚姻机制的关系,从一开始就很清楚。祈颂姑表达的是婚姻道德:女孩对丈夫的顺从,以及丈夫对待她的义务,保障家务、农事和相互性生活的必要责任。祈颂姑提供的是对这些义务、责任的公开接受,多数是以模仿的方式再现出来。祈颂姑为相关的各方提供巫术保护。

祈颂姑在什么程度上表达着部落的其他信仰与价值观呢?下面所列的表,试图展示祈颂姑仪式,以及其他形成该部落仪式之模式的礼仪与本巴文化的一些特征,正如我在第一部分所论述的。

本巴人最重要的仪式系列有三种。对此,我认为有必要从礼仪的时间长短、复杂程度,以及人们为此付出的时间和表现出的兴趣多少来做出这样的判断:第一个仪式系列是围绕酋长职位进行的:冗长的王族葬礼,几乎与大酋长的任职仪式一样繁杂;以及有关建立他的新村落和圣物房的仪式。第二个仪式系列是经济礼仪:在清理丛林,就地点火焚烧树枝,播种,以及收割和第一次采集果子时举行的礼仪。过去,这些礼仪与战事有关。第三个仪式系列就是祈颂姑本身。

所有这些仪式模式都基于本质上相同的信仰体系,或者说信条。这些信条通过那些正确地处理了性与火的事务的人与祖先的沟通,将权威与超自然力的实践联系到一起。为了祝福和保佑战事、砍树、播种、第一次采果、装粮仓、好天气、生孩子、村里的和谐关系或大酋长的成功任职,那些有权威的人必须与他们的长妻进行仪式性性交,然后点燃新火。[①] 每当接受新的角色时,都必须举行这样的仪式。例如,酋长任职、女孩适婚,或一对新人结婚。这些人先得从村落里分隔开来,在通过仪式性的性交或某种交往行为之后,再回到群体中:点燃新火;用在新火上做的食物,触碰已经有了新角色的新人的嘴唇;[②] 在公众面前展示并接受祝贺和训诫,如同在结婚之后的 *ukushikula* 礼仪,或新酋长任职礼仪上那样。在所有这些仪式上,对于各种仪式行为的说法都使用同样的词语,所以,对于匆匆过客的外人来说,很难将这些礼仪区分开来。

---

① 在我的《北罗得西亚的土地、劳力与饮食》(*Land, Labour and Diet in Northern Rhodesia*, 1939)一书中,有对经济礼仪的完整描述。

② *ukubalishya* 或 *ukubapa kakabe*。

表 2

	特别表象	信条	祈颂姑中的表现	其他礼仪中的表现
环境与活动	因年度食物短缺进行轮耕。	通过酋长的超自然力得到安全；保持性-火禁忌。通过食物的生产、储藏和分配的巫术得到安全；通过愉悦祖先的行为得到安全。	模仿性礼仪给予女孩自己的火和结婚罐，并开始性-火禁忌。模仿性礼仪再现种地义务；仪式性地用种子做饭；仪式性地分配食物。	酋长的参与给予他接触祖先神龛的权力。酋长的婚姻使他有婚姻罐。保护礼仪免除不洁净的火的污染，异常的性、死亡。农事礼仪。播种，第一次采果、砍树。
	狩猎与捕鱼。	同上。	模仿布下渔网。模仿丛林狩猎。模仿弓箭仪式。	酋长或头人祝福捕鱼。有关酋长的弓的仪式。
	家务活动。	女人只能也必须在"净"的火上做饭。	模仿家务活动和保护火。	
	没有可储藏的财富。	通过社会关系分享劳动与食物，已得到安全。	模仿宴请女婿，仪式性分配食物。	保佑粮仓礼仪；粮仓扩大的巫术。
	婴儿与产妇的高死亡率。	通过性-火禁忌、保护巫术、愉悦祖先来得到安全。	女孩加入性-火仪式，生殖礼仪。	对婴儿和产妇的保护巫术。酋长的祝福。敬祖先礼仪。
社会结构 (a)权威体系	政府的等级制度；(大酋长；酋长；头人）基于世系和男女年龄的权威。	遵从等级制度带来超自然的祝福。酋长和祖先在得到妥当的敬意后，会帮助下面的人。尊敬年长的女人使分娩顺利。	有关酋长的歌与圣物。头人向女孩吐唾沫，以给予祖先保佑。不断通过献食物和其他东西，模仿对年长的人的敬意。圣物姆布萨，从祖先传承下来之物。	酋长礼仪的等级顺序（大酋长后面是酋长，然后是头人）。年龄在仪式进程中得到表达。

续表

(b)世系体系	母系世系与传承(父亲与舅舅的冲突)。	关于孩子是女人的血,以及通过精子和祖灵得到生命的信仰。关于姑姑可以通过咒语使女孩不能生孩子的信仰。	兄妹关系被做成模型。母亲把育儿经验传给孩子(河边仪式)。姑姑给女孩新火。	王族的最高祖先的神龛。母系祖先的神龛。求婚仪式中宗族的功能。互惠宗族的功能。
(c)婚姻与家庭	夫妻神秘地联合在一起。夫妻的责任。	有关男女通过婚姻神秘结合的信仰。性在婚姻生殖、祈福或危险中的作用。第一次性交的危险。	女孩受到免除第一次性交之危险的保护;被年长的女人教导获得安全的方法;被给予婚姻罐;被教如何隐藏家里的东西。假新郎模仿丈夫的义务。表现丈夫和妻子义务的陶器形象。	围绕酋长与长妻关系的仪式。酋长的结婚礼仪。
	婚姻。从妻居变成从夫居。丈夫逐渐被接纳入妻子家族。婚姻早期的紧张。		模仿接纳新郎做丈夫的各个阶段。向丈夫表敬意。洗丈夫的手。	
(d)村落群体	头人说服亲戚跟他组成新的村落。成员组合上不断变化。	基于头人祖先的村落;以他的性活动决定"热"或"冷";以巫术避免纠纷。	头人在仪式前后保佑女孩;女孩被给予火。	通过磨难来决定能否成功地找到新的村落地址;通过头人得到祖灵的保佑;仪式性引头人的火;建立祖先神龛;防御疾病的巫术。
(e)年龄群体	所有活动都以年龄为权威的基础。女人在家族和村落以年龄划分群体。	祖先保佑那些敬重长辈的人。	不断模仿女人依年龄所定的资格;女孩因为受到年长女人的羞辱而得到接纳;女孩对村里每家表示顺从。	祖先依年龄资格被敬拜;第一次采集的果子依年龄资格品尝。

续表

某些突出的价值观	生育力受到极大珍重。	生育力通过祖先、酋长和年长的亲戚,特别是姑姑的保佑而安全得到。生育力也通过巫术和反巫术而获得。顺产通过保持或举行结婚礼仪而获得。	诸多生育象征;新郎的生殖力得到敬拜并被视为巫师;"祈求做父母礼仪";女孩从母亲那里接过做母亲的权力。	酋长在各种仪式上祈求土地多产和女人多育。
	建立村落的欲望;跟随的愿望;顺从的愿望。	祖先的保佑带来村落的扩大。巫术礼仪也能达到这个目的。	模仿食物分配和制作。吸引客人的巫术。	头人祈求村落扩大,举行达到这个目的的礼仪。

这一事实无疑说明了祈颂姑礼在本巴文化中的重要性。正是在这样的场合,女孩得到她自己的火,她的婚姻罐,并被要求对它们的使用和管理负责任。她对炉台的处置决定着她丈夫与祖灵沟通的能力,或者,如果她嫁给头人或酋长,就影响着对天地、丛林、村落,以及政治生活与战事的保佑。

通过表2,我们可以清楚地从"其他礼仪中的表现"一栏中看到,除了有关个体的巫术礼仪之外,没有一个方面不是依靠祈颂姑仪式作为源头,或是现在所施行的成熟期礼仪的某种简化形式。大酋长齐狄姆库鲁与他的兄弟酋长们的超自然力,直接通过祈颂姑仪式中的巫术和训诫行为转达出来;所以,这个完全女性的礼仪对于整个部落的生存利益有着至关重要的作用。①

祈颂姑也应被视为对于保持部落传统具有重要的意义,因为祈颂姑直接强调"传承下来的东西"。仪式中的姆布萨(圣物)就特别指的是这个意思,并被说成是其价值所在。一个经济礼仪的核心行为是主祭对祖先的祈求和祝愿,例如,在有所期盼、播种或为了和平之时,他向那些不会总是满足他的期望的神灵祈求这一切;他说出一些自发的言语;句子没有很固定的模

---

① 这里提出的是一个为了进行比较研究的假设。如果我对祈颂姑的重要性的阐释是正确的,那么,对于处置火的指示与关注的强调,也会在所有被认为与酋长的超自然力有关的行为中出现。下文将继续这个话题。

式;会提到各自祖先的名字,不同的称谓,除了通常的保佑和祝愿人丁兴旺之外,还加上直接的和特别的请求。例如,有一个头人向祖先献上采来的第一批果子,在他与祖先的沟通结束时,他强烈请求下次出去打猎时一定不要像上次那样错过猎物。

这里的界定因素是主祭接近祖先,获得身份和地位的时间与方法。在这些条件确定的情况下,主祭可能说出各种各样的请求,满足当时的需要,或是有关群体或个人的需要。这些都是祈求礼仪。本巴人利用此礼说出她们的需要,并试图说服自己:她们的需求会得到满足。

然而,在祈颂姑中,女人并不说出新的期望,而总是说起那些过去就有的需求。各个礼仪都由一系列错综复杂的行为联系在一起,其价值存在于重复中的或多或少的准确性。圣物必须要以同样的方法做出来,地上的陶泥模型不能有所改变。这些礼仪是为了再现和表明已经确立的东西,而不是让表演者满足新的要求。成人礼仪的模仿与象征物为每一代人都要经历的角色转换形成了一个约定。这些礼仪不向参与者保证将会有助于解脱目前本巴人婚姻生活的麻烦,如,男人长期不在村里或不断提高的离婚率。其中没有任何祈求和祈祷的因素。正因如此,一定要将祈颂姑视为一种维系部落传统的礼仪。

再回到表 2,我们会看到,本巴的所有重要仪式都反映出她们对生育和提供食物的强调。祈颂姑比酋长所主持的祈求礼仪更关注生育。但是,我从来没有听说过一个酋长的祈祷不向祖先特别提出做父母的祈求(*buf-yashi*)。酋长们所负责的最重要的任务之一,是周期性地举行农事仪式。至此,本巴的三个仪式系列完整地衔接在一起了。

本巴文化中对生殖与养育孩子的极度强调是不容易说清楚的。在所有那些社会结构主要依靠世系、群体只能通过生孩子来扩大的社会里,这种欲望可能更强。但是,在非洲有许多具有类似社会结构的部落,可他们对生殖的强调似乎并不是以这样突出的方式来仪式化的。这里,必须记住,在本巴文化中,因为没有永久拥有财物的形式,这使得对于劳力的支配权力——这里是指对年轻一代的劳力的支配——显得尤其重要。在生殖礼仪与母系世系之间可能有某种相互关系。事实上,这种关系在中非似乎很突出(见附录甲）。本巴人相信，孩子完全是由母亲的身体造就的，与父亲无关。类似的信仰在本地区其他母系部落也同样存在。而且，在一个原始社会，很容易发现，女人被视为夫妻中唯一负责生育的；夫妻不生孩子的责任完全在于女人。男人的生育力受到重视，但不被视为不育的原因。在班图父系社会中，常见的是新郎的父系亲戚为他提供彩礼以便为他找到一个妻子。如果妻子被证明不能生育，那么，牲畜或财物要归还给男方，不然，女方就要从同一个族系里给对方提供另外一个妻子。在本巴这样的母系社会里，情况则截然不同。一次婚姻所生的孩子归女方家族，所以，她生的越多，她的家族得到的就越多。这一事实可以说明为什么这样的社会对于女孩的生育礼仪给予极大的关怀和注重。母系世系与对生殖的强调之间的相互关系是一个假设，还需要通过对其他地区的实践的了解来更加认真地验证。当然，有可能将本巴的婴儿高死亡率与她们对生孩子的渴望和对自身的焦虑联系在一起。这实际上也是很多本巴人的看法。例如，在我问到有关保护孩子的模仿礼仪的问题时，我得到的回答是，"看看！你就看看我们有多少孩子死掉吧"。但是，在诸多班图社会中，婴儿死亡率都很高，以至于这并不构成渴望生殖的唯一主要原因。

　　本巴社会结构的突出特点也反映在祈颂姑仪式中。在这个非常重视等级的社会中，对于权威的态度非常有代表性地通过此类仪式反映出来。由此，酋长被创造出来，并被维系在他们的超自然力量之中。这一点也反映在由酋长自己主持的经济和其他性质的仪式中。祈颂姑并不特别关注政治生活，尽管有些陶器象征物"教"女孩敬重酋长。

　　无论如何，基于年龄的等级制度也是本巴各种结构关系中最有特色的一种。在祈颂姑中频繁地通过献食物表现顺从，反复咏唱基于年龄而不可改变的事实的歌（如"腋窝不能比肩膀高"）等行为得到象征性再现。女孩得体的举止表现在这样的说法中，"在年长的人面前要顺从，或者让自己柔软可弯屈"（ukunakila kubakalamba）。

　　事实上，对年龄敬重的原则在祈颂姑中的表现，比在酋长本人主持的礼仪中更为强烈。这可能是因为这样的事实：所有关系到新地位的礼仪都自然赋予年龄以重要性，因为是那些已经获得年长资格的人将这个身份传给年轻人的。同样重要的是，本巴女孩婚后不脱离与自己家庭的关系，不像受到婆婆控制的父系社会中的女孩那样，但是，她被置于本村和其他村的诸多年长女人的权威之下。这些人中，有些与她有亲戚关系，有些没有。还要记住，祈颂姑是一种公开仪式，用于教导女孩；多数酋长主持的仪式是秘密的，人们只能假设这些礼仪操作的正确性。

现在再来看看基于世系的社会群体。值得注意的是，在祈颂姑中，几乎没有对宗族或世系团结的仪式性表现，尽管触及的是婚姻和生育问题。母系传承的原则在此得到强化，虽然父亲试图获得家务权威。这在本巴比在这一地区的其他母系部落，如亚奥部落，要更加明显。在我住在那里的期间，对于生物传承本质的信条，或者说对于女人负责生孩子的信条，从没受到过质疑。① 大家小心地维系着族内所实行的外婚制，以及所使用的族系问候语。但是，在班图社会中，族系和世系顺序在第一次采果仪式中有所表现，不同族系的成员在部落礼仪中坐在有着明显标志的地方，而在本巴村落，没有这种划分社会群体的原则性表现，只是在两种情况下有一定的优先权：在法庭上给予某些族系的优先权，因为他们曾经陪伴第一个大酋长来到这片土地，再有就是基于宗族成员身份的执行仪式义务的优先权。在祈颂姑中，所强调的是家庭，而不是族系。必须注意到，在婚姻上，本巴男孩自己提供象征性支付，向岳父提供劳务。他的母系亲戚并不常帮他，也不从经济角度对他的婚姻的成功与否感兴趣，不同于南部班图的父系社会中新娘的亲戚们。男孩本人与他妻子的所有亲戚达成他个人的合约。女孩的父母和姑姑是仪式中的主要参与者。父亲是这个基于从妻居的大家庭的潜在头人。

不仅如此，除了在过去的王族时代，族系与世系没有政治功能，这不同于多族系合并的群体。所以，可以总结说，那些为了表达联络感情的仪式是没有必要的。也可以同样做出结论说，与酋长继位有关的仪式，的确再现着母系传承的原则，而祈颂姑强调的是女孩为母系亲戚生孩子的义务。这些

---

① 我在此引用我的一篇有关本巴的文章中的话（见：*African Political System*, ed. E. E. Evans-Pritchard and M. Fortes, 1939, p. 97）。这是一位父系社会的恩高尼人（Ngoni）对本巴有关信仰的一个有趣的评论："如果我有一个袋子，装进钱，那这钱属于我。可是本巴人说男人把精子放到女人身体里，而孩子属于女人，不属于男人。"

建议性想法应该在研究其他母系社会中受到检验。

似乎明确的是,维系一个稳定的家族群体在本巴人当中是很难的事。女孩有着要与她的家人住在一起的愿望;相反,男孩希望返回到他自己的家。对双方来说,都没有与任何一个村落的经济联系和束缚。这种合约可以说明祈颂姑强调的是夫妻之间的联系,对通奸的超自然的限制,以及对女孩不断的训诫——顺从丈夫、敬重丈夫、敬重公婆和给他们食物。给女婿献食物的系列礼仪也可以被视为是整个目的的一部分:赢得年轻的新郎,说服他留在妻子的村落。

总而言之,本巴酋长主持的礼仪表现出一系列同样出现在祈颂姑中的信仰,如有关性-火-血的联系,以及政治权威与接近祖先的能力之间的联系。所有这些强调的都是生育、孩子、食物、依年龄对权威的敬重,以及对建立村落共同体的愿望。三个仪式系列都强调这些共同的信仰与价值观,但每个系列又有各自的重点。由男人主持的仪式包括了对酋长神龛的保护,以及向酋长传递祖灵;由女人主持的仪式关注的是对祈颂姑象征物的照看,以及向女孩传递适婚的身份和地位。

在一系列不同的仪式中重复强调同一个信息,这只能被理解为需要通过繁复的仪式表达出多重目的。如果我们以宗教和巫术为中心,将各种活动或社会关系予以分类,祈颂姑与本巴的所有仪式模式之间的关系就会更清晰了。

宗教和巫术仪式倾向于与以下方面有联系:

(a)自然环境。例如,对太阳、月亮和星星的崇拜与人格化;为特殊的自然物建立神龛(瀑布,高山,岩石);将野生动物或植物人格化;与动物或植物的性质相关的巫术。(祈颂姑仪式区分丛林和村里两个地方,并实施丛林巫术。)

(b)经济活动。指农业、狩猎、捕鱼、放牧,以及照看粮仓等方面的仪式。对于超自然力或巫术行为的祈求礼仪——特定家养动物或植物的神圣化,即伦理规范。(祈颂姑再现了农业和家务活动,以及由女人耕种的庄稼;与农事和伦理规范有关的巫术礼仪。)

(c)生物进程。对出生、性事、食物、健康、疾病和死亡等生物进程的神圣化。(祈颂姑是具有宗教和巫术意义的有关成熟期、适婚性和生殖的礼仪,并解说伦理规则。)

社会结构

（i）身份获得的成熟礼仪。为获得年龄身份或加入年龄群体的成熟礼仪；角色获得礼仪（如酋长继位）；成为预言者的礼仪；获得丈夫和妻子角色的礼仪，这些都伴随着对角色承担者的伦理行为期盼。

（祈颂姑是有关社会成熟和角色获得的礼仪；实施成长巫术和考验社会成熟；解说对已婚女人的伦理期盼。）

（ii）社会关系。建立社会关系合约，如确立婚姻、收养、宗族成员和合法关系的礼仪，以及调和矛盾的仪式；表现现有关系，如，仪式性地展示父亲、舅舅或族人的义务的仪式；中间关系，如，解除宗族成员，为鳏夫驱除死亡的礼仪。

社会关系的巫术，如继位巫术，美化或吸引众人的巫术，男女巫师的巫术，社会关系的伦理规范。

（祈颂姑为婚姻达成合约关系；表现父亲、母亲和姑姑的权力；表现兄弟姐妹的关系；解说族人关系的伦理法则。）

（iii）社会群体。维系或表现群体结构的礼仪，或表现合作责任的礼仪，如族系仪式、祖先崇拜仪式、酋长仪式，再现优先权的礼仪。公民伦理观。

（祈颂姑表现的是女人群体中基于年龄和权威的优先权。）

（iv）最高信仰和价值观。从信条的角度看，表现在有关后世、灵魂转换、与超自然力的结合等信仰中，如葬礼和祖先崇拜礼仪，恍惚入迷、梦、禁欲信仰、神秘信仰等信仰。（祈颂姑没有任何这方面的迹象。）

祈颂姑是成熟期仪式的一种表现形式，所以，如在前言所提到的，它必然有双重目的：为了再现性生理成熟和社会成熟的获得。但是，祈颂姑也有许多别的意义，并与所处场合或关系连在一起，而那些关系在本巴社会中是被神圣化了的，如表2所示。

在这一系列宗教和巫术活动中，祈颂姑利用的只是某些仪式手段，而不是全部。

即使从这个表所概括的仪式类型来看，我们也首先可以看出，这些仪式是用来控制那些以理性手段无法控制的事物（没下来的雨，歉收的庄稼，不爱妻子的丈夫,可能具备也可能不具备能够指挥部落的个人权威的酋长),而这种控制是通过人们的信仰,以祈求礼仪,准确运用巫术程式或良好行为等方式来得到保障。其次,这些仪式被用来维系和永久保持社会关系与群体结构的相互关系,像合约那样发挥作用,维持那些已经在行使权力的人的权力,并表达其社会结构所依据的道德规范。最后,这些仪式可能为个体提供精神生活,再现部落的人生观或世界观。

祈颂姑,如前面所解释的,几乎不运用祈求礼仪或崇拜超自然精灵,但是,它极大地运用了对仪式行为和复杂象征体系的准确表演,以及巫术程式和实物。对这些机制的运用方法将在下文继续讨论。

无意识的紧张与冲突

前面我提到过,有人试图从有意识的或无意识的感情冲突的角度来阐释仪式(参见边码第118—119页)。有些与成熟期有关的紧张关系可以说是普遍的,因为它内在于人类自身的成长、繁衍和养育后代的方式之中。我在前言提到过几种相关的感情态度的实例。

心理分析家也会注意到祈颂姑仪式中的许多具有普遍性的象征。蛇和其他一些动物象征分布得很广。同样,以黑暗中的旅行和到达险境来模仿获得知识和安全的象征再现也很普遍。这种意境一般出现在梦中。在祈颂姑中反复用嘴处置圣物和其他实物,可能从心理分析家的角度看具有很大意义。但是,因为还没有对本巴人的梦或无意识幻觉的启示有过任何研究,这里所说的只能是一种猜想。

明显地不同于心理分析家,人类学家则是对特定社会结构中特有的感情冲突,比起对普遍的人类态度更为感兴趣。其中的一个特例是以母系,而不是父系,来确认传承世系的制度;这种制度可能引起舅舅与父亲的冲突,也可能因为强调长子继承权而足以引起家中次子们的无意识的怨恨。贝特森与格拉克曼曾经提出,这种冲突在仪式中得到表现,而在日常生活中则无法长期忍耐。

人类学家倾向于用这种解释来说明那些不如此便无法产生的仪式:这

些仪式之所以存在或是因为同样的仪式有不同的变异部分,或是因为勉强能够套用上本巴部落的习惯说法。"为什么在祈雨礼仪中,祖鲁女人穿上男人的衣服?"格拉克曼在最近的一次广播节目中反问到。因为,他宣称,祖鲁女人在反抗她们作为妻子在丈夫的亲戚眼里如牛马一样的低下地位;她们以模仿男人举止的方式在仪式中找到补偿。在这种"转换礼仪"中,她们穿男人衣服,像男人那样放牧,携带男人的武器,由此,她们抛弃卑下的地位,获得必要的自信感:她们能为部落带来雨。①

祈颂姑仪式有许多不连贯统一的地方。有些我无论如何也无法阐释。从欧洲人的思维来看,在婚姻初期凝聚的恐惧与本巴人表现出的对于性关系的公开愉悦两者之间存在一种矛盾。女孩渴望进入成熟期。她们自己和父母都带着兴趣与兴奋关注着乳房的长大,也公开议论成为女人(Womanhood)的事。女孩对婚姻的前景充满热情,也被教导说,性关系是愉悦的,她们有义务给丈夫愉悦。她们似乎不害怕第一次性交或担心会疼痛。要注意,成为一个新娘是个逐渐的过程,因为她在到达成熟期之前的许多个月就许配给了她的丈夫;在她完全成熟之前就有过各种不完整的性交经验。但是,尽管如此,性交被认为是危险的。而且,所恐惧的是婚姻之内的性行为,而不是婚姻之外的。

围绕婚姻的禁忌也许可以从表面上说明本巴人的信仰,如我所试图要展示的那样。因为只有通过婚姻,一个男人才能与他的祖灵沟通,所以,这种关系被视为危险的。之所以危险,是因为这是力量的根源。本巴的禁忌也许同样存在于其他部落。这些部落都认为,沟通祖灵的唯一方法是通过净化后的合法的婚约行为。目前,有关这个问题还没有其他地区的资料来做比较分析。

很难相信,本巴人将婚姻内的性事与罪恶感联系在一起,尽管她们将已婚的一对人比喻为有"热",或是,如果她们没有按照认可的方式净化,就会"身体中有坏东西"。很有可能,性事只有当与一个男人的祖先联系在一起

---

① 在此,我可能超出了格拉克曼所要表达的意思,也因为只抽选了他的阐释的一个侧面而使得他对仪式的分析听起来比较生硬。

时才有羞耻感。在这样的社会,他的祖先就是他的舅舅和外祖父。在日常生活中,本巴人在舅舅面前的举止是沉默和羞涩的,因为他可能在某一天继承舅舅的妻子、他的名字、他的地位和他的弓。① 所以,对待精神世界的态度可能扩延到活着的亲戚身上。这也许解释了为什么本巴人坚决要将"热"的人与精灵神龛隔离开。

这一禁忌也反映了本巴社会中与婚姻相关的焦虑。毕竟,这是获得超自然力量所依靠的脆弱联系。米德曾指出,在保持着很强父系传承的马拉维的恩高尼父系社会中,他们的婚姻是建立在"彩礼"的基础上。女孩在婚前得到保护,婚礼涉及对童贞的检验。结婚之后,几乎没有对处置火的禁忌。相邻的很像本巴人的切瓦(Cewa)部落,是一个有着比较弱的母系传承的母系社会,她们将权力通过劳务的转换在家庭与婚姻之间分开,因此,几乎不强调婚前贞操。她们的婚姻涉及对新郎的性能力的考验,而不是对新娘童贞的检验。然而,围绕性行为的禁忌在婚后继续保持,并且,她们所想象的危险的焦虑状况始终存在于她们的婚姻生活中。恩高尼的新郎在牲畜被接纳为彩礼之后就很确定他对妻子的权力。他的世系获得了对她的生育功能的永久控制权;如果他死了,他会被同世系的另一成员所取代。另一方面,切瓦男人比较容易地,也更多地是基于他本人的意愿建立婚约;他将自己的劳务,而不是他所属世系的牲畜送给新娘。但是,他永远也获得不到对他的孩子的完整控制权,或是对妻子的完整的,更不用说永久的,控制权。②

格拉克曼建议到,较强的父系传承制与稳定的婚姻有相互作用关系。③ 围绕世系的稳定程度,有无彩礼,以及婚姻内性事的禁忌所表达的各种焦虑之间,也可能有相互作用关系。在我们能够带有确定性,哪怕是带有可能性

---

① 很可能,在男孩继承舅舅,而不是父亲角色的母系社会,阉割情结有不同的表现形式。不愿意将性事与沟通祖先联系在一起,可能跟这种现象有关。就这方面的问题,马林诺夫斯基在1927年的《野蛮社会中的性事与抑制》(*Sex and Repression in Savage Society*)一书中提出过一些想法,但是,就我所知,此后还没有任何就此问题所做的严肃的比较研究。

② 参见:M. Read, "The moral code of the Ngoni and their former military state", *Africa*, vol. XI, 1938.

③ M. Gluckman, "Kinship and marriage among the Lozi of Norhter Rhodesia and the Zulu of Natal", in *African Systems of Kinship and Marriage*, ed. A. R. Radcliffe-Brown, 1950.

来讨论此话题之前,还需要做很多深入的工作。

　　无论本巴人的恐惧感有多么强烈,从中逃避出来的方法很容易。只要正确遵循仪式规则和依靠年长的人——那些主持祈颂姑和其它仪式的年长者,以及负责祝福和诅咒的酋长——就可以了。借用本尼迪克特(Ruth Benedict)的话来说,本巴社会无疑是个"害羞",而不是"负罪"的社会。①

　　令人好奇的是,本巴人的婚姻制度是在其初期实行适婚制,本应在祈颂姑仪式中更加重视对夫妻间的神秘联系的信仰;然而,本巴男女离开对方是件相当容易的事,因为他们之间没有需要返还的复杂的婚姻支付,不同于父系的班图社会。但是,本巴人坚信,婚姻一方的行为举止对另一方的健康有着巫术作用,甚至对有通奸关系的第三者也有作用。

　　如果一个男人死亡,他的灵魂被认为还在活着的寡妇身体周围游荡,并对后来娶她的人有潜在危险。反之,女人的死亡对鳏夫也有同样作用。似乎很明显,这中间涉及男方或女方的家族,因为,除非妻子是继承来的,死者的族系必须有一个替代者与鳏夫或寡妇睡觉,以便将亡者的灵魂取回到自己的家族里。

　　对于这种要求,有人会阐释说,因为本巴人认为一个亡者的灵魂,如果该亡者被骗走了自己的权力,就会作祟危害活人。如果这样的阐释正确,那么,可以假设,在举行必要的"取走死亡"仪式之前与寡妇睡觉的男人,被视为是在骗走死者先前获得的婚姻权。与寡妇睡觉的族人是在取走徘徊在她身上或身边的死亡,他这样做在社会意义上等同于死者,而不是代表整个宗族;母系家族或世系在针对男性个体婚姻方面常常不是以合作的群体方式运作的,尽管在女性世系的传承方面,从舅舅角度而言,的确存在这样的地位控制。

　　如果对此持反对意见:在本巴社会中丈夫对妻子的最初权力没有父系的以彩礼为基础的部落的相应权力重要,那么,就必须接受上述观点。但是,在本巴社会,也许正是因为没有标明地位的物质财产,才对优先权和荣誉有极大的强调,才为了那些我们认为似乎无意义的琐事而斤斤计较。所

---

①　Ruth Benedict, *The Chrysanthemum and the Sword*, 1946.

以，在本巴社会，不像在我们的社会，也就不奇怪看到这些明显的矛盾：一方面，夫妻间的神秘联系具有很大力量；另一方面，夫妻间的经济联系又很脆弱。不仅如此，无论丈夫当父亲的权力如何不确定，他对妻子的性权力却是毫无疑问的。这些正是"取走死亡"仪式所关注的。然而，这些阐释还都是猜测；还需要很多可比较的信息才能做出适当的论断。

另外一个矛盾是新郎在日常生活中的地位与他在祈颂姑中所描述的角色之间的反差。在村落的日常事务中，他必须顺从寡言，像个陌生人。他在岳父的指挥下劳动，只能渐渐地赢得做家庭头人的地位。在祈颂姑中，他表现为一头怒吼的狮子，一个猎狮人，一只鳄鱼，一个猎手，一个战士，还是一个酋长。在本巴这类母系社会中，新郎被敬为"使能生孩子的父亲"（genitor，生物学意义上的父亲），而不是"转继到父亲权的父亲"（pater，社会学意义上的父亲）。新娘属于她自己的母系世系，新郎被允许接近她并使她能生孩子。他被作为生命的创造者而受到村落的欢迎，并因此受到敬拜。① 新娘的家因为新郎的"孩子礼物"而感激。在祈颂姑中，是新郎的姐妹来"祈求当父母"。整个礼仪过程都十分强调新郎的性能力，随后的结婚礼便是他的创造生命力的考验；他必须在结婚的晚上，以从房里扔出燃烧的树枝来作为他的生育力的标志。女孩的童贞在祈颂姑或随后的结婚礼中都不受到赞扬。用社会学角度看这种社会关系是不适当的。

在母系组织与强调生育的仪式之间，我们可能会发现某种联系，如对男人生育力的考验，或是对第一次怀孕的仪式性标记。我认为这样的证据是存在的。在詹姆斯堡的切瓦人中，男人的生育力是通过在丛林里点火的磨难来检验的。如果他能点着火，这证明他具有生育力。尼亚加（Nyanja）人对第一次，有时是对第二次怀孕有仪式强调。亚奥人将成熟期神圣化。他们的成熟期礼仪之后就是结婚仪式，然后就是庆祝第一个孩子的出生。有一个不再实行的礼仪是，在发现妻子第一次怀孕之后，男人的生育力受到突

---

① 亚奥的信息提供者告诉米切尔，女婿就像公鸡：它来到院子里就是为了使母鸡下蛋，但不拥有母鸡。本巴的父亲比亚奥的父亲有更广泛的权力，但是，他们在谚语和民间故事中被描述的形象是一样的。

出的敬拜。本巴人的"带孩子"的仪式,似乎可能是对生殖结合的类似的庄重宣誓。(见附录甲。)

如果本巴丈夫不能使妻子怀孕,他的婚姻就终结了。如果他能使她怀孕,但是她在分娩时死亡了,那他就将被她的母系头人和她的父亲视为有责任。她们会认为是他"杀死"了她们的孩子。① 另一方面,如果他在复杂的本巴婚姻关系中渡过危机,"建立一个房子",那他不但获得地位,而且得到与他自己的母系祖先沟通的权力。

祈颂姑中对女婿表敬意的行为,也表现了女人们想吸引年轻男人在自己的村落建立他自己的家的愿望。在祈颂姑中还有比这更多的意思。至少可以说,女人们有一种无意识地从丈夫那里夺走他的孩子的负罪感;她们如此渴望有孩子,但又只有男人才能给予。本巴女孩是在男性主导的社会中长大的,被教导的是向男人跪下,将男人置于首位。她们的父亲是家中的统治者,但随着孩子长大,他们的地位被剥夺了,最终的权力落在了舅舅身上。女人追求男人为了求得孩子,但她们不给予男人完全的社会学意义上的父亲的权力。她们否定了他们对孩子的最高权力;可能她们通过祈颂姑仪式来补偿他,给予他夸大了的创造生命的男性的敬意。②

祈颂姑中没有明显的性别敌意。有些歌可以被阐释为嘲笑男人,但是,我没亲耳听到那样的歌;这些似乎也不是祈颂姑仪式的必要部分。女人们当然强调她们对有关生孩子的事的完全控制权。在这方面,女孩的母亲、姑姑和婆婆是联合在一起的;这样的性别群体将基于宗族世系的群体切割开来。祈颂姑的秘密可能在于它是对她们在部落其他生活方面被排除的状况的补偿。但是,在祈颂姑中,没有那种存在于其他成人礼或结婚礼仪中表现两性敌意的仪式行为。③

----

① 过去,当公主顺利生产后,她的情人的朋友们就会跳欢迎猎狮人凯旋的舞,高呼"他得救了!他得救了!"

② 施奈德提醒我,根据心理分析理论,男人的阴茎等同于他的孩子。他提出,本巴的父亲被剥夺了他的孩子,但是,通过祈颂姑中象征性地再现他的生育力而得到补偿。

③ 参见:M. Gluckman,"The role of the sexes in the Wiko circumcision ceremonies",in *Social Structure*, ed. by M. Fortes, 1949; P. Mayer, "Privileged obstruction of marriage rites among the Gusii", in a paper read to the Royal Anthropological Institute, 1950。

第三部分 对仪式的阐释 147

第二次丛林仪式结束。准备雄性和雌性树枝交叉的树圈让女孩跳。那个雌性树枝伸出来,还要被弯到地上(参见边码 95 页)。

148　祈颂姑

狮子模型。女孩要蹲下吹出狮子的吼声,同时戴着头盔(第42首歌)(参见边码第 104—106 页)。[这张照片是经阿诺德(Edward Arnold)许可从高兹伯利(Cullen Gouldsbury)和桑恩(Hubert Sheane)合著的《北罗得西亚大高原》(*The Great Plateau of Northern Rhodesia*)中复制的。]

狮子模型和蛇模型(参见边码第 87 页和 98 页)。

然而，男人对祈颂姑的态度表露出几丝敌意。至少有一个本巴男人对我说，如果不举行祈颂姑，"我们的妻子会恨我们，不尊重我们"。我也从女人那里听到过这样的说法。这似乎说明，她们有焦虑，担心将吸引到母系家族的丈夫排斥出去。例如，她们指示女孩在分娩时不能哭喊，"因为那是害羞的事，是女人的秘密。因为要是哭喊，男人就会听到，就会说，'是我让她能生孩子的。我感到羞耻，因为别的女人都没那样哭喊。'"

总之，本巴的事实证明了这样的提法：在母系传承与强调生育重要性的女孩成人仪式之间有联系。在相信女人提供了全部生孩子的身体条件的社会，这层联系是很自然的。本巴社会就是一个例子。而且，母系传承与女孩成人仪式之间的关系在许多非洲社会都被注意到了。①

我曾提出，还存在其他可能的联系：例如，以没有彩礼为特色的母系传承与婚姻初期笼罩着焦虑和禁忌的不稳定性之间就有关系。而且，在实行从妻居的母系社会与以结婚或成人礼仪补偿新丈夫初期低下地位的实践之间，可能有着更深一层的关系。作为完全是探索性的看法，我也提出，在这个特定的母系社会中，缺少两性敌意与感到剥夺男人的父亲权力的负罪感之间也存在互动关系。这样的负罪感在女性方面的表现是她们害怕男人离开她们；在男性方面，他们担心如果不通过祈颂姑来教她们的妻子，她们就不会尊重他们。

这些想法还够不上假设，最多可算作猜想。需要的是社会学家在类似的社会做进一步的调查研究，还有心理分析家从普遍的象征论角度，对本巴人的梦和其他无意识的幻觉或冲突的表象进行分析来做出阐释。

实用效果

礼仪表演者的有意识或无意识的意图，必须要与所产生的实际效果仔细地区分开来。这些效果对于个体的心智状态或某种机制的运作有很大影响。特洛布里安岛人实行一种爱情巫术，并坚信，说某些话或用某些草药会

---

① 见附录甲关于这一点的进一步讨论。

让男人毫不费力地就吸引住女人,或是女人吸引住男人。当然,巫术本身并没有这个效果。事实是,这些人如此相信这种不可抗拒的行为,以至于他们在行动上去证实这种说法。

同理,所有的仪式都可以被视为是社会机制,对个体或群体产生某种结果,不同于表演者的信仰所宣称的或暗含的内容。正是作为这样的社会机制,不同文化中的仪式表现出如此的相似。不同文化的象征差异巨大,信仰亦然,而且,仪式进程也有着令人瞠目的不同。但是,作为社会行为方式,仪式的类型实际上并不很多,并且都遵循某些普遍规则。

从这个观点出发,我们可以从祈颂姑中区分、辨析出一系列使用广泛的仪式手段;它们对每个女孩、她的亲戚、婚姻机制,以及对本巴价值观的维系产生作用。首先,可以说是确定"标志性阶段"的手段;我认为这似乎是各种角色获得礼仪的典型做法。不论是出于有意识还是无意识的原因,本巴女孩和她的家人是带着恐惧和焦虑进入她的成熟期的。她的祈颂姑的一系列仪式行为可以被视为是向她保证她能够顺利承担她的新角色,并向她提供一个可接受的证据——她已经成功到达了她生命中的一个新阶段。逐渐地,她被允许随意地吃部落的不同东西,并学会准备这些食物。而且,不同的仪式行为向所有的人展示她完成了这一过程。新娘已经毫无疑问地被清洁和净化了。她拥有了保护自己、免除新生活中巫术危险的武器。

如果说"标志性阶段"是角色承担和地位转换的各种仪式的普遍手段之一,那么,"经历磨难或预兆"的手段与这些礼仪的相关程度,可能要比先前想象的更加广泛。祈颂姑在表演者的眼里就是一种考验。无论她有什么疑惑或恐惧,她已经成功地跳过了柴禾堆、咬住了水虫,也杀死了鸡。在我们现代社会,青少年没有这些有形的考验来证明她实际已经"长大成人",可以安全和成功地表现出成人的举止。

"公开宣布"的手段也同样是多数角色承担仪式中普遍存在的仪式行为。我们看到,在祈颂姑的最后一个晚上,本巴女孩被责成去安置每个陶器模型,亲自唱每一首歌。我曾经提出,几乎无法判定这些模仿行为该被认为是意图建立新关系的巫术礼仪,还是涉及她在公众面前接受新义务的合法性行为。可以从本书(边码)第140页的分析中注意到,绝大多数所用的圣物是关于丈夫和妻子的各种责任;这些正是受礼人必须触摸、安置,并要咏唱相配的歌的圣物。在女孩角度来看,这些礼节显得不妥当。

这些公开宣布必须被视为是一种手段。藉此,女孩获得信心,并可以自由行动了。这可能是第一次女孩被要求在公开的场合宣布自己的责任,结束自己过去在大家庭中不受个人责任约束的时代。

我之所以强调这些有助于女孩个人安全的手段,是因为,在我看来,自从范热内普之后人们一直注重过渡礼仪,几乎只将其视为创造或再现群体纽带的途径。当然,这方面的问题对社会学家有极大意义,但是,不应该排除礼仪对个体——我所称的"追求上进的角色"——所发挥的功能。

祈颂姑中另外一个显著的手段,当然是有关神圣象征物及其相关程式的运作机制。这一仪式模式在那些意图传承角色或价值体系的仪式中也很普遍。在祈颂姑中,一系列思想与某些象征物(即陶塑人物)和某些固定词语(即所反复唱的歌)联系在一起。这个机制很有意义,并在非洲的班图文化区有广泛运用,正如科里和其他学者所指出的那样。① 首先,陶器的图案和形状有一种帮助记忆的作用。女人们一见到这些圣物就开始哼出歌来。在她们制作陶器时,我亲自观察到这现象。卡尔维克(Culwick)夫人被一个贝纳(Bena)女人特意告知,这些模型有助于她们记住相关的歌。

在本巴村落生活期间,我也逐渐开始清晰地认识到,这些陶器人物不仅是为了那些歌的记忆,而且也是为了以特定的形式再现道德观和责任。我也听到过一个女孩的母亲向一个懒散的新娘大声喊出一句歌词作为对她的训斥。有一次,一个新婚不久的女人被拉着去喝啤酒,想把孩子独自留在家里,这时一个年长女人突然向她大声喊出与房子圣物有关的歌词(见附录乙,第51首歌)。这首歌提醒人们有关做母亲的道德故事:一个母亲把孩子独自留在房里,结果房子着火烧毁了。被喊的女孩看起来有些恼火,不耐烦,耸耸肩,但还是放弃了她的想法,回到房里。在这种情况下,祈颂姑歌使

---

① 参见:H. Cory, "Figurines used in the initiation ceremonies of the Nguu of Tanganyika", *Africa*, vol. XIV, 1943—4。在贝纳人中也使用这些人物。见:A. T. and G. C. Culwick, *Ubena of the Rivers*, 1944。

得本巴人能够对公共道德给出正式的表达。换句话说，那些似乎没意义的老调子变成了武器。本巴女人可以分辨出这一点，正如她们对着鳄鱼模型所议论的："女孩会记得这个，'那就是她们利用鳄鱼要教我的'。"

164　　这种象征机制的另外一个特别意义是，它提供了一种固化的形式，如在祈颂姑中，因为一个模型和一首歌可能有多重意义。无论是在梦、言语或是行动中，成为一系列联想的中心正是象征的本质所在。作为一种社会机制，仪式的灵验性正是要依靠这些中心意义和边缘意义，以及经典权威和感召力。这使得各种阐释会因年龄的变化、知识的不同，甚至个体的性格差异而不同。这些圣物的核心事实是，它们所代表的不是要去准确表达该实物自身的意思，而是实物的本质自身——"传承下来的东西"。所以，它们以符号的方式发挥作用：所有的事都会像它们所经历的那样继续下去，曾经给予人类的力量还会再被给予。它们被用来作为维系合约礼仪（rites of charter）的基础。①

　　我曾指出，我所观察的祈颂姑的突出特点之一，是对模型样式和图案的准确性的坚持，尽管这工作冗长费力。在祈颂姑房里的地上做陶泥蛇模型和其他象征物时，情况也是这样，而且所做的一切都在当天晚上毁掉了。这样坚持准确性的态度，在往象征物上放置豆子和南瓜籽时，也有类似的明确表示，同时还对所用的象征物有一系列解释。附录所给出的歌词阐释表明，每个象征物在每种情况下都至少有一组对应的意义。锄把代表女人种地的义务，也代表使妻子生孩子的丈夫。缠绕着雌性的姆素库树枝的模仿舞是为了"向姆素库表敬意"，而且女人们说，如果没有这样做，她们就不能成为母亲。但是，也有将打柴禾视为女人义务的说法，因为她已经结婚了。另外一套说法是围绕对女孩的圣物的祝福；这些圣物都是女人用嘴触碰过后系在树上的。"我们用唾沫为这些圣物祝福"。这里，存在一系列有松散关系的意义：这种树结果很多，所以象征生育力；这种树提供烧火的柴禾，以唾沫

165　向树表敬意转达了祖先的祝福。另外一个例子是乌龟：它打破常规，不但爬树，而且倒着爬，就像要求女孩爬的那样。这里的模仿代表了不寻常的事：

---

① 我这里使用马林诺夫斯基所使用的"合约"的意思。

如果男人不在家,女人要准备好做男人的事,或是完成其他艰难或几乎不可能的任务。她也要向乌龟那样,将头放在身下,这样,她就不应该谈论和丈夫之间的事。但是,她也被教导,她不该像乌龟那样,在别人家时将头伸出去找食物,而在自己家时应该将头低下,不要告诉客人家里有食物。(见附录乙,第50首)。这样的阐释表明,同样的象征如何同时既要求必须做什么,又要求必须不做什么。

如同在梦中,祈颂姑象征引发出一系列相关的言语和行为联想。例如,盐、柴禾,或令人好奇的陶塑人物,都代表着整个群体共享的某些感情联想,但它们也可能因特定仪式场合,甚或个人经历,而获得特殊意义。如我们所见,圣物的"秘密"意义是那些聪明的女人通过一系列反复的提问与回答和猜测而逐渐学到的。但是,对于一个再现性礼仪的较为明确的阐释也会因时间而变化。例如,将新郎模仿成头上戴角的老人,被年长的女人描述为巫医的再现,拥有控制女人生育的咒语;但一个年轻的女孩以务实的口气解释说,"现在与年龄大的男人结婚是实用的,因为他不会去到矿区打工,留下你一个人熬日子。"

所有的象征物都可能将多重意义与固定的形式结合起来;有些是标准的,有些是极具个性的。像祈颂姑这类又长又复杂的仪式代表了一系列的观点看法;有些被理解了,有些被半理解了,有些只是被感觉到了。通过模仿行为、图案或陶塑人物,它们构成了转达相关观点和道德理念的机制,的确令人羡慕。

婚姻的法律合约非常准确地界定了对丈夫和妻子的行为的期盼,但是,一个结婚仪式也唤起对于理想举止模式的关注,激发出对于那些无法描述的、熟悉的和认可的态度的渴望。这些感情态度对于维系婚姻机制可能具有与法律合约同样的重要性。这些能否以象征以外的方式被同样有效地表达或转达给另外一种文化气质或环境中的人,这是很令人怀疑的。例如,作为一种社会机制,我们可以比较一下我们的社会中婚约与婚礼的有效性。前者必须十分明确才能有效,必须运用准确,且对要结婚的一对人有一定的针对性。婚约必须以文字写定,不能引起误解。准确性极其重要,以至于那些婚姻法和法律术语的专家为写出婚约合同而得到报酬支付。另一方面,仪式之美德存在于这样一个事实：它传达着核心的和共同的态度，并允许个人的阐释和情感出现部分的延伸。而这些阐释和情感可能会很坚固地附着于对应的象征物。某一特定模仿动作或象征物有多少种和多少层意思都没什么特别关系，关键是有必要将某些共同的态度传达给这对新人和她们的亲戚，将这些意思与象征物容易地联系起来。祈颂姑的图案或歌可能每年有所变化，但重要的是表演者应该相信，她们所跳的舞，所唱的歌和所用的图案与过去的一直是同样的。

至此，我强调了祈颂姑对于本巴个体的实用效果。祈颂姑对部落机制和结构也有许多效果。其中的一些已经在前面有所表述。作为一种仪式手段，成熟期仪式可以被视为是一种群体崇拜类型的机制。在没有文字的社会，复杂的象征体系是不能延续下来的，除非是有某个体或某群体来负责不断使用和传承这个体系。这样的个体需要获得权威，能够在与礼仪有联系的范围监督实行这些规则。① 本巴村的祈颂姑将权力放在司仪纳齐布萨手中。她是女孩家以外的权威，尽管有时她是女孩的姑姑。她不是新娘自己世系的成员。一个母亲不能为自己的女儿"跳"，哪怕她是有名的纳齐布萨，因为这是强化婚姻和母系规则的成人仪式。

祈颂姑中所运用的仪式机制，可以通过对这一系列礼仪的循环与以前提到的由酋长主持的仪式进行进一步的比较而得到澄清。两者的差异极其明显：祖先仪式包含祈祷；祈颂姑包括细致入微的巫术礼仪和模仿。而且，两种仪式的相关人物的选择也完全不同。与祖先沟通的人——酋长、神父和头人——通过世系选定，仪式也是通过世袭的头人传承下去。头人只用简单的祈祷词与祖先沟通。如果是以大酋长为中心的繁复的仪式，则需要特别的司仪主持，也是基于世系（bakabilo）来选择。因此，为大酋长所举行的漫长的葬礼、他的继承者继位、建立新的村落，都是由王族的世袭的送葬者和国王神龛的守护者来完成，或是由在王宫里具有特别仪式功能的宗族权威来控制。祈颂姑主要是由那些与酋长和他的王宫没有关系的普通人来

---

① 马林诺夫斯基常用的分析礼仪的方法是将材料如此分类：仪式行为，信条，道德规范，合约（他错误地假设一般都是神话），以及人事安排。

执行,尽管举行这样的仪式需要向统治者报告,如同这地区发生任何重要事件时那样。纳齐布萨们是通过个人努力,而不是世袭得到自己的地位的。适婚礼仪中的司仪是基于年龄、个性,有时还要根据地点而选定,但不是因族系或王族的后裔而定的。

在礼仪的表演方式上也有明显的不同。头人会在黎明或黄昏向祖先祈福,同时村人保持安静,没有人来回走动。当场是否有其他崇拜者并不重要。大酋长的礼仪是秘密的,没有经过许可的人不能参加,其方式是大酋长齐狄姆库鲁向他传承下的神龛祈福。在过去,死亡是对那些没有得到许可就进入神龛的人的惩罚。普通人希望和相信,她们的礼仪已经得到许可;她们认为自己不是崇拜者的一部分。在适婚礼仪中有秘密成分,但这些是阐释的神秘和语言的运用,而不是关起门的仪式本身。另一方面,祈颂姑的主要特色是它召来的人群和拥挤的跳舞人。而敬祖仪式是以肃静庄重的方式举行的。祈颂姑喧闹的歌舞所产生的精神气氛、夸张的滑稽表演和拥挤场面是任何其他仪式无法相比的。祈颂姑是在做出公开宣布,是在教导女孩,也需要足够大的公共空间来达到这些效果:祈颂姑重复、巩固,并以象征物和模仿动作达到传承的目的。敬祖祈祷是向那些可能给予和收回福分的精灵发出祈求。接近他们是不容易的,也必须由那些经过净化的有权威的男人来完成。如果说本巴人相信酋长,那是说她们相信酋长就是作为她们的媒介而进行崇拜的角色;这是她们对王位概念的理解。她们不需要亲自看祈求礼仪本身。

至此,我一直在试图为一套详尽的礼仪做出各种解释。表演这些礼仪的人所处的文化与我的不同,其语言我也没有彻底掌握到能够对言语象征做出妥当研究的程度。这个任务是任何人类学家都渴望但又难能彻底完成的。但是,我藉此扩充了我对本巴机制和价值观的了解,也为我自己,也希望包括别人,确立了比较研究其他母系部落的问题目标,并使我自己对人类通过仪式行为寻求所要达到的目的的多样性有了全面认识。

我从诸多观点阐释了祈颂姑仪式的功能,依靠的是这样一个前提条件:在人类社会中,与成长相关的一些感情是普遍的,尽管是通过诸多不同仪式形式来表达的。我也说明了祈颂姑为本巴社会中的不同群体发挥着特有的功能作用，如对母系传承和大家庭，以及仪式上的个体表演者、那些被裹在毯子里并到处被指手画脚的女孩、焦虑地等待她们跳过柴禾的母亲，以及礼仪的发号施令的组织者。我的解释有些是基于社会学假设，有些是基于心理学的。但在这两者之间我还没能划出清晰的界限。

　　个体的感情和知性需要受到所处社会的成长条件的制约。在我看来，这似乎是社会人类学家正当的研究课题，应该等同于分析机制化的角色，社会关系或社会群体。对于后者，近年来已经有了极大的重视。但是，只对这方面研究，而不对其他方面研究，是不可行的。如果在本节的"实用效果"这一题目下所论述的观点对于读者来说还能意味些什么，那就是，这些观点指出了可以通过象征行为表达的感情态度的多种多样性，以及这类礼仪的多重的，且常常变化的功能。对于仪式行为的单一解释，无论它在观察者看来是多么地合理满意，但在我看来，却似乎是在根本上否认了象征的本质，及其在人类社会中的运用：象征的运用是在表达那些被隐藏的和被否定的态度，同时，也有那些被接受的和被认可的态度，还表达社会规则和偶尔对这些规则的反抗，整个共同体的普遍利益，以及其中不同局部的利益冲突。仪式中的象征运用保证了不同感情的和解，从而满足了一个社会中的多数个体，并支撑着该社会的主要机制体系。

附 录 甲
中非地区祈颂姑仪式的分布情况[①]

要彻底弄清楚女孩成人礼在中非地区的分布是不可能的,因为我们对相当多的地区还丝毫不了解。但是,这些礼仪看起来流传很广。在北罗得西亚(现赞比亚)、尼亚萨兰(现马拉维)、刚果以及安哥拉的许多部落,都为女孩举行成熟期礼仪,并且都用本巴语来命名这个礼仪——祈颂姑(*chisungu*)。其他部落似乎也举行很相近的礼仪,但他们是以家庭为基础的个体礼仪,与婚姻机制有关,其礼仪包括将受礼人分隔开来、模仿、歌舞等部分,但没有身体切割行为,如在班图东部和南部一些地区那样实行去阴核手术。这些仪式有着许多不同的名称。还有第三种文化群,主要是在马拉维和坦噶尼喀(现坦桑尼亚一部分)地区,则是组织女孩成人礼学校,或是替代针对个人的仪式,或是两者同时存在。在有些部落,这类学校与男孩的割礼学校相邻。在亚奥部落,仪式的最后部分是男孩和女孩合在一起举行的。

举行祈颂姑的部落很多,可以这样划分:

赞比亚的

(a)在赞比亚东北,相邻的比萨-拉拉-兰巴(Bisa-Lala-Lamba)部落,他们在文化和语言上与本巴同源[64][②];赞比亚西北的卡昂多人(Kaonde)和卡曾贝(Kazembe)的隆达人(Lunda)也与本巴有紧密关系[42;53;88];还有生活在比利时属刚果的本巴人[14;59]。

(b)卢安卡河(Luanga)左岸的恩桑卡人(Nsenga),原来是拉拉人的支系。德罗瑞卡(Drourega)在1927年的一部著作中提到过一个类似的礼仪

[①] 玛丽·道格拉斯(Mary Douglas)、怀特利(W. H. Whitely)和维奥兰·朱诺(Violaine Junod)为本附录做了材料搜集工作,我在此表示感谢。

[②] 本文中中括号内的数字指的是后文"以地区分类的参考书目"中的序号,冒号后的数字指的是相应书的页码。——译者

[19]；在相邻的佩塔乌凯（Petauke）地区的安博人（Ambo）也有这种礼仪[64:63]。

（c）源于坦噶尼喀的阿隆古（Alungu）部落，生活在本巴村北边，也举行祈颂姑。[8:39]

（d）生活在赞比亚西北的喀辅埃河（Kafue）边的伊拉人（Ila）有一种女孩成人礼叫祈颂姑，但事实上与本巴的不太一样；史密斯和戴尔在1920年曾描述过。[54]

刚果的

在比利时属刚果，德弗斯（Devers）提到，在加丹加（Katanga）地区南部的隆达部落中的祈颂姑[16]，兰博（Lambo）描述过在拉拉地区的刚果人群体有此类的仪式[37]。马奇尔（Marchal）谈论过卢阿普拉（Luapula）西岸的希拉人（Shila）中有类似的礼仪，叫"集颂姑"（*kisungu*）[39]。

葡萄牙属安哥拉的

来自安哥拉的证据有些不清晰。米海伊洛斯（Miheiros）记述过卡侬安达（Kaianda）地区的隆达和鲁安纳（Luena）部落，其使用的女孩成熟期礼仪的名称是恩坎卡（Nkanga）[43]，而怀特（White）用这个词记录的是赞比亚与安哥拉边界的鲁查滋人（Luchazi），以及乔克维人（Chokwe）中的类似礼仪。可是，范布根霍（Van Buggenhout）用祈颂姑指整个地区的情况，即安哥拉的隆达、乔克维和鲁安纳部落[4]。

所有这些部落都起源于刚果，主要是隆达人。本巴人说自己是卢巴（Luba）的支系。考克斯海德（Coxhead）相信，比萨、本巴和卡曾贝的隆达祖先是在18世纪中期迁徙到赞比亚东北的。维胡尔番（Verhulpen）和其他人认为，所有这些部落都是从隆达王国分出来的。隆达王国是在17世纪扩展时建立在布希玛依埃（Bushmaie）和鲁比力希（Lubilishi）两河之间的地区。这似乎是最可能的解释①卡昂多人也宣称源于卢巴。隆达人与刚果的加丹加西南的部族，都被描述为北隆达人在17世纪成为卢巴人之前就已外迁的

---

① 有关此问题的讨论见 M. McCulloch[40:9—13]，及 A. I. Richards[48:Chap. I]。

在这些部落中,对兰巴人的仪式有比其他部族更为完整的描述。其仪式中突出的特点是将女孩带到乌姆维杰(umwegje)树下,之后是较长一段时间的隔离,期间女孩必须用毯子裹住,在她以任何原因出现在仪式房时,也必须被罩住。[18:Chap. IX]

在坦噶尼喀湖和姆韦鲁湖之间的刚果地区的本巴人所举行的成人仪式,似乎在大轮廓上与赞比亚的本巴人一致。维伯克(Verbeke)谈论到订婚礼(kukobeka)之后的祈颂姑,或叫"施颂姑"(shisungu)。在此礼上,代表两性的玩具和各种罐子被展示给新婚夫妻,并在最后有一个由新郎完成的投箭的磨难考验[59:57—59]。德莱海兹(Delhaize)描述了一个多少有些类似的仪式,其中一个礼仪叫"集颂姑"(kulasila kisungu)。他将此翻译为"追处女膜":新郎假装用弓箭射新娘。随后的婚礼叫做"布依纳"(buina)。这是一个男人有两个妻子的婚礼。其中有父亲给予新娘箭的礼节。这在那个地区是普遍的象征行为。[14:173—227]

174 在东部,卢安卡河东岸,拉拉人的支系恩桑卡人,以前为每个女孩举行祈颂姑;是在她第一次月经以后、被隔离三四个月之后举行。整个仪式包括三部分:"女巫医"跳的舞;受礼人在地上画好的图案上跳的舞;受礼人在鳄鱼图案上跳的舞。女孩随后得到礼物。最后是整个晚上的跳舞;男女都裸体跳舞,被叫做祈颂姑。[19]这个仪式的一部分,特别是所提到的在地上的图案和鳄鱼象征,似乎与本巴的祈颂姑很相似,但是,相关的材料不完整,无法做进一步的比较。斯特凡尼赞(Stefaniszyn)所描述的安博的祈颂姑,特别提到此时"火与盐"的禁忌的重要性。[64:52]

本巴北部的隆古(Lungu)人也属于母系社会。她们从坦噶尼喀来到现在的地方。但也可能起源于刚果。她们明显实行从妻居婚姻。她们的祈颂姑与本巴的很相似。新郎必须将一支矛穿透新娘母亲的房顶。然后,他的同伴带着弓箭面对房子,同时,女孩的父母和亲戚站在门口外。她们接过箭。箭被解释为是为了杀死通奸者。结束的礼仪是对新郎生育力的考验:如果婚礼圆满,他就大喊,"我吃了我的新娘的祈颂姑"。[8:39—41]

刚果南部的隆达和恩丹布人依母系确认亲属,其婚姻初期是从妻居的。同样,这里的女婿只有象征性支付,而以劳务支付来获得新娘。[16,17]安移民的后代,而那些在赞比亚的,如今被称为罗瓦勒(Lovale)的人们,则是由15世纪定居于此的隆达和鲁安纳人,还有50年前从安哥拉迁徙出来的乔克维、鲁查滋和姆班德人(Mbunde)组成。① 根据麦卡伦(McCullon)的归纳,隆达的支系在16世纪末和17世纪初也进入安哥拉北部和比利时属刚果的西部,并在那里以征服者的身份在当地的班图部落中定居下来,成为现在的鲁安纳、鲁查滋和乔克维人的祖先。[40:57]

很可能,祈颂姑仪式在安哥拉的隆达或与隆达相关的部落,以及刚果和赞比亚都有流传,比我们目前所了解的更为广泛。

所有这些部落都是基于农业,而不是牧业的生活方式,也都遵循母系传承。有些实行暂时的,有些是永久的从妻居婚姻。还有一些从夫居或混合型婚姻。婚姻支付都比较低,类似本巴模式:通过丈夫为其岳父的劳务来支付。在婚姻支付有所提高的地区,如在安哥拉,出现从夫居的倾向。② 在这些群体中,祖先崇拜都很突出,并与酋长制有关,尽管类似本巴模式的,无论"神谕"国王的王国和中央政府制都不普及。但这些信息没有告诉我们其血-性-火的禁忌是否很强烈。

在与本巴有很大血缘关系的比萨、兰巴、拉拉和卡昂多人当中,通过劳务和象征性支付而建立的婚姻在初期是从妻居的。酋长制与祖先崇拜连在一起。比萨人有若干酋长,拉拉人也如此。兰巴人对大酋长的认可,似乎是一种受到欧洲影响的现象。姆维尼伦加(Mwinilunga)地区的隆达在卡曾贝有一个对应的有公认权威的大酋长,可是,卡昂多部落则分隔为若干小的自治酋长领地。[64;56,62,68]

除了兰巴以外,这些部落的祈颂姑与婚姻的关系,似乎没有本巴部落里的那么密切。在刚果的拉拉人中,几乎没有坚持必须在结婚前举行祈颂姑的,而有时是在婚后两三年才举行。[37:255]卡昂多人在成熟期前的两三年举行此礼。梅兰德(Melland)认为,祈颂姑是成熟期礼仪,在女孩第一次月经前举行,因为害怕她会在她的祈颂姑被跳之前就已怀孕。[42:76—80]没有特别提到在仪式上使用陶器人物,也没有男性生育力的考验。

---

① 见[40:49]对安哥拉地区的证据的分析。
② 见[51]中理查滋有关母系与父系社会中明显的婚姻变化的讨论。

哥拉的隆达后裔也是母系的,但是有彩礼,其婚姻已成为从夫居。在刚果和安哥拉都实行祖先崇拜。虽然有酋长存在,但是都被分隔为小的酋长领地和王子领地。还没有听到有关类似本巴和卡曾贝的隆达那样较大的王国制。也没有有关血、火和性的信仰的记述。

在德弗斯有关雅多维尔(Jadotvill)的铁路西边的姆特沙托哈(Mutshatoha)地区之祈颂姑的描述中,女孩被要求躺在姆布蒂(*mbudi*)树下,随后在丛林里被隔离开。她回来时,身上被抹上红赭石粉和油,站在村子中心,大家则围绕着她,在当天和第二天晚上跳舞。[16,17]这个仪式与范布根霍和温斯(Wens)所描述的安哥拉的隆达人的仪式非常相近,被认为有相当广泛的传播。在此祈颂姑仪式中,核心部分仍是将可结婚的女孩带到姆布蒂树下。她的母亲让她裸体躺在两个毯子中间,面向朝树,然后招呼来村里的男男女女,有时还有邻村的人。大家跳舞一直到天黑,然后男人都离开。女孩被带到特别的隔离房,住两三个月。每天晚上,女人们围着房子跳舞,一直到最后的宴请和跳舞。这些南部隆达人的仪式与其婚姻机制的关系还不清楚,但是,这些祈颂姑都明显是适婚性礼仪,因为女孩或是还没有订婚,或是在仪式之后马上要被选定丈夫。对此,都没有提到陶器人物或对男性生育力的考验。

从这些表述性材料看来,在本巴、比萨、拉拉、兰巴、卡昂多、阿隆古、恩桑卡、安博和南部隆达人之间,共同的特征是成熟期礼仪的个体性、女孩的隔离、模仿和跳舞。在本巴、比萨、兰巴、拉拉、卡昂多和阿隆古人中有不少共同的象征意义。刚果的在姆布蒂树下的仪式,安哥拉的祈颂姑,兰巴的乌姆维杰树,以及恩桑卡在地上画的图案和鳄鱼,这些都似乎表现出共同性。除非我们假设所得到的信息的确很不恰当,否则可以说,各地的祈颂姑仪式都没有本巴的复杂。

上面提到,伊拉人也实行祈颂姑,但她们属于另外一个民族。她们的起源不很清楚。她们常常受到隆达、卢巴、洛兹(Lozi)和卡昂多等部落的侵袭,而且也有内部分化的战事。她们的传承体系很有意思。尽管继位是依父系的,但是,一个男人属于他母亲的族系。婚姻的支付是很多的牲畜彩礼。居住制属于从夫居。祖先崇拜很发达。有许多酋长,但从来没能有一个统一的中央政府。

在纳恩泽拉(Nanzela)地区,有专门的男孩割礼学校和类似的女孩的学校。祈颂姑礼包括,在女孩第一次月经后,将她在一个特殊的房子里隔离两三个月,女人们每晚围着房子跳舞。整个仪式被叫作卡扎卢卡(*kuzaluka*),而祈颂姑一词只被用来指最后的宴请和跳舞礼仪,同时在家人和亲戚之间分配牲畜。如果女孩在祈颂姑前没有订婚,仪式就要被用来为她选定一个丈夫。[54:28—34]

居住在高原的汤卡人,与伊拉人相邻,她们的恩高玛(*Ngoma*)仪式与上面提到那些部落的非常相似,尽管所用的名称不同。汤卡是母系的,但没有严格的婚姻居住制度,尽管科尔森(Colson)博士的数据表明从夫居的比从妻居的稍微多一点。[7:49]祖先崇拜存在,但没有酋长制。

这两个部落的成熟期仪式在细节上很相似,尽管其社会组织有明显差异。在这两个地区,隔离开的女孩都被要求坐在周围没人的地方,不许用乐器。她的身上涂满泥土。在离开房子的时候要用毯子裹住身体。在汤卡人中,这个隔离期间被叫作库万迪克(*kuvundike*);这个词的意思是指用叶子盖住烟草以便发酵。之后是出房子仪式,给女孩的沐浴礼,以及吃鸡、羊、牛肉的宴席。女人们模仿这个女孩的出生,跳一个再现为此杀牛的舞。① 相邻的萨拉人也有类似的礼仪。[3]

在那些为女孩举行单独的成熟期礼仪,但又不一定使用祈颂姑这个名称的部落中,最重要的是在马拉维和相邻的坦噶尼喀和赞比亚地区的母系部落。马拉维的部落混杂现象很复杂,主要是因为不断有人迁徙到这里居住。主要有两次大迁徙。一次是1835年从南边越过赞比西河(Zembesi)过来的祖鲁人支系,向北迁徙成为征服者"恩高尼人",定居在尼亚萨湖的西边和东边的许多开的地区。另一次是来自莫桑比克地区的迁徙,包括亚奥人、马库阿人(Makua)、隆韦人(Lomwe)和马孔代人(Makonde)。亚奥人在1850年代进入马萨西(Masasi)和相邻的坦噶尼喀地区,之后又向北迁到马拉维,建立了现在的四个定居区,也包括坦噶尼喀湖东边。马库阿-隆韦和马孔代人现在居住在尼亚萨湖的南部地区。

---

① 参见科尔森(E. Colson)未发表的手稿。

附录甲　中非地区祈颂姑仪式的分布情况　　*163*

孩子很小的时候就和母亲一起下地干活(参见边码第 125 页)。

孩子很小就学习磨米和做饭（参见边码第 126 页）。

除了这些主要的迁徙之外，多年来在马拉维地区各地不断出现的抢劫奴隶行为，使得那些不好战的部落到处避难流落，同时也给这个国家带来阿拉伯文化的影响。有些亚奥人自己变成奴隶抢劫者，接受了伊斯兰文化。切瓦的有些人也如此。

从这个角度看，我们要触及的是有关不同起源背景的母系民族：刚果的和葡萄牙属东非海岸的民族群。他们中的有些成为穆斯林，有些没有变。[58][1]以征服者身份出现的恩高尼人是父系社会，他们的到来，改变了一些地区对母系的强调。最初定居的母系社会是切瓦人、尼亚加人和恩桑卡人，她们在文化上与本巴－比萨－拉拉－兰巴群体相近，但是，她们有着更早的从卢巴兰(Lubaland)迁徙过来的历史传统。图(M. Tew)将她们描述成马拉维(Maravi)民族。她们现在居住在湖的西南地区，扩延到赞比亚的卢宛格省(Luwanga)。

第二个母系民族群，由居住在尼亚萨湖东北地区的坦姆布卡－卡曼加(Tumbuka-Kamanga)部落构成，还有温南宛卡人(Winamwanga)和维佤人(Wiwa)。我们对这些部落的复杂情况所知甚少。图做出结论说，她们的"民族支系构成是那些与马拉维相邻的南部的人"。[58:ix]

第三个母系民族群由上文提到的莫桑比克的不同部落组成，即亚奥人、马库阿－隆韦人以及马孔代人。

所有这些母系部落都以农业为生，尽管亚奥的一部分仍保留牲畜。她们的传承依据母系，一般是从妻居。婚姻支付多少不同，但在大多数地区，一直保留像本巴那样有象征性的支付。政治单元是小规模的酋长制。亚奥和马拉维酋长具有仪式权力，有权接近祖灵，但没有本巴或姆维尼伦加地区的隆达那样的王国型的中央政府。有人提到，在亚奥人中有火禁忌，在马拉维有关于吃盐的特别禁忌。

区别于本巴的女孩成人仪式的特色，是连续的两三个礼仪，极度强调成熟期礼仪和怀孕礼。亚奥人、马库阿和马孔代人都举行男孩的成人礼，并很详细。男孩的割礼在成人学校里举行。据利文斯敦(Livingstone)说，这种

---

① 见"前言"中我对尼亚萨湖地区人群的分类。

做法是被阿拉伯人介绍给亚奥人的[58:19,M. Tew 的引言]。举行仪式的权力受到这个部落的极大尊重,通常是酋长的特权。在马拉维人中,有一种面具舞(vinyau),在男孩和女孩的成人仪式中占有重要地位。

在马拉维,切瓦的女孩成人礼与本巴的有些相似。女孩很年轻就结婚,通常在到达成熟期之前。赫金森(Hodgson)在1933年对马拉维的多瓦地区(Dowa)的切瓦人仪式的记述可能是最完整的。[29:131—136]他提到一个简单的成熟期礼仪,是在女孩第一次月经来临,随后有完整的仪式,但要推迟到第二个月以后,总是与收割后的休闲季节重合。那个女孩,或是几个女孩,被女司仪从仪式房拉出来,伴随着一种乐器,模仿狐狼(fisi)的叫声。整个仪式中,舞者(vinyau)通过各种面具再现不同动物,如野兔、大象、羚羊或秃鹰,身穿树枝和草编的服饰,在每顿饭后表演,有时还逗或打女孩。第一天,她被带进丛林,教给秘密的歌,爬树,脱光衣服,然后头上撒上面粉,被一个年长的女人背回村里。第二天,她身上被撒上面粉,在丛林里被追赶,提醒她过去的罪恶。第三天主要是戴动物面具的舞蹈;女孩被穿上衣服,带到她的亲戚面前,四个男人装扮成女人,用香蕉当乳房跳舞。第五天,女孩得到一个新名字,新夫妻一起被当众羞辱,展示给整个群体。

切瓦女孩必须在第一次月经后,由一个不是丈夫的男人破贞。这个男人被叫作狐狼。如果女孩到了她的齐纳姆瓦力(cinamwali)时还没有结婚,那么就必须选第二个狐狼经过礼仪之后,与她睡觉,而他不一定是她以后的丈夫。杨(C. Young)提出,在齐纳姆瓦力的最后一次舞之前,有一个对她的童贞的检验[11],尽管这在这些母系族群中是不常有的情况。第三个仪式是怀孕礼,显然是在女孩怀孕三四个月后举行。

温特博特姆(Winterbottom)记述了赞比亚的詹姆斯堡西南地区的切瓦女孩的成熟期礼仪,提到整个齐纳姆瓦力的开始是在成熟期的"小成人礼",然后是在女孩怀孕时的"大成人礼",但它们被视为是一个仪式。在成熟期的第一个仪式时开始启动盐和火的禁忌,这在切瓦人的信仰中很重要。主要的仪式,也就是一个适婚礼,主体部分是跳舞,在一圈画有不同图案的泥地上跳舞。这些图案中最重要的是鳄鱼和蛇。这些显然与本巴人在地上做的陶泥图案很接近。这里也有一个很重要的考验男性生育力的礼仪。如果男孩没能用引火棍在树洞处一次就磨出火,那么,他就被视为没有生育力。女孩在婚礼的第二天早上被质问他是否证明了他的性能力。如果他没能证明,那就会受到村民们的嘲笑。另外一个男人就会被招来"吃齐纳姆瓦力"。她们的怀孕礼与前面提到的各个切瓦部落一样。[63]

马威克在1947年描述过一个形式较为简略的齐纳姆瓦力,其时间只限于女孩的第一次月经期。有些地区禁止跳面具舞(*vinyau*)。①

母系传承的尼亚加人似乎也有一系列为女孩举行的礼仪,与切瓦人的相似,其仪式的结束是庆祝第一个,有时是第二个孩子的出生。仪式的主要礼仪是适婚礼:在地上画图像,用木灰或面粉放在小泥坑里,女人在上面跳舞。沃纳(Werner)描述到,在这些礼仪上,男人戴着古怪的木制或布制面具跳舞,他们的舞者(*zinyau*)可能就是切瓦人的舞者(*vinyau*)。她提到在尼亚加湖边地区有一种女人举行的绕村子的游行,举着"某种神秘物"。这些细节使人想到本巴的祈颂姑仪式,那些神秘物很可能是陶器人物。[61:127—128]。

坦姆布卡-卡曼加族群也包括亨加人(Henga)和湖边的汤卡人。她们都是母系传承,以劳务代替彩礼,实行从妻居。新郎必须有特别多的支付,才能得到特权将新娘带回到他自己的村落。[58:58]在那些受到恩高尼人影响而变成父系传承的地区,这种情况在变化。这里也同样没有酋长和集中统一的政府。小酋长负责祖先崇拜事务。

在坦姆布卡人中,男孩的成熟期礼仪很简单,是为个体单独举行的;他们得到一些药和"某种男人的考验"。[58:63]女孩通常在成熟期之前就订婚,在举行成人礼时,她被隔离在房子里一个星期到三个月。之后的礼仪包括,跳舞、因她过去的过失而戏弄和惩罚女孩、检验童贞,最后是洗浴礼。在某些地区,用木灰或面粉涂满全身来表明她已经变得洁净了。[11,20:151]在相关的其他部落,女孩在最后的跳舞(*usamba*)之前怀孕是很危险的。维佤和温南宛卡的礼仪有些相似。[5:38]

对于源于莫桑比克的不同亚奥族群,我们有着最完整的材料。她们是

---

① 与马威克(M. C. Marwick)的私人通信,1947。

母系族群,有很强的舅权制。居住制主要是从妻居。"理想的"家族群体是由一个男人和他的已婚的姐妹以及她们的丈夫和孩子构成。以前实行祖先崇拜,但现在很多亚奥人成了穆斯林。其政治单元是小酋长制,统治者至少有些仪式功能。

这里有专门的男孩和女孩的成人学校,并且很周密。赫克尔(Heckel)将林迪狄斯(Lindidisi)的亚奥人中的"年度成人仪式"(unyago)描述为"亚奥人的文化中最重要的部分"。[28:19]

根据斯坦纳斯(Stannus)的观点,除了"年度成人仪式"一词之外,"男孩专用房"(lupanda)用于为男孩举行的仪式,"女孩专用房"(ciputu)也用于为女孩举行的成人礼。女孩第一次怀孕时举行怀孕礼(litiwo)。孩子出生后有命名礼。这样形成了这个族群特有的系列仪式模式。然而,男性礼仪和女性礼仪的联系似乎异常紧密,两者的最后礼仪在男孩的专用房联合进行。[55:296]

男孩的成人学校只能在酋长或重要头人的许可下成立。举行这类仪式的权力因嫉妒而出现争议。女孩的学校可以由村子的头人组织。[58:19]①

"男孩专用房"也指一种割礼,大约在七八岁时举行。其象征意义与本巴的祈颂姑相似:本巴人用陶器再现动物;这里是在地上画图案,然后模仿农事活动,当然也有狩猎、手工和其他活动。他们也模仿斑马、鬣狗、黑貂、大象和其他动物。[47]在记述马钦加(Machinga)地区的亚奥人时,斯坦纳斯提到17种动物形象,还有一个醉了的女人和一个分娩死亡的女人的形象。这些模型听起来很像本巴所使用的。[56]

女孩的成人礼在成熟期前举行,与男孩的非常对应。以前在穆斯林中进行的是阴核割礼,但在1903年被废止了。[55:296]女孩的成人礼由女孩在房里被隔离一个月期间的歌舞组成。一个有意思的部分是女人装扮成男人袭击村落,随后是模拟审判和释放囚犯。男人用树枝编成的动物吓唬女

---

① 梅尔(Mair)她在此引用了达夫(H. L. Duff)的著作(*Nyasaland under the Foreign Office*, 1903, p. 312),并说,给女孩举行仪式的权力,在德迪兹(Dedze)的亚奥人中是世袭传承的,最早的组织者从酋长那里得到权力。[38]

孩。不断重复模仿女孩做农事,做饭和家务。仪式结束时,一群女孩举着房顶,象征她们作为房子支柱的地位(参见(边码)第 199 页的本巴人的歌)。[61:126]过去还有仪式性的破贞行为。女孩仪式的最后阶段与男孩的同时在男孩专用房联合举行。[56:234;38]

怀孕礼在新娘第一次感到胎动时举行。通过唱歌、跳舞和宴请,男人的生育力得到敬重。赫克尔在记述林迪狄斯地区的亚奥人时提到,她们在"接纳第一个孩子"时,用唱歌来高度赞扬丈夫。在这个地区,当孩子六个月大时,要举行命名仪式。[23:24—26]

斯坦纳斯提到过现在已经消失的一些仪式,叫"库鲁克维"(kulukwi),是在妻子自成人礼后一直没有怀孕的情况下举行的。[56]她们的丈夫要经过一系列对他的男人身份的检验,包括用斧头劈柴。米切尔在 1949 年与亚奥人接触时没有见过这个礼仪。

韦乌尔(Weule)在 1909 年提到,马库阿的成人仪式比亚奥的更为繁复。[58:26]有关她们相邻的卡昂多人的情况,哈里斯(L. Harries)为我们提供了完整的描述。[27:24—26]她们的礼仪与本巴的有些是对应的。受礼的常常是 10 到 14 岁的女孩,她们在女孩成人礼房前坐成一排,拿着弓,据说代表阴道扩展的意思。她们还要拿着弓绕着村子跳舞。随后几天的游戏包括逗女孩和模仿男性活动。狩猎羚羊的意思是说男人在找对象;随后有个女人被套在狩猎网里。第二天晚上,举行阴道扩展的仪式。在这个地区的许多部落都有这样的礼仪,包括本巴。之后,女孩的母亲从女孩专用的成人礼火中点燃一枝新的树枝,然后绕村子一圈。然后是一个月的半隔离:这期间,歌中的秘密由女司仪在得到支付后,向女孩透露。当女孩从仪式房出来时,有更多的模仿动作,如一个男人用弓狩猎的场面。象征阴茎的一段树干被拿进房里。还有其他一些象征,还有如何关注这些东西的指示,如父亲的财产必须和母亲的有不同的关照方法。

进一步的研究可能会表明,类似祈颂姑的仪式在中非比这里所描述的要广泛得多。我感到,如果有更多的直接观察,我们会发现比这里所提到的更多的共同特征。以对本巴祈颂姑的记述为例,那些描述所听说的记录与我所亲自看到的就有极大的差异,而且,间接的记录只能对相当精彩的事件做出一两个局部的轮廓描述。

从此处所提供的材料中，我们只可能找出某些与祈颂姑或类似祈颂姑的仪式的共同点。首先，这些仪式都突出的一个重点，是与女孩第一次月经以及之后的第一次性交行为有关的巫术危险。仪式性破贞，或是在成熟期后与不是丈夫的男人的第一次性交，存在于切瓦部落，过去在亚奥部落也有，而在本巴，只限于酋长的妻子有这种情况。我们还没有足够的材料证明是否在别的部落也有与本巴同样突出的有关性、血和火的禁忌。里德（M. Reed）提供的有关切瓦的材料表明，也许如此，如对亚奥和其他莫桑比克部落有关月经和火禁忌的联系。这个禁忌在多克（Doke）有关兰巴部落的记述中特别提到过。

这种仪式在各地都被视为婚前准备；她们对没有经过祈颂姑的巫术保护就生第一个孩子普遍表现出恐惧。因此，有些部落将仪式越来越提前举行。在卡昂多、亚奥、切瓦和马孔代部落，在成熟期前好几年就举行。同理，对女孩也有普遍的双重保护礼仪：一个是为了保护她免受第一次月经的直接危险，另一个是为了有安全的婚姻。

对婚姻的生育力存在普遍的重视，这不仅表现在适婚礼仪上，而且也体现在各种怀孕礼仪上。切瓦的成熟期礼仪很简单，之后的一两个月是一个仪式，还有面具舞。这些都明显与生殖有关。尼亚加人在有了第一个或第二个孩子后再次举行这样的礼仪。亚奥人将通往婚姻的成熟期神圣化，并在第一个孩子出生后举行一个礼仪。本巴的"带着孩子"礼，可能也是此类的对生殖的庆祝。

男人的生育力或性能力也通过仪式得到考验和敬重。本巴的祈颂姑仪式即如此，但随后的婚礼是对男人的生育力的考验，而不是对女人的。亚奥人在女孩怀孕后庆祝男人的生育力也是一个例证。在詹姆斯堡（Fort Jameson）的切瓦人中，男人的生育力通过在丛林里点火得到考验。如果他能点着火，就被认可有生育力。阿隆古也有类似的礼仪。我在其他地方已经论述过我的观点：这种考验生育力的礼仪在母系社会比在父系社会更普遍。

这个仪式机制至少表明了从赞比亚到马拉维的各民族群体之间的一些共性。利用特别的成人仪式房进行歌舞活动是一个普遍现象，尽管没有记录表明她们是否也像本巴的祈颂姑那样在墙上画各种图案。普遍没有提到的是陶器象征物的展示，尽管有关于恩桑卡人的类似报告：那里的女人在鳄鱼的陶泥模型和地上的图案中跳舞。尼亚加人制作类似的模型。切瓦人通过面具舞再现各种动物。亚奥人的男孩和女孩的成人礼有农事模仿活动，185 且模仿是整个仪式的普遍行为。

从这些简单的描述记录中能够看到一个在礼仪形式上的共同点，亦即女孩被带到丛林里的一棵有名字的树下。这在本巴、兰巴、安哥拉的隆达和雅多维尔的各个部落都有。在马孔代部落，一根大树枝被拿到仪式房里；还有另一个有特色的找啤酒罐的礼仪，这在本巴和尼亚加部落也有。

在本巴的祈颂姑礼仪的最后一个晚上，有往墙上的标记射箭的礼仪，并在婚礼上有送给新郎箭的礼仪。存在这些对应的礼仪的是阿隆古部落，而在坦姆布卡-卡曼加地区，有往树上射箭的礼仪。马孔代人也将箭作为一个重要的仪式象征。在某些情况下，弓似乎代表了扩张阴道；弓和箭也被用来代表狩猎或找新娘；对箭的拥有似乎象征了丈夫对新娘的拥有。

因为所记录的部落大多有隆达的根源，所以，这些仪式象征有许多共同点也就不令人惊讶了。

对于我所提出的问题，还不可能做出答复，因为连检验这些假想的证据都还没有。比如，祈颂姑礼仪与母系结构、服役婚和从妻居之间有什么关系？本巴人所实行的祈颂姑，与只有经过婚内性交和净化后才可接近祖灵的仪式性酋长的存在之间有什么联系？

可以肯定的是，在针对女孩的个别的成熟期礼仪与中非普遍的母系组织之间；在对适婚女孩的颂扬与对来自另外部落给予她生育力的男人的赞美之间，都存在着与这个地区母系组织所依靠的信仰相和谐一致的关系。[①]在有莫桑比克渊源的各个部落中，男孩和女孩的仪式同时存在。来自海岸 186 地区的亚奥人、马库阿人和马孔代人也如此。但是，女孩的仪式不是对男孩仪式的简单复制，而显然是一系列适婚仪式：始于成熟期，结束于对怀孕和

---

① 我所记得的这个地区的唯一举行女孩个体成熟期礼仪，但没有男孩成人礼的父系部落是尼亚克乌萨(Nyakusa)。参见 G. H. Wilson 的相关记述[65;238]。

分娩的庆祝。先前一些进化论者，如巴霍芬（Bachofen）和施密特（Schmidt）所假设的母系传承与农业活动之间的巧合，在此则是实实在在的现实。

这种相互关系似乎没有体现在祈颂姑当中。唯一例外的是，在这个地区，畜牧业的引进导致了牲畜作为彩礼，由此出现了新郎对于自己孩子的拥有权的索要，以及他所获得的同样重要的从夫居权力。在婚姻支付很高的地区，如安哥拉和马拉维的部分地区，本巴式的母系传承和从妻居的服役婚模式（我试图将其与女孩的生育仪式联系在一起）正趋于消失。

对于我所主张的有关本巴祈颂姑的重要性与主要由酋长举行的祖先崇拜仪式之间的相互关系，我还无法论证其有效性。有关的证据目前还不充分。但值得指出，在这整个有仪式性国王地位和中央统一政府的地区，本巴是唯一发展出完整的部落结构机制的族群，而且，本巴的仪式比所提到的任何部落都要更加复杂。卡曾贝的隆达也许有同样复杂的仪式，但据目前所知，本巴是整个大民族中唯一另外还一直保留有"神谕"国王、具有仪式力量的酋长、母系传承和从妻居的部落。从现有证据来看，依仪式的复杂性排序，下一个是亚奥部落。尽管亚奥人没有"神谕国王"或中央组织，但是，她们的母系传承的牢固程度，以及对母系世系作为居住制的重视，根据米切尔的证据，比这个地区其他部落都要更强。我在本书贯穿提出的其他问题，必须等到有更充足的田野材料才能得到答复。

附 录 乙
祈颂姑仪式中所唱的歌

以下是我在所观察的礼仪中听到的歌的文字记录与翻译。它们只是实际唱的歌的一半多一点,是普通的司仪纳齐布萨所知的一小半。在此,我给出了这些歌的文字记录以及不同的译文,同时补充一些细节,以便进一步说明与此类歌有关的传统意义的多样性。这个附录完全是为了注释本书(边码)第164页所提出的观点,亦即词语或图案的某一形式的固定化,使得对于某一"传承下来的东西"有可能做出多种阐释,而且不丢失与其相关的价值。对某个意义的阐释的差异,可能会是绝对的,如第10首歌,或可能是明显的歪曲,例如,没有受过教育的司仪和受过教育的本巴人所提供的解释就有明显的不同。我感谢纳空德(I. A. NKnode)先生对全部的歌所做的后一样式的阐释,以及对一些歌的翻译,当然,还有保罗·穆辛多(Paul Mushindo)和卡桑德(Kasonde)两位先生。

第1首:进来

这首歌是在女孩第一次被带进祈颂姑房,从毯子下爬进来时唱的(见(边码)第64页):

> *Tuingile shyani?*   我们怎么进来?
> *Tuingile mipempe;*   我们像从暗道进入一个黑暗的地方;
> *Nga bakowe.*   我们像猴子一样进来。

阐释:暗道(*mipempe*)是用苇草搭建的进入到捕鱼坝里面的狭窄通道。在此,表达了通向一个秘密地方的意思,亦即圣物(*mbusa*)的秘密。这也是个与外界隔离的通道,正如女孩因此在毯子下避开了整个部落的眼光。整个祈颂姑礼仪都贯穿着猴子的比喻,因为它们善于窃取物品,通常是为了家庭利益。

对此歌的表面阐释是把女孩在村子藏起来；爬行是为了让她们看起来可笑。纳空德解释说：

"我们该怎么来到仪式上？该像猴子那样带着高跷爬进来吗？这样我们可以表现得像是我们放弃了正常的生活活动。可是，在我们获得智慧之前还得经过黑暗和艰难。"

卡桑德说："我们怎么进来？我们该像猴子那样露出屁股才能进来。我们在房子里自由自在。没有任何我们不知道的秘密。"

第 2 首：下渔网

这首歌是在用树叶模仿做渔网时唱的（见（边码）第 65 页）：

Ubwamba bwali bwandi!	我的捕鱼坝在这儿！
Ndetabataba no mono.	我忙着在这儿下渔网。

阐释：捕鱼坝（*ubwamba*）是在回水的地方用泥堆起来的。锥形网（*mono*）是放进水里的。与捕鱼坝相近的是裸体（*bwamba*）一词，在这里是性器官的委婉语。女人以用来假装套着彼此手指的树叶做成的杯型套，显然代表渔网，也代表女人的阴道。整个仪式中鱼被作为生育的象征。在解释下面的话时，女人们马上将这个意思与所唱的歌联系到一起："母亲说，'养女孩是我的责任，可是我不能教会她所有的事。我一直努力教，可做不到。所以，我现在得把她交给纳齐布萨为她办仪式。要是纳齐布萨拒绝，那我就没希望了。'"

第 3 首：祈颂姑掉下去了

在女孩第一次跳过禾堆柴之后和被背回到村子时唱的（见（边码）第 66 页）：

Twakula icibwe	我们从山坡上拉回一块大石头（两遍）
Twakula icibwe	
Twaleta!	我们把它带回来了！
Cipapa cambale ico mulila	那是豹子皮，吓得你哭

>　　*Twakulakula*！　　　　　我们把它拉呀拉！
>
>　　*Twaleta*！　　　　　　　我们把它带回来了！

　　阐释：沉重的石头就是祈颂姑的重量，就是女孩要从中解脱出来的危险困境。（参见"祈颂姑落下来"（*chisungu cawa*）的说法。）姆巴拉（*mbale*）是个古词，指豹子。豹子不能改变它身上的斑点，它也代表了艰难的新生活。豹子的皮也与纳齐布萨的功能连在一起；纳齐布萨过去穿豹子皮衣服。女人们把这首歌解释为庆祝祈颂姑掉下去了。纳空德说，"我们拉的是有麻烦的东西；我们把它拉回来了。大石头是女孩在成为女人之前必须经过的困境。"卡桑德说，"你渴望的豹子皮，我们给你拉来了。我们终于把你等待的漂亮女孩带给你了。"所以，这首歌里有表达新生活的困难，将要揭露的秘密，达到长期等待的目标的意思。豹子代表的是女孩将要面对的艰难。

第4首：要把丈夫看成狮子

第一次跳（禾堆柴）后回到仪式房里唱的：

>　　*Iseni mutambe*！　　　　　　　　　来啊，看啊！
>　　*Tutwale uko bacibashyale*　　　　　它就是这样，生来就这样，
>　　*Cinkolobondo*.　　　　　　　　　　为了奇柯罗波多。
>　　*Napelwa na mulume ua nkalamo*,　　我被给了我的狮子丈夫，
>　　*Iseni mutambe*！　　　　　　　　　来啊，看啊！

　　阐释：奇柯罗波多（*cinkolobondo*）是石臼的意思。根据纳空德的意见，这也是生命树的意思。一个纳齐布萨阐释道，"她们把女孩交给纳齐布萨。父亲就是狮子。"别的人说，丈夫是狮子。纳空德写道，"看啊，我们把女孩带到生命的地方，即奇柯罗波多树。"我觉得也是带到已婚的生活状态，也就是说带到石臼。他补充说，"我被送给丈夫。他不是胆小鬼。他和狮子一样强壮。来看吧，看我的丈夫是什么样的人！"卡桑德说，"我被这头公狮子毁了，捣毁了。"

第5首：逗女孩

逗女孩过程中唱的：

Tumutem yetem ye,	咱们摇晃她吧，摇晃她吧，
Mulwani uauma	敌人变得难对付
Mwansa Kabinga!	姆宛萨卡宾噶！

阐释：姆宛萨卡宾噶（Mwansa Kabinga）是本巴歌曲中的传奇人物。女人们都不愿解释。纳空德写道，"咱们摇晃她们，让她们难受，因为当女孩时，她们对年长的人言行粗鲁，好像不知道她们在祈颂姑时会受到惩罚。那我们现在就报复吧。这样能教会她们忍受困难。"

第6首：敬拜纳齐布萨

一个青年男子在向纳齐布萨跳舞表敬意时唱的（见（边码）第68页）：

Cindamo nindwala!	我在这儿跳舞，可是我病了；
Nai mwana ua cimbwi	我是鬣狗的孩子；
Namucelela shiganga.	我向巫师问过好。

纳空德写道，"我不能跳舞，因为我的女儿们病了。但是，我像鬣狗的孩子一样坚强；我会尽我的义务。所以，我们低下头向纳齐布萨问候；纳齐布萨才有可能为我们的女儿举行成人礼。"卡桑德说，"女孩很难对付，必须要受到教训，学会规矩。"

第7首：野猪

在第一次丛林仪式中，在从地上收起种子时，对着姆素库树根唱的（见（边码）第70页）：

Munjili,	你这个野猪，
Sebe m polo!	刨起杂草！

阐释：杂草也是野草。猪早起去寻食；女孩在婚后也要如此。猪在硬地里挖出根茎食物；女孩必须准备努力劳动为家人找到食物。纳空德的说法是，"年轻女孩，现在成了女人了，要寻找智慧。准备食物的事由你负责了，你必须养活你周围的人，像我们养大你那样养大孩子。"

第8首：几内亚鸡

也是对着姆素库树根唱的，一边搅动地上的土：

> We makanga,　　　　　　你这个几内亚鸡，
> So lindo!　　　　　　　　过来，等着！

阐释：几内亚鸡像猪一样刨地找食物。这里同样重视的是去找食物，而不是指望食物就在地上等着被捡起。几内亚鸡也是一个性象征，这一形象出现在墙上的一个图案中，并在房里被做成了一个大的陶泥象征物。女人们说这首歌是教女孩要勤奋。纳空德写道，"你就像几内亚鸡。你得自己找食物。整个世界就在你的手里。你的义务就是要好好利用它。"

第9首：小菜园

也是对着姆素库树根唱的，一边往地上播种子，一边用手收起来（见（边码）第71页）：

> Akabala,　　　　　　　小菜园，
> Balala.　　　　　　　　种花生的菜园。

阐释：这是一个典型的例子，其意思要靠推演，不能从字面理解。女人们的解释是，"下雨的时候，你要锄花生地"；或是，"就是教女孩如何种地"。纳空德写道，"还没有挖过的地不能叫菜园。在你没有耕种过的地方，你不能指望有花生或任何食物。从伤口流出的血说明在这个世界上不劳动就什么也得不到。"

第 10 首：乌龟要爬了

在女孩腿朝上倒着爬姆素库树时唱的（见（边码）第 71 页）：

| *Fulwe tanina;* | 乌龟不爬； |
| *Lelo anina ku mukolobondo.* | 可是今天爬姆库罗邦多树。 |

阐释：乌龟的本性是不爬树的。如果它爬，那就是打破了以前的习惯。女孩就会是这样，因为她现在结婚了。它倒着爬上去。姆库罗邦多树的树皮很光滑，很难爬，但它的果很甜。

卡桑德提出他的理解："要是你说你不知道怎么做这些不可能做的事，那你怎么能维持你的家？你怎么活？那么，我们今天来教你做这些，不管你愿意不愿意。"别的人特别指出女孩要找到做不寻常或不可能的事的方法，比如，如果需要就去找柴禾，尽管那被认为是男人的活。有一个纳齐布萨提到这首歌表达的是沉默的意思。如果丈夫通奸了，妻子什么也不能说，就当作不知道，不论多难。纳空德，一如他依照欧洲的伦理思想来解释，补充说，"你说你从来没这么做事，可是当考验的时候到来时，你的决心变了，你打破了你的习惯，突然像乌龟一样爬树了。"另外一个阐释是针对第 50 首歌，乌龟在串门时把头伸出来，也就是要吃的，在家时把头缩回来，也就是把东西藏起来。

第 11 首：猴子爬树

女孩假装用嘴咬玉米棒（见（边码）第 72 页），大家唱：

Kolwe kulya kwakwe,	猴子什么都吃，
Kwa mutali shya;	让我们很为难；
Eya nine ku mukolobondo.	所以它爬姆库罗邦多树。

第 12 首：*Kolwe ita nyina*. 猴子叫妈妈。

阐释：猴子在此代表寻找食物。它也像乌龟一样，爬姆库罗邦多树的光滑的树皮。女人们给出的解释很具体，亦即女孩应该模仿猴子，因为树上的东西它们都吃，它们也为家人找食物，就像一个好的主妇应该做的那样。卡桑德补充说，"为了活，我们必须吃东西。所以，我们必须准备面对有时的困难"。

第13首：优先顺序

在按照优先顺序为年长的人献圣物时不断重复唱的（见（边码）第72—73页）：

   Kuapa takacila kubea   腋窝没有肩膀高。

阐释：因为不可能改变腋窝和肩膀的位置，所以，年轻人不可能有比年长的人更高的地位。

第14首：用嘴敬拜

这首歌在东西被嘴叼起来，而不是用手拿起来，然后依优先顺序敬献时，不断反复地唱。

   Tolela nando,   让我拿起来，
   Tolela na mulimo,   让我用嘴叼起来。
   Mbusa yandi.   我的姆布萨。

除了歌词的字面意思以外，我没有别的阐释。

第15首：向前向后

在女孩向前爬四步，往后爬四步时，唱了这首歌（见（边码）第74页）。

   Konta kanandi   一步一步做标记！
   Konta!   做标记！
   Tatubwelela pa numa.   别转回去。

阐释：有两个相互矛盾的阐释。一个说，如果女孩做错事，必须回去，把它做对。另一个说，女孩必须进入一个新世界，不许回去。

第16首：房顶狩猎

在寻找房顶上的礼物时，女人们唱了这首歌（见（边码）第75页）：

Mumfwayile akasoka mu mutenge. 你在房顶上为我找小蛇。

阐释:蛇是被藏起来的东西(另见(边码)第 87 页)。

第 17 首:新郎的礼物

在毯子下找姆布萨时,女人们唱这首歌:

Wakunkupukwila; 你揭开了它,
Mwalye nsomo lye. 你吃下了整个恩索姆。

阐释:恩索姆是新郎的礼物。指的是在婚礼的不同阶段,仪式性地献给新郎的食物礼物。这些食物盘子上有些小礼物;食物不能吃,而必须要分配出去。

第 18 首:女孩的邀请

女孩将做熟的饭分给同伴,并唱:

Fisabo fyesu fyapwa; 来自我的菜园的食物做好了;
Pokeni bamayo. 自己动手吃吧,母亲们。

阐释:这是伴随着让女孩自由种地的礼仪所唱的歌。女人们说,"现在我们已经把孩子跳成种地人了。她必须自己去开垦了。"

第 19 首:祈火

这是在女人们用磨火棍努力磨出火星时唱的一首重要的歌(见(边码)第 76 页):

Twaisa kulonda mulilo 我们来求火。
Naklamo twapapata. 狮子,我们来求你。

第 20 首:他们唱:

  Shikishiki!   磨啊,磨啊!(用磨火棍)
  Uafyala banga?   你生过多少孩子了?

阐释:磨火棍是在能够给予或收回父母资格的女孩的姑姑的后背上摩擦。女孩被告知,她的火归功于手被磨疼的年长女人。现在女孩必须接手了。现在轮到她必须生养孩子。狮子是新郎、酋长,或是仪式中的男性主人。火是向新郎祈求的。整个礼仪被叫作"祈求做父母"。纳空德补充说,[195] 女孩被教导不要忘记保持火的禁忌。

第 21 首:更多逗女孩歌:

  Fitula panse,   房子外的东西,
  Te fikansa.   引不起吵架。

阐释:女孩不该与那些会让她批评自己丈夫的朋友坐在一起聊天。在此省略了许多类似的歌。

第 22 首:把女孩送给鳄鱼
  在给女孩展示陶器姆布萨的时候,女人们唱:

  Mutwale umwana,   你把女孩,
  Kuli gwena.   带给鳄鱼。

阐释:鳄鱼是王族的图腾,代表权威和传统,或是通过酋长,或是丈夫而发挥作用。纳空德建议说,如果女孩不经过这个仪式,她就不会忠贞。

第 23 首:受敬的纳齐布萨
  纳齐布萨因这首歌而得到敬重:

> *Bana cinyampinyampi,* 　　钦彦宾彦匹的孩子们，
> *Cimbusa cikulu conda nan gala.* 　她用指甲带给你们了不起的姆布萨。

阐释：钦彦宾彦匹是传说人物。她的孩子是作为接生婆的纳齐布萨带来的。"指甲"也有头翎（*ngala*）的意思，也指在酋长院里纳齐布萨头上戴的羽毛。这首歌表明她在那里的荣誉。

第24首：凳子

女人们玩从凳子上把彼此拉下来的游戏时，唱道：

> *Mwikala pa cipuna* 　　　别坐在凳子上。

阐释：这首歌联系到的是当地的一个习俗：在每一个酋长的送葬者完成他的职责以后，把他赶走。纳空德认为，这歌的意思是指示女孩不要在年长的人面前坐下。

第25首：蝙蝠歌

女人们唱：

> *Kasusu tole nda,* 　　　　　　小蝙蝠，啄虱子，
> *Leke icungulo cise* 　　　　　　等着天黑。
> *Tubike muleya pambali,* 　　　我们要把恋爱的事放一边，
> *Ubwangalilo bucili ku mtuima* 　用心记住有用的事。

阐释：这是说有的女人在天黑的时候到外面找情人，这是女孩绝不该做的事。那样的女人撩起裙子，就像蝙蝠的翅膀。纳空德说，晚上是玩的时间，但必须在做完家务后才能和朋友聊天。

第26首：山鹰歌

女人们唱：

> *Mpungu yalela*;　　　　　　　山鹰叫过了；
> *Akuangala*.　　　　　　　　　那是在玩耍。

阐释:鹰扑食不需要仪式。女孩绝不该这样做。

第 27 首:模仿妈妈

女孩在抹白仪式中,在水池里来回摆动时,女人们唱:

> *Kucilingana Lesa*,　　　　按照神的方法,
> *Tupashyana mayo*　　　　　我们模仿自己的母亲。

阐释:这首歌被解释为是模仿分娩的动作,也是教女孩在月经期间在河里洗澡。纳空德补充说,"我们的义务是跟随神,把知识像传给我们那样传下去。我们像你妈妈那样把你变成妈妈。"

第 28 首:花狮子

从抹白仪式回来时,女孩唱:

> *Twaile sobela nkalamo yamabala*　我们在你的菜地发现了狮子,也报告了。
> *Cibinda talaba*.　　　　　　　　猎手没忘记。

阐释:纳空德冒险说,仪式像狮子身上的斑点,永远不变或被忘记。你是受礼者,所以,别忘了对你的指示。[197]

第 29 首:恶灵:

> *Ndelila ku ciwa kuli mayo*.　　我对妈妈哭,都因为有那些恶灵。

第 30 首:摸墙进来的新郎

仪式的最后一天晚上,假新郎像盲人一样进到仪式房,用手摸着墙,唱道:

184 祈颂姑

  Ndepalampanta kafifi,   我在黑暗中摸索，
  Nalwala.   我生病了。

  阐释：新郎假装没有看见新娘的圣物。他们不好意思来到有别人的仪式房。有一个受过教育的本巴人写道，"我被愚弄了。我看不见我在做什么。我准备好要做错事了。"

第 31 首：纳齐布萨的胜利
  纳齐布萨凯旋般进到房里，假装在新郎给她的席子上睡觉。她们唱道：

  Yansakasengele,   打开席子，
  Tulale yansa.   好让我们睡觉。
  Banacimbusa basose,   纳齐布萨们说，
  Mwatufimba.   你用布裹住了我们。

  阐释：新郎给纳齐布萨支付的是一张席子，里面裹着给新娘的秘密。纳齐布萨告诉新娘必须接受她的丈夫。相关的指示必须说明，这样他们才懂。

第 32 首：狮子的皮
  纳齐布萨头戴头翎，唱道：

  Lupapu nkalamo ngaisa   狮子的皮磨破了
  Kwa Mwamba   在姆汪巴的院子里

  阐释：纳齐布萨作为大酋长的信使而受到敬重。狮子皮过去是信使姆汪巴（Mwamba）穿的衣服。

第 33 首：新郎送木柴
  新郎把柴禾绑在他妹妹的背上带来。他们唱道（见（边码）第 106 页）：

> *Kuteba taulabwela,* 你打柴还没回来，
> *Kalombo we mushya,* 把你当做奴隶，
> *Uko wile kuteba.* 去你去的地方找柴禾。

无阐释。

第 34 首：射目标

新郎带着弓箭进来，射向墙上的标记。他们唱道：

> *Nalonshya inama yandi,* 我找到了我的猎物；
> *Taibula mwine ualasa.* 我射中了一个。

第 35 首：男人是房顶

> *Cikulu mwaume muganda;* 男人是房顶；
> *Efyo tuumfwe.* 我们就是这样想的。
> *Na banakashi abapikula cisumbe.* 女人才是房顶上的尖。

阐释：祈颂姑是仪式房的房顶尖：房顶上很难做成的尖。男人是房子的主体，支撑房子。他必须解决最难的问题。男人是一家之主。女人懂得如何编造房顶的框架。女人将家编织起来。

第 36 首：问候黎明

喝醉了的女人们绕着村子跑，问候黎明。她们唱道：

> *Mukolobwe!* 公鸡先生！
> *Nga waya,* 你走以后，
> *Iseni Tuangale.* 让我们出来玩玩。

阐释：纳空德说，"既然公鸡已经打鸣，就让我们玩玩吧"，亦即男人和妻子。

第37首:狮子歌

最后一天早上唱的祈颂姑歌:

| Ualele cisungu, | 你和祈颂姑孩子睡了觉, |
| Ualele naklamo. | 你和狮子睡了觉。 |

阐释:与成熟期后的女孩睡觉很危险,就像与狮子睡觉一样。新郎被警告必须经过妥当的防御才能跟他的新娘睡觉。

以下的歌是献给女孩陶塑时唱的。① 所唱的大部分都记录在此,但是,有些意思不清楚的则省略了。

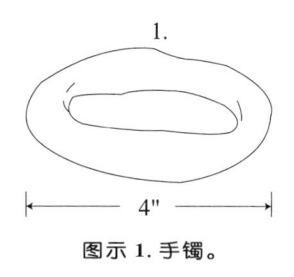

图示1.手镯。

第38首:手镯(likosa)(见图示1)。

这是手镯的模型,放在女孩的手腕上,或是挂在她手上。同时唱下面的歌:

Kampele mulume,	这是我丈夫给我的,
Akakaganda.	小房子。
Mayo tambene!	妈妈,快看呢!

阐释:丈夫的义务是为妻子提供穿的;这个手镯代表这个责任。订婚礼物(nsalamo)也通常是手镯。受礼人在祈颂姑结束时到河里进行仪式性沐浴,这时,她被戴上草编的手镯,便是仪式性地被穿上衣服(见边码)第109

---

① 我为约翰内斯堡大学和开普敦博物馆所搜集的,与在齐桑德村所见的略有不同。斯科菲尔德对前者有过描述。

页)。所以,女孩叫她的妈妈看她丈夫给她的东西,也就是手镯,由此,暗示将 200 她送给她丈夫的时候到了。这首歌也可以明显翻译为:"把我送给我丈夫吧。"

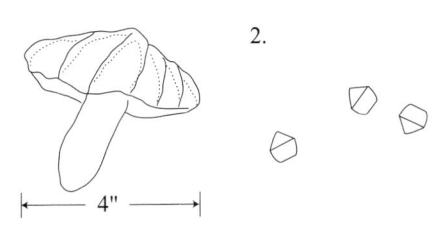

图示 2. 项链珠子(两种形式:一种代表整个椰子;另一种是三角片用于做项链珠子)。

第 39 首:项链珠(*mpande*)(见图示 2)。

在祈颂姑上有两种:如图所示的整个椰子形,或是比较常见的本巴人常戴的三角形的装饰。这些贝壳有很多历史联想。例如,在大酋长被下葬时,身上放这样的贝壳。

在祈颂姑的进程中,司仪戴着这种用树皮穿起来的、来回摆动的珠子,同时,在场的人唱道:

  Mpande yandi,   我的项链珠子,
  Yapona kwi sano.   掉在了酋长的院子。

阐释:在解释这首歌时,有极大的一致性。提供信息的人都认为项链珠代表妻子。如果丈夫错怪了妻子,她跑回她父母的家,那么,他就丢了他的珠子。为了让妻子回来,他必须费很大周折去找她的亲戚,必须带礼物,如同他把东西掉在了酋长的院子里。这是一个典型的例子:利用几句顺口溜一样的典故来指明婚姻的责任。项链珠贝壳在非洲其他一些地方,也用作阴道的象征。这层意思本巴人没有特别向我提到。

第 40 首:星星(*ntanda*)(见图示 3)。 201

这是一个细口、边上有孔的大罐子。点着的蜡烛放在里面,发出光,代表星光。上面做一个陶泥盖子,受礼的女孩必须放在头上找平衡。如果可能,尽量保持里面的火不灭。同伴们唱道:

  Ulekashye ntanda bushiku; 你在夜晚注视星星;

Ulantuka ukashika.　　　　　　你无耻地唾骂我。

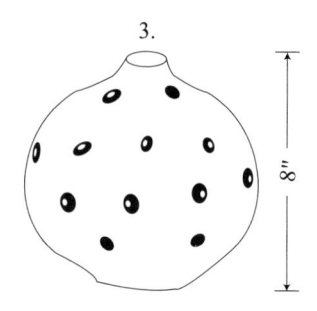

图示 3. 星星（边上的孔是为了让里面点着烛火）。

　　阐释：这里似乎有比较复杂的双重意义，也可能不止两种。回答有关这个陶器的问题的女人都感到害羞和犹豫。她们说里面出来的光是女人体内的血，太不该展示出来了。"唾骂"（*ukashika*）也有庄重、沉重的意思，但也可以是变红的意思。男人可以用的最可怕的咒语就是提到妻子的经血。这件事是女人连小声都不敢说的。然而，她们都快乐地说出表面的意思。不论丈夫如何咒骂妻子，她都不许回嘴。这是个典型的例子，说明一个词有随时可以重复使用的意思和所谓"下面的东西"（*fintu fya panshi*）所隐含的意思。

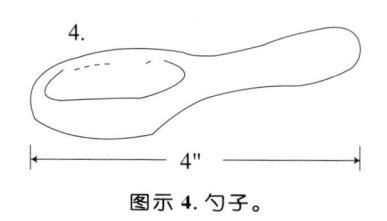

图示 4. 勺子。

第 41 首：小勺子（*kakombo*）（见图示 4）。

　　在祈颂姑的最后一个晚上，受礼人站在假新郎（由新郎的妹妹代表）对面。她假装用小勺子的模型往"他"手上倒水，磨蹭下面的地，好像下面是泥。所有的人都唱：

Cibale! Cibale!　　　　　　齐巴拉！齐巴拉！
Kasambe mulume,　　　　　去给你的丈夫洗洗，

> *We cinangwa!* 　　　　　　你这个无知（没受礼）的东西！
> *Na panshi ulala (utota),* 　低下表示顺从，
> *We cinangwa!* 　　　　　　你这个无知的东西！
> *Cibale! Cibale!* 　　　　　　齐巴拉！齐巴拉！

阐释：这里的意思很明确，动作也有代表性。是女孩在此对自己进行性交后的净化仪式。她从自己的小婚姻罐里取出水，倒在丈夫的手上。受礼的女孩知道这样做有多么重要，但是，那些还是野草或没开垦的野地的女孩不知道，因为她还没被跳过舞。齐巴拉是一个传说中的人物。

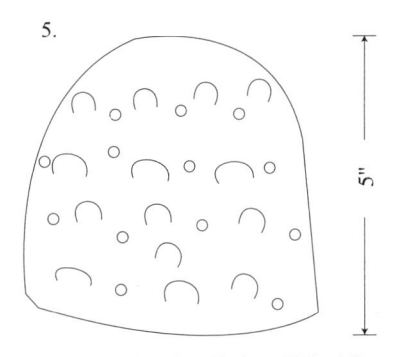

图示 5. "新郎"头上的有羽毛的头饰。

第 42 首：带羽毛头饰的男人（*waume ua ngala*）（见图示 5）。

这个头盔形的模型由代表新郎的女人戴上。"他"要在头上把它放平衡[203]了，同时，女孩洗"他"的手，如上首歌那样。她们唱道：

> *Mwansa Cembe!* 　　　　　　姆宛萨钦贝！（两遍）
> *Mwansa Cembe!*
> *Mulume wan gala waisa.* 　　戴羽毛头饰的丈夫来了。

阐释：姆宛萨钦贝是一个传说人物，似乎没有人对他感兴趣。这首歌在被唱时倒是有很大激情（见（边码）第 86 页）。丈夫戴着羽毛头饰来了。那头饰是酋长给勇敢的战士的。他凯旋了。女孩向他跪下。"这是向丈夫表敬意。女孩必须赞美他。"

190　祈颂姑

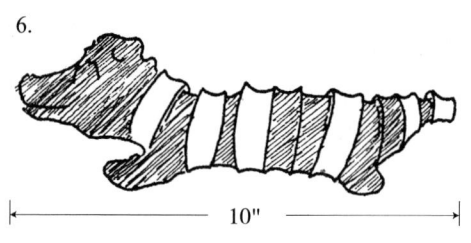

图示 6. 鳄鱼(尾巴在这里被火烧断了)。

第 43 首:鳄鱼(*gweno*)(见图示 6)。

女孩手中拿着鳄鱼模型,在场的人唱道:

Luyamba,　　　　　　　　　　鳄鱼,
Uikata ku matete.　　　　　　　你在奔跑中被抓住。
Nani shyaleka ku matete?　　　谁在奔跑中落后了?
Luyamba.　　　　　　　　　　鳄鱼!

阐释:鳄鱼,这里用的词是古老的用法,是王族的象征。这个圣物似乎有不同的或者说不清楚的意思。一位年轻女人说这是教给女孩"敬重酋长的";另一说这是教导女孩不要在晚上到河边玩。有个受过教育的人说,这意味着丈夫是王族鳄鱼家族的成员,也就是一个酋长,因为他为家里提供一切,是保护者。奔跑就是进攻破坏的意思,如同一个女人打破婚约誓言,泄露家里的秘密。年轻女人必须照顾好丈夫;他可能像鳄鱼一样在等待抓住她。

第 44 首:园子里的垄背(*mputa*)(见图示 7,另见(边码)第 97 页)。

这个陶器要在女孩头上放平,同时在场的人唱:

Mwibala,　　　　　　　　　　　通过这个菜园,
Teti mupite muntu,　　　　　　　男人都不许,
Nga apita ni muka mwaume.　　如果是通过的男人的妻子。

阐释:这又是一首有多重意思的歌。从欧洲人角度看,至少是极其含糊不清。这个模型代表的是圆形菜园的土包,而开垦菜园是女人专门的义务。

有个人笑着说,"男人不许占有女人的菜园。"可是,垄背代表已经开垦和被拥有的土地,比如酋长的菜园,那里是禁止有性交行为的。"已婚的女人就像菜园,男人不能通过;男人知道一个女孩已经是别人的妻子后就要避开。如果别人尊重他的妻子,他也应该对别人如此。"

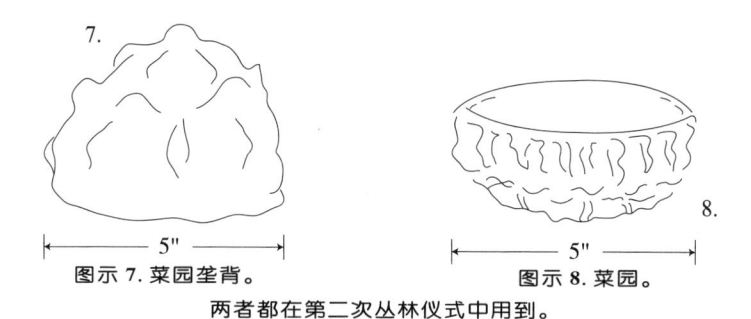

图示 7. 菜园垄背。

图示 8. 菜园。

两者都在第二次丛林仪式中用到。

第 45 首:园子(*Amabala*)(见图示 8,另见(边码)第 96 页)。

这是拿到丛林举行仪式的圣物之一(见(边码)第 92 页)。在依据优先顺序向年长的人献部落的各种各样的种子之后,女人们围着这个圣物跳舞。[205]

阐释:我没有记录歌,也无法有令人满意的阐释。女人们说,这个圣物展示给女孩是为了教她如何种地。

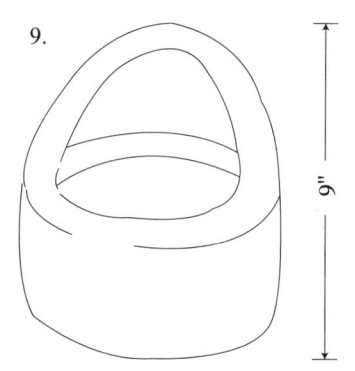

图示 9. 家族。(这个篮子是女孩拿在手中摇摆着的东西,而男人的家是她头上戴的头冠。)

第 46 首:家族(*mukoa*)(见图示 9)。

这是一个有提手的篮子。女孩一只手拎着晃动这个篮子,同时在头上放平一个罐子(如图示 5 所示)。在场的人唱道:

Cupo asenda pa mutwe； 她把自己的婚姻戴在头上；
Uaseshya mukoa. 她的家族悬挂在她的手上。

阐释：理解这个圣物似乎没有什么困难。信息提供者立刻就告诉我，因为女孩结婚了，她必须敬重她的公婆，要超过对她的家族，也就是要放在头上，而她的亲戚必须在她的手下面摆动。

第 47 首：锄头(*lukasu*)（见图示 10）。

女孩假装锄地，唱道：

Nimpa kalonde. 给我我的小锄头（古词）。
Ndea ku mabala. 我得锄地。
Kabala kalala. 小花生地。

或者

Nimpa kalonde. 给我我的小锄头。
Nsebaule kongwe. 我才能准备好处女膜。
Mulume wamona. 你已见过你丈夫。

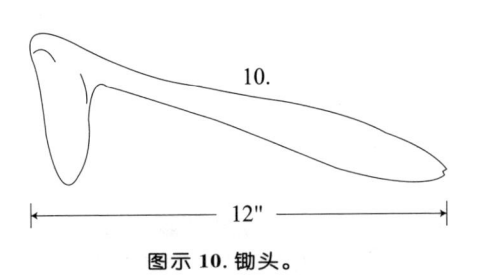

图示 10. 锄头。

阐释：这是一个较好的有多层意义的例子。首先，受礼人必须努力锄地。另一个理性的解释是，女孩被教会如何在怀孕时锄地而不伤到自己。有一个女人，带着手势还挤弄着眼神说，女孩像地一样要被丈夫开垦。第二首歌有明显的性暗示——女孩想要被送给丈夫。

图示 11. 白鹭（与抹白或清洗巫术有联想的白色鸟）

第 48 首：白鹭（*nkoba*）（见图示 11）。

We kakoba! We koni!	你这个小白鹭！你这个小鸟！
Shimwalaba mpemba.	别忘了洗白净。

或者

Nkoba yandi yapwa,	我的小锄把用完了；
Yalobela mwibala.	丢在地里。

阐释：这是个词语游戏。"小锄把"（*nkoba*）一词也有白色鸟的意思，是女孩清洗巫术仪式中所比拟的。

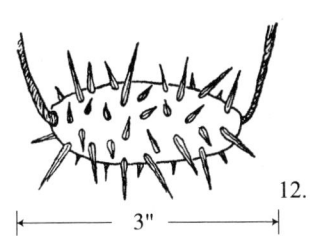

图示 12. 刺猬（戴在女孩脖子上，要是她在受礼前做错事，就会被刺到）。

第 49 首：刺猬（*chinungi*）（见图示 12）。

这是一个陶泥做的小棍，周围都有小刺。戴在女孩的脖子上，像项链。她必须来回摆动，以便小刺扎在她的乳房和脖子上。大家唱道：

194 祈颂姑

>   *Cinungi posa matamba*,　　　　刺猬伸出刺，
>   *Kulya twalilwa na mubemba*.　　大湖遮住了阳光。

阐释：据说，欺骗新郎的女孩会被小刺扎疼，也表明她结婚后丈夫会这样对待她。纳空德评论说，"错误是隐瞒不了的，总有一天会露出来的。"

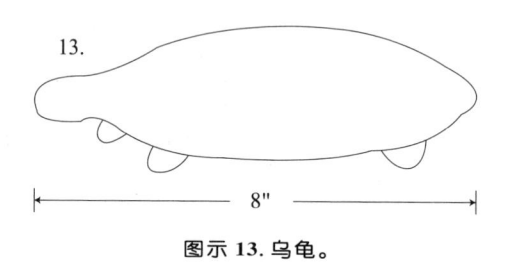

图示 13. 乌龟。

第 50 首：乌龟（*fulwe*）（见图示 13）。

女人们上下跳，模仿乌龟把头伸出来缩回去，一边唱到：

>   *Fulwe pa fyakwe*,　　　　乌龟在家的时候，
>   *Aingishya mukoshi*;　　　缩回头；
>   *Mu cifwambaka*.　　　　　缩进壳里。

阐释：你知道有种女人在自己家时闭口不提食物，担心不得不跟别人分；也就是说，她把头缩在壳里。可当她到别人家时，她伸出头，看人家的粮食罐，这样有可能分到点。女孩必须友善好客。

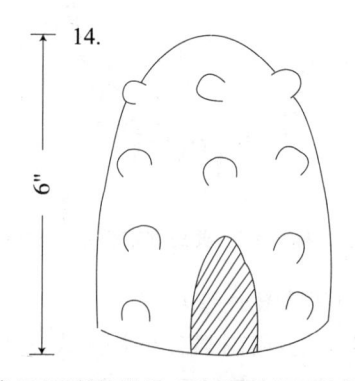

图示 14. 房子（用苇叶做门，可以里外打开的微型房子）。

第51首：房子(ganda)（见图示14）。

这是个很巧妙的模型，有一根绳可以拉动用苇叶做的门。拉门时大家伴唱：

    Mwana alelila,   孩子在哭，
    Nshisalile uko alele,   我没看见孩子躺在哪儿。
    Tandabula.   门在来回摆。

阐释：这首歌似乎支持了一个重要的伦理道德。女人们跟我说这些时的表情让我印象很深刻；这是教女孩如何照料小孩子。歌中唱的孩子在哭，因为门还在摆动，也就是说还开着，因为妈妈出去喝啤酒了，把孩子一个人留在家里。("门在来回摆"也有不停地聊天的意思。)

第52首：石臼(kabende)（见图示15）。

受礼人被给予一个杵，要模仿捣米，并唱：

    Kabende kandi,   我的小石臼，
    Kamedelo.   我要炫耀它。

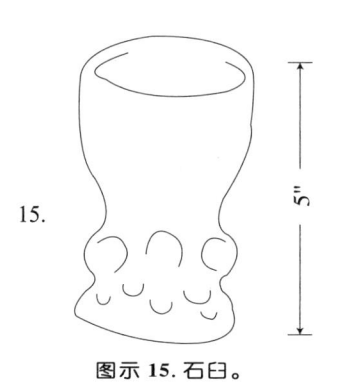

图示 15. 石臼。

阐释：女人要为丈夫快快地捣米，不能像她还是女孩时那样慢慢地干。

第 53 首:喂奶的妈妈(*Coshi wa ŋoma*)(见图示 16)。

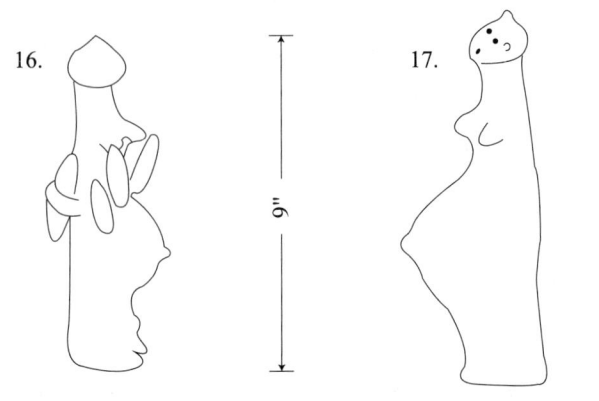

图示 16. 喂奶的妈妈。　　　　　图示 17. 怀孕的女人。

这个母亲怀孕了,还同时带着四个孩子,一个在吃奶,三个在背上。本巴的女人觉得这个模型特别好玩。她们唱道:

Mayo alembepa!	我妈妈骗了我!
Coshi wa goma!	喂奶的妈妈!
Kanshi uambepafye;	所以你刚刚骗了我;
Naimita umusuku.	我又怀孕了。

阐释:"喂奶的妈妈"也是一个传说中的接生婆,在这首歌里只是个称呼。女孩抱怨,因为她妈妈让她给孩子断奶太早了,所以孩子死了;或是告诉她,如果她有了第二个孩子,她妈妈会抱走第一个。可是她妈妈骗了她;她现在有两个孩子要照料。这里讲的道理是,在孩子断奶之前,也就是一两年期间,妻子有拒绝与丈夫性交的义务。这是本巴人的普遍做法。

第 54 首:孕妇(*mwanakashi*)(见图示 17)。

对应的歌是:

Kasuba Kawa;	太阳落山了;
Kasuba kaeli aya.	太阳已经不见了。

> Nshiku shyafula;   日子过的很忙碌；
> Kanshindama musuku ila.   让我去敬拜姆素库树。

阐释：姆素库树产果，代表生育繁殖。怀孕的女人也穿这种树皮做的衣服。纳高西埃解释这首歌说，"过去的日子过去了；该是我生孩子的时候了。"

第55首：傻男人

这是个低矮的头盔形的罐子模型，受礼人放在头上，唱道：

> Mwe mwaume,   你这个男人，
> Shiwawela-e!   你是个傻瓜！
> Ntunta mutima.   你是个胆小鬼。

阐释：男人应该照顾他的妻子，但她不这样做。

第56首：走路轻快的年轻人

这是个穿着讲究的洒脱青年的形象。歌词是：

> We kalumendo!   你这个小男人！
> Shicenda mukola!   走起来这么潇洒！
> Baisa.   他们来了。

阐释：有人说这是一个为了结婚去找锄头的女婿；有的说，用现代的说法，是给欧洲人工作的人。有个信息提供者说，这首歌暗示那个讲究穿着、在村里到处闲逛的人常常找不到想要的新娘。还有一个人说，女孩坚持嫁给洒脱聪明的小伙子，可他离她而去了。

第57首：没有胳膊的男人（Cilume ca ciboa）（见图示18）。

这是个有巨大阴茎，但没胳膊的男人。他在家里懒散着，挑剔妻子，但什么活也不干，或是就在男人房里和别的男人坐在一起编网或篮子。"只坐

着"的丈夫似乎可比作"傻子"(cipuba)，即不以做家务为荣、什么也不懂的女孩(见(边码)第88页)。

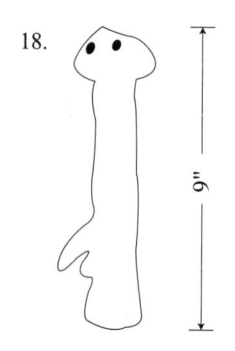

图示 18. 没有胳膊干活的懒男人。

第58首：狮子(mundu)(见(边码)第106页、129页)。

这是最大、最具细节的圣物姆布萨。其中一头是空的，这样向下吹气时会发出吼声。用在仪式的最后一天，模仿狮子的吼叫，比作丈夫。①

第59首：烟袋(pipee)

女人装作欧洲人那样吸烟。女孩被告知，不能整天吸烟，忽视自己的义务。

第60首：松萨卡拉莫(Sonsa nkalamo)

这是个树的模型，上面有泥刺。根据男性的信息提供者，这首歌告诉女人要跑着去执行一个命令，或是顺从丈夫。可是，女人们说，这是告诉丈夫要尊重妻子！

第61首：炉台(amafwasa)

女孩站在这个模仿的炉台上，假装在上面放平水罐。有些信息提供者说，女孩要被教会做饭；另外一些说，炉台代表安全的婚姻生活。

---

① 参见(边码)第160—161页的插图。——译者

第 62 首：水罐（mutondo）

女孩要去打水，照看家。

第 63 首：红头鸟（kabangula）

这是一种有红点的小白鸟，代表纳齐布萨，因为它有红色头冠，像过去纳齐布萨头上的羽毛。

第 64 首：鬣狗（cimbwi）

女孩被告知不能像鬣狗那样偷东西。

第 65 首：齐波内姆素巴（Cibone Musuba）

这是一个锥形模型，上面有许多刺。据说，齐波内姆素巴代表一棵树，也是一个传说中的酋长的漂亮的长妻的名字。丈夫要把自己的妻子看作最漂亮的女人，正如酋长对长妻比对其他妻子更喜欢那样。

第 66 首：蜈蚣（congolo）

这种动物有六英寸长，像一个大毛毛虫，雨天出现。蜈蚣有许多腿。这首歌警告女孩在生了双胞胎后要举行净化礼。依据另外一种说法，她被警告不能太频繁地性交，不然就会有双胞胎——生太多孩子，就像蜈蚣有许多腿一样。

以地区分类的参考书目

(本书目的序号对应于附录甲中所提到的书目号码)

1. Baumann, H. 'Die Mannbarkeitsfeiern bei den Tsokwe und ihren Nachbarn.' (*Baessler-Archiv*, Vol. XV, 1932)
2. Brelsford, V. 'Some reflections on Bemba Geometric Art.' (*Bantu Studies*, Vol. XI, 1937)
3. Brelsford, V. 'History and Customs of the Basala.' (*J. R. A. I.*, Vol. LXV, 1935)
4. Buggenhout, H. van and Wens, A. 'Coutumes d'initiation: le Kisungu.' (*Bull. Jur. Indig.*, Vol. I, 1933)
5. Chisholm, J. A. 'Manners and Customs of the Winamwanga and Wiwa Tribes.' (*J. A. S.*, Vol. IX, 1910)
6. Colson, E. 'The Plateau Tonga of Northern Rhodesia.' (Colson and Gluckman(eds.) *Seven Tribes of British Central Africa*, 1951)
7. Colson, E. 'Residence and Village Stability among the Plateau Tonga.' (*Human Problems in British Central Africa*, Vol. XII, 1951)
8. Coxhead, J. C. C. 'The Native Tribes of North-eastern Rhodesia, their Laws and Customs.' (*R. A. I. Occasional paper*, No. 5, 1914).
9. Cullen Young, T. *Notes on the Customs and Folklore of the Tumbuka-Kamanga peoples*, 1931
10. Cullen Young, T. 'Tribal Intermixture in Nyasaland.' (*J. R. A. I.*, Vol. LXIII, 1933)
11. Cullen Young, T. 'Habits and Customs of the olden days among the Tumbuka-Kamanga peoples.' (*Bantu Studies*, Vol. X, 1936)
12. Cullen Young, T. and Hastings Banda(Eds.). *Our African Way of Life* by John Kambalame, E. P. Chidzalo and J. W. M. Chadangalara, 1946.
13. De Cleene, N. 'La Famille dans L'Organisation social des Mayombe.' (*Africa*, Vol. X, 1937)
14. A. Delhaize. 'Ethnographie Congolaise chez les Wabemba.' (*Bull. Soc. R. B. Geogr*, Vol. XXXII, 1908)
15. Dellille, A. 'Besnijdenis bij de Alunda's en Aluena's in de Streek ten Zuiden van Belgisch Kongo.' (*Anthropos*, Vol. XXV, 1930)
16. Devers, R. 'La rite d'initiation "*Kizungu*" dans le Sud de la Lulua.' (*Bull. Jur. In-*

dig, Vol. II, 1934)

17. Devers, R. 'Fiançailles et Mariage chez les Ndembo.' (*Bull. Jur. Indig*, Vol. I, 1933)
18. Doke, C. M. *The Lambas of Northern Rhodesia*. (1931)
19. Drourega, M. 'Initiation of a girl of the Asenga tribe.' (*Anthropos*, Vol. XXII, 1927)
20. Fraser, D. *Winning a Primitive People*. (1914)
21. Garbutt, H. W. 'Native Customs in Nyasa and the Yao.' (*Man*, Vol. XII, 1912)
22. Gluckman, M. 'The role of the sexes in the Wiko circumcision ceremonies.' (In *Social Structure: Essays presented to A. R. Radcliffe-Brown*, ed. M. Fortes, 1949)
23. Gluckman, M. and Colson, E. (Eds.). *Seven Tribes of British Central Africa*. (1951)
24. Gouldsbury. C. and Sheane, H. *The Great Plateau of Northern Rhodesia*. (1911)
25. Hambly, W. D. *The Ovimbundu of Angola*. (Field Museum of Natural History, Publications 329. Anthropological Series, Vol. XXI, 1934)
26. Hambly, W. D. 'Tribal initiation of boys in Angola.' (*American Anthropologist*, Vol. XXXVII, 1935)
27. Harries, Lyndon. *The initiation rites of the Mkconde tribe*. (Rhodes-Livingstone Institute, Communication No. 3, 1944)
28. Heckel, B. 'The Yao Tribe, their Culture and Education.' (University of London Institute of Education, *Studies and Reports*. No. IV, 1935)
29. Hodgson, A. G. O. 'Notes on the Achewa and Angoni of Dowa District, Nyasaland.' (*J. R. A. I.*, Vol. LXIII, 1933)
30. Holdredge, C. P. and Young, D. K. 'Circumcision rites among the Ba-Jok.' (*American Anthropologist*, Vol. XXIX, 1927)
31. Horn, H. 'A Holiday in N. W. Rhodesia.' (*Zambezi Mission Record*, VI, No. 85, 1919)
32. Jaspan, M. A. *The Ila-Tonga Peoples of North-Western Rhodesia*. (International African Institute Ethnographic Survey, West Central Africa Part IV, 1953)
33. Jaspert, F. und W. *Die Volkstämme Mittel-Angolas*. (1930)
34. Johnson, W. P. *Nyasa, the Great Water*. (1922)
35. Johnston, H. H. *British Central Africa*. (1897)
36. Labreque, E. 'Le Mariage chez les Babemba.' (*Africa*, Vol. IV, 1931)
37. Lambo, L. 'Étude sur les Balala.' (*Bull. Jur. Indig*, Nos. 8—10, 1946)
38. Mair, Lucy. 'A Yao Girl's Initiation.' (*Man*, Vol. LI, 1951)
39. Marchal, R. 'La famille chez les Bashila.' (*Bull. Jur. Indig*, Vol. 5, 1935)
40. McCulloch, Merran. *The Southern Lunda and Related Peoples*. (International African Institute Ethnographic Survey, West Central Africa Part I, 1951)
41. McCulloch, Merran. *The Ovimbundu of Angola*. (International African Institute Ethnographic Survey, *West Central Africa Part II*, 1952)

42. Melland, F. H. *In Witch-bound Africa*. (1923)
43. Milheiros, M. 'Lundas e Luenas: Posto de Gaianda.' (*Mensario Administrative* 15 and 16, 1948)
44. Read, Margaret. 'Moral Code of the Ngoni and their former Military State.' (*Africa*, Vol. XI, 1938)
45. Richards, A. I. 'Mother-Right among the Central Bantu.' (In *Essays Presented to C. G. Seligman*, 1934)
46. Richards, A. I. 'Preliminary Notes on the Babemba of North-Eastern Rhodesia.' (*Bantu Studies*, Vol. IX, 1935)
47. Richards, A. I. 'Reciprocal Clan Relationships among the Bemba of North-Eastern Rhodesia.' (*Man*, Vol. XXXVII, 1937)
48. Richards, A. I. *Land, Labour and Diet in Northern Rhodesia*. (1939)
49. Richards, A. I. 'The Political System of the Bemba of North-Eastern Rhodesia.' (in *African Political Systems* ed. Fortes and Evans-Pritchard, 1940)
50. Richards, A. I. *Bemba Marriage and Present Economic Conditions*. (Rhodes-Livingstone Institute Paper No. 4, 1940)
51. Richards, A. I. 'Some Types of Family Structure among the Central Bantu.' (in *African Systems of Kinship and Marriage*, ed. Radcliffe-Brown and Forde, 1950)
52. Sanderson, M. 'Ceremonial purification of the Yao.' (*Man*, Vol. XXII, 1922)
53. Slaski, J. (with Whiteley, W.). Peoples of the Luapula valley (in *Bemba and related peoples of Northern Rhodesia*, International African Institute Ethnographic Survey, East Central Africa Part II, 1951)
54. Smith, E. W. and Dale, A. *The Ila-Speaking Peoples of Northern Rhodesia* (1920)
55. Stannus, H. S. 'Notes on Some Tribes of British Central Africa.' (J. R. A. I., Vol. XL, 1910)
56. Stannus, H. S. 'The Wa-Yao of Nyasaland.' (*Harvard African Studies* No. III, 1922)
57. Stannus, H. S. and Davey, J. B. 'Initiation ceremonies for boys among the Yao of Nyasaland.' (J. R. A. I., Vol. XLIII, 1913)
58. Tew, Mary. *Peoples of the Lake Nyasa Region*. (International African Institute Ethnographic Survey, East Central Africa Part I, 1950)
59. Verbeke, A. 'Le mariage chez les Tribus d'origine Babemba.' (*Bull. Jur. Indig*, Vol. I, 1933)
60. Weeks, J. H. 'Notes on the Bangala of the Upper Congo River.' (J. R. A. I., Vol. XXXIX, 1909)
61. Werner, A. *The Native Races of the British Empire—The Natives of Central Africa*, (1906)

62. White,C. M. N. Unpublished MSS. ,1947
63. Winterbottom,J. M. Unpublished communication from Rhodes-Livingstone Institute.
64. Whiteley,W. and Slaski,J. *Bemba and related peoples of Northern Rhodesia*, with a contribution on the Ambo by B. Stefaniszyn,S. J. (International African Institute Ethnographic Survey,East Central Africa Part II,1951)
65. Wilson,G. H. 'Introduction to Nyakusa Society.'(*Bantu Studies*, Vol. X,1936)

另附

奥德丽·理查兹大事年谱[*]

1899　出生于英国;父亲从事法律工作,受封爵位,母亲家境优越,在家中四个女儿中排行第二。

1904—1909　在印度度过童年时代。

1911　进入英国有名的寄宿学校(Downe House)。

1922　进入剑桥大学的纽纳姆学院,主修文化与生物学,毕业时获得自然科学学位。

1920—1928　选择未来方向的年代。从事各种工作:速记、打字;到德国从事社会福利服务;为不同福利机构工作;为中学母校工作。

1924—1928　英国劳工部下的国际联盟机构做秘书。

1928　进入伦敦经济学院读研究生,成为马林诺夫斯基的学生,在福蒂斯(Meyer Fortes)和萨波罗(Isaac Schapera)之后,与埃文思-普里查德(E. E. Evans-Pritchard)、梅尔(Lucy Mair)、鲍德梅克(Hortense Powdermaker)成为同学。

1930　获得伦敦经济学院的博士学位。论文题目:《一个原始部落的饥饿与劳动》。第一次到北罗得西亚(赞比亚)做田野工作。

1932　出版《一个原始部落的饥饿与劳动》。

1933—1934　继续在北罗得西亚的本巴地区做田野工作。

1934　接受马林诺夫斯基到东非的探访。

1935　担任非洲语言文化国际研究会的饮食委员会主任。

1931—1937　任伦敦经济学院的讲师。

1938　任南非金山大学(Witswatersrand)人类学系高级讲师。在北索

---

[*] 本年谱为中译本译者整理做出。

托（Northern Transvaal）的茨瓦纳人（Tswana）中做田野工作。

1939　出版《北罗得西亚的土地、劳力与饮食》。

1941　回到英国，在殖民办公室工作。获得欢迎奖章（Welcome Medal）。

1944　在伦敦经济学院任课。被任命为殖民地社会科学研究会工作人员，负责筹划战后人类学研究计划。

1945　因杰出研究成果而获得里弗斯纪念奖章（Rivers Memorial Medal）。

1946—1951　任伦敦经济学院阅读讲师。

1948　帮助筹建了乌干达的麦克勒里大学（Makherere University）的东非社会研究所。

1950—1955　任东非社会研究所所长。

1955　获得最优秀不列颠帝国（五个等级中的第三等）司令勋章（CBE）。从东非社会研究所退休。

1956　任纽纳姆学院人类学研究所主任。继续教学。建立跨学科研讨会。成立剑桥非洲研究会。发表穆罗讲座（Munro Lectures）。重新担任殖民地社会科学研究会的研究人员。出版《祈颂姑：赞比亚本巴女孩的一次成人仪式》。

1958　发表多次演讲。

1959—1961　任皇家人类学会会长，第一位女会长。

1962—1967　任斯玛茨（Smuts）人类学阅读讲师。

1962　与利奇合作研究所居住的艾塞克斯社区问题，培养研究生做民族志田野工作。

1963　发表皇家研究院演讲。

1965　发表弗雷泽演讲（Frazer Lecture）。

1963—1966　任非洲研究会会长。

1970　被选为不列颠国家学术院院士。

1975　继续研究艾尔姆顿家庭问题。身体开始衰弱。

1984　去世。

奥德丽·理查兹的出版文献目录[*]

说明一 本目录基于

1972年出版的"奥德丽·理查兹主要著作目录"("Bibliography of the Principal Writings of Audrey Richards"by P. H. Gulliver. *The Interpretation of Ritual:Essays in Honour of A. I. Richards.* Edited by J. S. L a Fontaine. 1972. Pp. 285—9)

1992年出版的"奥德丽·理查兹"著作目录(Audrey I. Richards. By T. M. Luhrmann. *Persons and Powers of Women in Diverse Cultures.* Edited by Shirley Ardener. 1992. Pp. 51—57)。(另见 http://classes.yale.edu/03—04/anth500b/projects/project_sites/01_Margaretten/bibliography.htm 2015年8月20日确认)。

说明二 以下目录中的刊物名称缩写:
EAISR............ East African Institute of Social Research
JAA.............. Journal of African Administration
JRAI............. Journal of the Royal Anthropological Institute
JRAS............. Journal of the Royal African Society
PRAI............. Proceedings of the Royal Anthropological Institute
SAJS............. South African Journal of Science

说明三 奥德丽·理查兹的田野笔记等资料现存于伦敦经济学院的理查兹档案,见 http://archives.lse.ac.uk/TreeBrowse.aspx？src=CalmView.Catalog&field=RefNo&key=RICHARDS(2015年8月20日确认)。

说明四 奥德丽·理查兹的其他档案资料存于剑桥大学社会人类学系档案室。

说明五 耶鲁大学人类学系在2003—04年有过一个研究马林诺夫斯基的项目,其中有一个论述奥德丽·理查兹的网页(Audrey I. Richards 1899—1984),包括生平、书目和评述。http://classes.yale.edu/03—04/anth500b/projects/project_sites/01_Margaretten/paper.htm(2015年8月20日确认)。

1932a *Hunger and Work in a Savage Tribe:A Functional Study of Nutrition Among the Southern Bantu.* London,Routeledge.
1932b "Anthropological Problems in Northeastern Rhodesia,"*Africa*,no. 5,pp. 123—44.

---

[*] 本书目为中译本译者整理。

1932c "An Anthropologist in Northern Rhodesia," *The Listener*, no. 7, pp. 783—4.
1932d Review of J. H. Driberg, "At Home with the Savage," *Africa*, no. 5, pp. 523—5.
1932e Review of J. H. Ronhaar, "Women in Primitive Mother-right Societies," *Man*, no. 32, pp. 170—1.
1934a "Mother Right among the Central Bantu," in E. E. Evans-Pritchard, R. Firth, B. Malinowski (eds.), *Essays Presented to C. G. Seligman*, London, Kegan Paul, pp. 267—79.
1934b Review of Lucy Mair, "An African People in the Twentieth Century," *Africa*, no. 7, pp. 497—8.
1934c Review of John Henderson Sage, "The Ama-Xosa: Life and Customs," *Man*, no. 34, pp. 25—6.
1935a "The Village Census in the Study of Contact Problems" in *Africa*, no. 8, pp. 20—33.
1935b "Tribal Government in Transition," *JRAS*, no. 34, October Suuuplement.
1935c "Preliminary Notes in the Babemba of North-eastern Rhodesia," *Bantu Studies*, no. 9, pp. 225—53.
1935d "A Modern Movement of Witchfinders," *Africa*, no. 8, pp. 448—61.
1935e "From Bush to Mine," *Geographical Magazine*.
1935f "Urbanizing the Native," *Spectator*, June.
1935h Letter to the Editor. *Man*, no. 35, pp. 30—2.
1936a "The Life of Bwembya, a Native of Northern Rhodesia," in M. Perham (ed.), *Ten Africans*, London, Faber & Faber, pp. 17—40.
1936b With E. M. Widdowson, "A Dietary Study in North-eastern Rhodesia," *Africa*, no. 9. pp. 166—96.
1936c Review of A. D. Hall, "The Improvement of Native Agriculture in Relation to Population and Public Health," *Africa*, no. 9, pp. 559—9.
1936e Symposium Contribution on "Patterns of Culture," *Man*, no. 36, pp. 114—5.
1937a "Reciprocal Clan Relationships among the Bemba of North-eastern Rhodesia," *Man*, no. 37, pp. 188—93.
1937b "Review of R. R. Marett, 'Tylor,' " *Man*, no. 37, p. 182.
1938 "The Village Census in the Study of Culture Contact," in *Methods of Study of Culture Contact in Africa*, London, International Institute of African Languages & Cultures memo. xv), pp. 46—59.
1939a *Land Labor and Diet in Northern Rhodesia: An Economic Study of the Bemba Tribe*, London, Oxford University Press for International Institute of African Languages and Cultures.
1939b "The Development of Field Work Methods in Social Anthropology," in F. C. Bartlett, M. Ginsburg, E. J. Lungren and R. S. Thouless (eds.), *The Study of Society; Methods and Problems Part II*, London, Routledge & Kegan Paul.
1939c Review of Godfrey Wilson, "The Land Rights of Individuals Among the Nyaku-

sa,"*Africa*,no. 12,pp. 381—3.

1940a "The Political System of the Bemba of North-eastern Rhodesia,"in M. Fortes & E. E. Evans-Pritchard(eds.),*African Political Systems*,London,Oxford University Press,pp. 83—120.

1940b *Bemba Marriage and Present Economic Conditions*,Livingstone,Rhodes-Livingstone Institute(Rhodes-Livingstone Paper no. 4).

1941a "A Problem of Anthropological Approach,"*Bantu Studies*,March,pp. 45—52.

1941b "Review of I. Schapera(ed.),'A Select Bibliography of South African Native Life and Problems',"*African Affairs*,no. 50,pp. 377—8.

1942 "Some Causes of a Revival of Tribalism in South African Native Reserves,"*Man*,no. 41,pp. 89—90.

1943a "Bronislaw Kaspar Malinowski,"*Man*,no. 43,pp. 1—4.

1943b Review of Max Gluckman,Economy of the Central Baroste Plain,*Africa*,no. 14,pp. 46—8.

1943c Review of T. D. Ramsey,"Tsonga Law in the Transvaal,"Africa,no. 14,pp. 149—50.

1943d Review of Daryll Forde,"Marriage and the Family Among the Yako in South Eastern Nigeria,"*Man*,no. 43,pp. 66—7.

1944a "Practical Anthropology in the Life-time of the African Institute,"*Africa*,no. 14,pp. 289—300.

1944b "Pottery Images of Mbusa used at the Chisungu Ceremonies of the Bemba People of North-eastern Rhodesia,"*SAJS*,no. 41,pp. 444—58.

1944c "Godfrey Wilson,"*Man*,no. 44,pp. 125—6.

1944d Review of E. J. & J. Krige,"The Realm of the Rain Queen,"*Man*,no. 44,pp. 148—50.

1945a Review of W. V. Brelsford,"The Succession of Bemba Chiefs:A Guide for District Officers,"*Africa*,no. 15,pp. 97—8.

1945b Review of C. Leubuscher,"Tanganikia Territory:A Study of Economic Policy Under Mandate,"*Africa*,no. 15,pp. 218—20.

1946a Review of I. Schapera,"Tribal Legislation Among the Tswana of Bechuanaland:A Study in the Mechanism of Cultural Change,"*Man*,no. 46,pp. 20—1.

1946b Review of E. E. Evans-Pritchard,"Some Aspects of Marriage and the Family among the Nuer,"and D. W. T. Shropshire,"Primitive Marriage and European Law,"*African Affairs*,no. 45,pp. 212—3.

1947a *Colonial Problems as a Challenge to the Social Sciences*,London,Anti-Slavery & Aborigines Protection Society.

1947b "Social Research in the Colonial Field,"*Pilot Papers*,no. 2,pp. 26—38.

1947c Review of L. W. Simmons,"The Role of the Aged in Primitive Society,"*Africa*,no. 17,pp. 62—3.

1947d Review of E. E. Evans-Pritchard,"Some Aspects of Marriage and the Family Among the Nuer,"*Man*,no. 47,pp. 102—3.

1948 Review of Hilda Kuper,"An African Aristocracy:Rank among the Swazi of Swaziland,"*Man*,no. 48,pp. 142—3.

1949a "Colonial Future:The Need for Facts,"*Spectator*,February.

1949b Review of Bengt G. M. Sundkler,"Bantu Prophets in South Africa,"*Africa*,no. 19,pp. 248—9.

1949c Review of Ralph Linton,"The Colonial Background of Personality,"*Man*,no. 49, pp. 58.

1949d Review of W. V. Brelsford,"Land Holding and Land Usage Among the Plateau Tonga of Mazabuka District,"*African Affairs*,no. 48. pp. 340—1.

1949e Review of Alan Burns,*Colour Prejudice:With Particular Reference to the Relationship between Whites and Negroes*. International Affairs,25(4),p. 555

1950a "Huts and Hut-building among the Bemba,"*Man*,no. 50,pp. 87—90 and 101—9.

1950b "Some Types of Family Structure among the Central Bantu,"in A. R. Radcliffe-Brown & D. Forde(eds.),*African Systems of Kinship and Marriage*,London,OUP, pp. 207—51.

1951a "The Present Day Recruitment of Chiefs in Buganda,"in *Report of the Astrida Conference* 1951,Kampala,EAISR.

1951b "The Bemba of North-eastern Rhodesia,"in E. Colson and M. Gluckman(eds.), *Seven Tribes of British Central Africa*,London,OUP for Rhodes-Livingstone Institute,pp. 164—93.

1951c Note:EAISR:First Conference,*Man*,no. 51,p. 65.

1951d Review of Clyde Kluckholn(ed.)& H. A. Murray,"Personality in Nature,Society,and Culture,"*Man*,no. 51,pp. 9—11.

1952a With A. B. Mukwaya,"Discussion on the Difference between Busoga and Buganda System of Chiefs,"in *Conference Papers*. Kampala,EAISR. Incorporated in East African Chiefs.

1952b "Some Preliminary Suggestions on the Determinants of Clan and Lineage Structures,and the Present Day Recruitment of Chiefs in Buganda,"in *Institut pour le Recherche Scientifique en Afrique Centrale*,Comptes Rendues des Travaux du Seminaire d'Anthropologie Sociale,July 1951.

1952c Review of Claude Levi-Strauss,"Les Structures Elementaires de la Parente,"*Man*, no. 52,pp. 12—3.

1953a "Anthropological Research in East Africa,"*Transactions of the New York Academy of Sciences*,no. 16,pp. 44—9.

1953b "East African Conference on Colonial Administration[Position of the Lower Chiefs],"*JAA*,no. 5,pp. 62—5.

1954a *Economic Development and Tribal Change:A Study of Immigrant Labour in Buganda*. Cambridge,Heffer for EAISR.

1954b With P. Reining,"Report on Fertility Survey in Buganda and Buhaya,1952,"in F. Lorimer(ed.),*Culture and Human Fertility*,Paris,UNESCO,pp. 341—403.

1955a "Ganda,Clan Structure,Some Preliminary Notes,"in *Conference Papers*,Kampala, EAISR.

1955b "The Tribal Kingdom of Uganda,"*Times British Colonies Review*,no. 20.

1956a *Chisungu:A Girl's Initiation Ceremony Among the Bemba of Northern Rhodesia*,London,Faber & Faber.

1956b "The Human Problems of Africa,"*Listener*,no. 56,pp. 740—1.

1957a "The Concept of Culture in Malinowski's Work,"in R. Firth(ed.),*Man and Culture:An Evaluation of the Work of Bronislaw Malinowski*,London,Routledge & Kegan,Paul,pp. 15—31.

1957b "The Human Problems of Africa,"*Corona*,no. 9. 137—40.

1958a "A Changing Pattern of Agriculture in East Africa:The Bemba of Northern Rhodesia,"*Geographic Journal*,no. 124,pp. 302—14.

1958b Tribal Groups in Kenya. *Times British Colonies Review*,pp. 21—2.

1958c Review of Max Gluckman,"Custom and Conflict,"*Man*,no. 58,pp. 117—8.

1958d Review of Monica Wilson,"Rituals of Kinship among the Nyakusa,"*Man*,no. 58, p. 135.

1959 Review of Victor Turner,"Schism and Continuity in an African Society,"*Africa*, no. 29,pp. 88—90.

1960a *East African Chiefs:A Study of Political Development in Some Uganda and Tanganiyika Tribes*,London,Faber & Faber,New York,Praeger.

1960b "Social Mechanisms for the Transfer of Political Rights in some African Tribes," *JRAI*,no. 90,pp. 175—90.

1960c "The Bemba,their Country and Diet,"in S. & P. Ottenberg(eds.),*Cultures and Societies of Africa*,New York:Random House,pp. 96—109.

1961a *Land,Labour and Diet in Northern Rhodesia*,2nd reprint,London,Oxford University Press.

1961b "Agnes Winifred Hoernle,1885—1960,"*Man*,no. 61,p. 35.

1961c "Anthropology on the Scrap-Heap?,"*JAA*,no. 13,pp. 3—10.

1961d "African Kings and their Royal Relatives,"*JRAI*,no. 91,pp. 135—50.

1962a "Constitutional Problems in Uganda,"*Political Quarterly*,no. 33(4),pp. 360—9.

1962b "Chisungu,"*Problemes Sociaux Congolais*,no. 59,pp. 83—112.

1962c "Tribe and Nation in East Africa,"*The Round Table*,June.

1962d Review of Georges Charbonnier,"Entrtiens avec Claude Levi-Strauss,"*Man*,no. 62,pp. 125—6.

1962e Review of Denise Paulme,"Femmes d'Afrique Noire,"*Africa*,no. 32,pp. 84—6.

1962f Review of M. Perham & M. Bull(eds.),"The Diaries of Lord Lugard,"*Africa*,no. 32,pp. 74—6.

1963a "Some Effects of the Introduction of Individual Freehold into Buganda," in D. Biebuyck(ed.), *African Agrarian Systems*, London, OUP for International African Institute, pp. 267—280.

1963b Introduction to P. C. W. Gutkind, *The Royal Capital of Buganda*, The Hague, Morton.

1963c "The Pragmatic Value of Magic in Primitive Societies," *PRAI*, no. 39, pp. 340—47.

1963d "Multi-tribalism in African Urban Areas," in *Urbanization in African Social Change*, Edinburgh, University of Edinburgh for African Studies, pp. 43—51.

1963e "Malinowski" *New Society* 41(16): 16—17.

1963f Review of C. M. N. White, "Tradition and Change in Luvale Marriage," Africa: Journal of the International African Institute, Vol. 33, No. 4, pp. 378—379

1964a "Epilogue." In L. A. Fallers(ed.), *The King's Men*, London, OUP for EAISR.

1964b "Freedom, Communications and Transport," in D. Bidney(ed.), *The Concept of Freedom in Anthropology*, The Hague, Mouton.

1964c *Hunger and Work in a Savage Tribe: A Functional Study of Nutrition among the Southern Bantu*. Reprint. Cleveland/New York, The World Publishing Co.

1964d Review of Hotense Powdermaker, "Copper Town," *Africa*, no. 34, pp. 64—5.

1964e Review of John Middleton(ed.), "Witchcraft and Sorcery in East Africa," *Man*, no. 64, pp. 187—8.

1965 "The Adaption of Universities to the African Situation," *Minerva*, pp. 336—42.

1966a *The Changing Structure of a Ganda Village: Kisozi* 1892—1952, Nairobi, East Africa Publishing House for EAISR(EA, Studies no. 24).

1966b "Multi-tribalism in African Urban Areas," *Civilisations*, no. 16, pp. 354—64.

1966c Review of S. A. Richardson, B. S. Dohrenwend, & D. Klein, "Interviewing: Its Forms and Functions," *Man*, n. s., no. 1, pp. 262—3.

1967a "African Systems of Thought: an Anglo-French Dialogue," *Man*, n. s., no. 2, pp. 286—98.

1967b Presidential Address to the Conference of the African Studies Association of the United Kingdom held at Edinburgh, 21—24 September 1966. *African Affairs*, no. 66, pp. 40—54.

1967c Tribute to Sir Gore Brown, *The Times*, August 12.

1968 "Keeping the King Divine," *Proceedings of the Royal Anthropological Institute*, pp. 23—5.

1969a *The Multicultural States of East Africa*, Montreal, McGill-Queen's University Press for Centre for Developing Areas Studies(Keith Collard Lectures, series 3).

1969b "Characteristics of Ethical Systems in Primitive Human Society," in F. J. Ebling (ed.), *Biology and Ethics*, London, Academic Press(Institute of Biology Symposia no. 18), pp. 23—32.

1969c "Bronislaw Malinowski," in T. R. Raison(ed.), *The Founding Fathers of Social*

Science, London, Penguin. First Published in New Society, July 1963.

1970 "Socialization and Contemporary British Anthropology," in P. Mayer(ed.), *Socialization: The Approach from Social Anthropology*, ASA monograph and London, Tavistock.

1971 With Adam Kuper(ed.), *Councils in Action*. Cambridge, CUP(Cambridge Papers in Social Anthropology no. 6).

1972 Letter to the Editor, *The Times*, January 6, p. 11.

1973a *Economic Development and Tribal Change: A Study of Immigration Labour in Buganda*. Revised edition, Nairobi, OUP.

1973b With Ford Sturrock & Jean M. Fortt, (eds.), *Subsistence to Commercial Farming in Present Day Buganda: An Economic and Anthropological Survey*, Cambridge, CUP.

1974a "The Position of Women: An Anthropological View," *Cambridge Anthropology*, vol. 1, no. 3., pp. 3—10.

1974b With C. Tardits, "A Propos du Marriage Bemba," *L'Homme*, vol. 14, nos. 3—4, pp. 111—18.

1975 With Jean Robin, *Some Elmdon Families*, Elmdon, Audrey Richards.

1977a "The Rhodes-Livingstone Institute: An Experiment in Social Research 1933—38," *Afr. Soc. Res*, no. 24, pp. 275—8.

1977b "The Colonial Office and the Organization of Social Research," *Anthropological Forum*, vol. 4, no. 2, pp. 32—53.

1980 In Jean Robin, *Elmdon*, Cambridge, Cambridge University Press, pp. xi—xxxviii.

1981 *Kinship at the Core*. In *Kinship at the Core: An Anthropology of Elmdon, a Village in North-west Essex in the Nineteen-Sixties*. eds. Marilyn Strathern and Audrey Richards. Cambridge University Press, pp. xi—xxx.

1982a *Chisungu: A Girl's Initiation Ceremony among the Bemba of Zambia*, 2nd ed. with new introduction by Jean La Fontaine, London, Tavistock(with new preface).

1982b "East African Chiefs" and its sequel "Changing Local Government Policy 1950—1970: Chiefs and Administrators in Buganda," in A. F. Robertson (ed.), *Uganda's First Republic*, Cambridge, Cambridge African Studies Centre, pp. 8—52.

索 引

(索引所标页码为原书页边,即本书边码)

A

Adultery 通奸
不生育的原因,34;胸部的麻烦,34;孩子的死亡,34—5,50,132
火巫术的结果,30;对第三者的巫术结果,34,157
惩戒,36,50;150
另见婚姻
Age 年龄
等级,53—4,112,130,151
优先权,48,64,68,72,76,77,85,93,95,131,138,142,144,148—9,193
另见敬重
Agriculture 农业
态度,47
本巴方式,25—7
经济作物,28
礼仪,26,37,77,84,119,125,141,142—3,146,147,151
女性角色,25,48,102
另见教育,模仿
Ambo 安博部落 171,174,175
Angola Tribes 安哥拉部落 17,170—2,174,186
Anthropologists 人类学家
美国的,116
对青春期仪式的态度,21,125—6
对分布地区的研究,55,170—86
对仪式的阐释,112—20,137,146,153—6
与心理学家观点比较,118—19,153—4
另见方法
Authority 权威,见政治组织

B

Bantu 班图
东部的,44,45,170
南部的,34,44,49,134,170
Bateson,G. 贝特森 119,154
Beer 啤酒

在祈颂姑仪式上,58,62,68,125
婚姻中的交换,44
仪式上的饮用,92,94—5,99,125
Bemba 本巴
姻亲,170
在刚果的,171,173
文化,25—51
对祈颂姑的描述,55,120—1,135—7
环境,25—7,151
历史,25,38,171
Bena 贝纳部落 163
Benedict,R. 本尼迪克特 156
Betrothal 订婚 33,43—4,54,58
Birth 诞生;生育
勇气,48
死亡时的,28,35,142,159
欢迎女孩的,49
方法,28,132
模仿,89,143,196
流产,35
第一次生育的礼仪,158
超自然的影响,29,35,123,142—5,151
有关的禁忌,160
女性的控制,142,148,149,159,160
另见繁殖力;生育力
Bisa 比萨人 17,40,47,170—3,175,177
Blood 血
与火和性的信仰,30,32,35,123,141,142—5,150
巫术性,30,32,34,35,123
月经,19,32,34,81,88—90,124,201
求子,19,142
净化,19,33,54,66,88—90,97,124,162
祈颂姑中的象征意义,66,90,97,124,201
普遍态度,19
赎罪,40
另见月经;经血
Bow and Arrow 弓与箭
酋长的,143

214 祈颂姑

祈颂姑仪式中,69,70,73,74,105,106－7,
110,111,143,198
职位继承仪式中,27,39,155
其他部落,173,174,185
Brelsford,V. 布莱斯福德 55,60,80

C

Cewa 切瓦人 17,40,155－6,158,177－80,183－4
Chiefs 酋长,见政治组织
Children 孩子
对孩子的权力,43,44,158－9
有关礼仪,30－1,143,147,158－9,184
超自然危险,30,34,36
不成熟,30
另见诞生,做母亲
Chisungu 祈颂姑
分析,54－6,110－11,140,142－5
本巴人叙述,55,120－1,135－7
目睹的仪式
表演者,56－8,150,167
吸引力,99,133
对新人的祝福,63,90,143
其中的弓箭礼;见弓和箭
新人的行为,63,65,109,121－2;解除进食
约束,86,108,122,162;提供食物,76－7,
122
遵守的条件,22,55,60－3,114
之后的祝贺,109－10
所用象征物;见象征物
内部用语,81,127,130
食物交换,45,46,54,60,71,79,84,108,133,
143－5
生殖礼仪;见生殖
节日用粥,84－7,122
火仪式,30－1,75,77－8,122,125,142－5
渔网,65,143
模仿种菜;见模仿,农业
成长巫术,98,121－5,152
杀鸡,107－8,123,138,162
猎狮舞,66,96－7
假新郎,54,58,73－5,98－9,100,106－7,
124,145,197－8
母亲角色,56,58,74－5,76－7,89,122－3,
132,143,145,167,196
用嘴敬献,64,71－3,76,85,93－4,153,
164,193
拥有者,56－1,62,134
净化礼,66,88－90,97,105,124,162
仪式性喝啤酒,94－5,99,125
仪式性跳跃,65－6,95－6,97－8,121,123,

136－8,162
分隔礼仪,65,74,121－2
调戏,67,70,79－80,86－7,123,130,139,
190,195
成熟考验,75－6,97－8,107,121－5,138,
162
增白巫术,89－90,124,137
丛林和树林里的仪式,65,61,70－4,87,92－
8,121,124－5,137－8,143,164,189－93,
210－12
有关系的酋长,56,51,81,101,133,142－6,148
分布,13,11,23,40,55,110－186
欧洲人的记述,55,136－7
之前对怀孕的恐惧,33－4,45,124
意识形态,30,31－5
阐释,120－69,187－211
现代变化,13,28,56,60－1,68,15,114,121,
133－4,139,165
多重解释,l20－1,135,166－1
支付,43－4,54,56,58,68,100,130
公开性,133,149,168
与本巴仪式模式的关系,21－2,115－16,121,
141－53,168
秘密方面,131,145,159,160,165,168
礼仪顺序,110－11
另见血,跳舞,教育,象征物,模仿,仪式女主
人,敬重,歌,象征
Chokwe 乔克维人 171－2
Congo,Belgian（比利时属）刚果 11,54,170－2,114
Cory,H. 科里 13－14,60,163
Crawley,E. 克劳利 19,20
Culwick,A.T.and G.C. 卡尔维克夫妇 163

D

Dancing 跳舞
敬重,59,68,13,100,131,190
另见狮子,模仿
Death 死亡
分娩,28,35,142,159
受火影响,32
死亡仪式,15,31,85,111,141,152
谋杀,33,65
之后的净化,32
超自然原因,35
失去配偶,34,157
Defloration 破贞 33,179,183
Descent 后代
母系
氏族,37,38－9,48,57,104,143,149－50,
157,205

索　引　215

分布,148,172－86
世系,40,148－50,154－8,167,168
原则,36,39,148
仪式表现,34,117－18,142－3,148,149－50,160
结构关系,160
继承,27,37,39,49,155
父系,49,148,149,155,156,175－6
另见家庭,血缘关系
Divorce 离婚 见婚姻
Durkheim,E. 涂尔干 177

E

Economic 经济
财富观念,27,46,47,134,142
手工品,27
劳务交换,46－7,142
财产继承,27
劳力,28,41,48,106,147－8
土地权,27
礼仪,26,37,140,141,142－6,151,164
另见农业,教育,食物,狩猎,价值观
Education 教育
农业,70,71,77,84,102,126,128,140
家务,70,71,79－80,101－2,126,128,140
经济价值,21,47,126
法律责任,120,129,140
婚姻,21,79,81,83,86,91,95,102－4,126,128－9,140,145
助记忆符号,127,163
做母亲,104－5,126,140,163,209－10
性行为,21,81,87,91,102,105,126－7,128－9,140,154
另见象征物,敬重
Emblems 象征物
家用物品,59,60,73,75,76,84,86,91,107,138,140,165
教育功能,127－9,146,162－5
制作,68－9,73,80－2,86,91,97,138
数字的分析,140
陶塑,13－14,27,55,59－60,81,82,87,88,92,93,95,98,100－6,128,138,145,162
秘密,75,81,82,85－6,98,127,165,187
墙壁设计,55,60,80－2
另见象征
Environment 环境
本巴,25－7,142
对健康的影响,28
超自然的影响,36,141,142－3
另见森林

Evans-Pritchard,E. E. 埃文思-普里查德 117

F

Family 家庭
大家庭,40,41,42,58,150,162,168
中枢关系,41,132
紧张关系,41－2,117,150
另见孩子,父亲,丈夫,血缘关系,婚姻,母亲,妻子
Father 父亲
婚姻外性交的结果,33－4
能生孩子的,158
大家庭的家长,40－1
岳父的力量,40－1,46
有父亲权力的,158
力量,44,49,152,155,158
另见血缘关系
Fertility 生殖力;生育
祈求,19,40,125,144－6,147－8,158,160
与人类和农业相关,102,125,141,145,147,164
生育力,19,29,148
礼仪与象征,18,19,52－3,65,70,72,74,78,84,92－4,121,123－5,141,143,145－6,151,158,164,188,191
无生育力,29,35,142,148
超自然原因,29,34,36,39,78,84,123,140,144－5,147
考验,46,110,156,158
另见性
Fire 火
与血和性的信仰,30－1,35,123,140,141,142－5,150
酋长的,31,32,37,49,142,145
新的,31,32,46,75,77－8,122,141,143,145,146
污染,30,32,33
净化,30－1,45,122
贞操考验,45－6,110,158
年轻夫妇,获得,40,46,145
Firth,R. 弗斯 114,116,119
Food 食物
来自丛林,26,48
仪式性敬献,45,46,84,108,141,145,194
祈颂姑仪式中,60,69,71,76－7,85－6,108,122,133,136,143,149,162,194
交换,27,44－6,75,133,142
有关礼仪,26,45,74,84－7,108,142－5,147,162
缺乏,26,61,142

主食, 71, 74, 84
禁忌, 45, 86, 108, 122, 142
女人的责任, 25—7, 40, 47, 48, 105, 142, 191
Forest 森林
 本巴人的态度, 26, 27, 151
 神圣树；见象征
 树林里的仪式；见祈颂姑, 目睹的仪式
Fortes, M. 弗蒂斯 118
Frazer, J. 弗雷泽 19, 20

G

Gluckman, M. 格拉克曼 20, 118, 119, 154, 156, 160
Gusii 古斯依人 160

H

Health 健康
 酋长的影响, 39
 婴儿死亡率, 28, 34, 142, 148, 159
 巫术, 29
 疟疾, 28
 有关肺病的抱怨, 28, 34
 礼仪, 143, 151
Henga 亨加 180
Hunting 狩猎 26, 73—4, 106—7, 119, 142—3
Husband 丈夫
 祈颂姑仪式中, 43—4, 54, 58, 106—7, 144—5
 责任, 75, 83, 102—4, 140, 144—5
 作为父亲的荣耀, 102, 158, 159
 融入家庭, 40—2, 133, 144, 158
 假新郎；见祈颂姑, 目睹的仪式
 权力, 102, 103, 157—8
 象征, 78, 81, 95, 102, 103, 189—90, 194—5, 210, 211
 生育力, 46, 100, 145, 156, 158, 159, 164
 另见模仿, 敬重

I

Ila 伊拉人 17, 171, 175—6
Initiation 成人礼仪；见祈颂姑, 青春期

K

Kamba 坎巴人 54
Kaonde 卡昂多人 17, 40, 170, 172, 173, 175, 184
Kawonde (见卡昂多人) 175, 185
Kinship Relations 亲属关系
 兄—妹, 20, 38, 40, 49, 58, 82—3, 129, 143, 152
 父亲—女儿, 41, 49, 56
 父亲—舅舅, 42, 142, 152, 154
 姑姑, 29, 34, 40, 44, 46, 56, 58, 62, 77—8, 85—6, 125, 131, 142—5, 150, 151, 167
 祖母, 49, 98, 108, 132
 舅舅, 38, 39—42, 44, 46, 81—2, 152, 155, 159
 姐妹, 39, 41, 42, 49
 儿子—父亲, 20
 女婿, 40, 41—2, 43—7, 133, 140, 143, 150, 159
 另见父亲, 丈夫, 母亲, 妻子
Kluckhohn, C. 克拉克洪恩 114
Krige, J. D. and E. T. 克里格斯夫妇 128, 129, 134, 135
Kuper, H. 库伯 113

L

Lala 拉拉人 40, 170—3, 175, 177
Lamba 兰巴人 17, 40, 170, 172—3, 175, 177, 183, 185
Language 语言 14, 55; 81, 127, 130
Leach, E. R. 利奇 118
Lion 狮子
 诅咒, 29
 猎狮人的舞蹈, 66, 96—7
 另见祈颂姑, 象征
Little, K. 利特尔 134
Lomwa 隆韦人 177
Lovale 罗瓦勒人 172
Lovedu 罗维杜人 52, 53, 60, 128, 129
Lozi 洛兹人 175
Luba 卢巴人 171, 172, 175
Luchazi 鲁查滋人 171, 172
Luena 鲁安纳 171, 172
Lunda 隆达人 170—3, 175, 178, 185—6
Lungu 隆古人 171, 174—5, 184—5

M

MacMinn, R. 麦克民 137
Magic 巫术
 激活介体, 28—30
 吸引力, 83—4, 133, 145
 美妙, 19, 90, 109, 124, 152
 与宗教的区别, 112, 139
 经济, 119, 142—3, 151
 普遍功能, 151
 粮仓, 143
 成长, 98, 121—5, 152
 好客, 145
 爱, 19, 161
 生殖, 121—5
 磨难, 20, 37, 66, 70—4, 97—8, 122—4, 130, 136, 138, 145, 158, 162
 保护性, 27, 52, 53, 124, 139, 141, 142—5, 148
 另见血, 祈颂姑, 目睹的仪式, 生育力, 火, 仪

索 引 **217**

式的女主人,性,超自然介体
Makonde 马孔代人 177,178,182-6
Makua 马库阿人 177,178,182,186
Malinowski,B. 马林诺夫斯基 112,116,119,155,164
Maori 毛利人 119
Maravi Group 马拉维群体 177,178
Marriage 婚姻
 仪式,43-7,52-3,110,145,166
 干扰,40-3,49,50,83,128,147,160,156
 父亲的力量,49
 第一次性交,38,45-6,53,54-5,144-5,154-5
 长妻的地位,32,36,40,49,103,141,145
 法律的强调,128,165-6
 现代变化,83,147
 舅舅的力量,40,44
 支付,现金或劳务,40,42,43-4,150,156
 婚姻罐,31-2,46,78,110,143,145,146
 优先,42,106
 再婚,34,49
 礼仪,33,43-7,52-5,110,144,166
 居住规则,40-3,44,46-7,144,150
 性行为,30,31,50,91,144,154,155-6
 稳定性,42-3,50,150
 婚约的阶段,40,41-2,43-7,110,129,133,154-5
 超自然惩罚,36,144,155
 另见通奸,订婚,教育,丈夫,血缘关系,性,妻子
Mayer,P. 梅耶 160
Mbunde 姆班德人 172
Men 男人
 经济活动,26-7
 所控制的礼仪,151
 角色,47-51
 女人的敌意,20,154,159-60
 另见父亲,生育力,丈夫,婚约,性
Mende 蒙德人 134
Menstruation 月经
 初潮仪式,54
 之后的第一次性交,32,53,123
 禁忌,19,32,34,78,88-9,201
 普遍态度,19
 另见血,青春期,净化
Method 方法
 工作的条件,13,55,61-3,114
 阐释仪式,22,56,112-20,167
 再现的,55-6
 另见人类学家,心理学
Mimes 模仿
 农业的,59,70-1,77,95,102,119,124,125,129,140,143,151,184-5,204-6
 酋长就职,143
 分娩,89,143,196
 家务,59,71,126,140,141,143,151
 捕鱼,65,143
 食物分配,45,84-5,108,143
 狩猎,73-4,106-7,119,143
 丈夫的角色,54,58,78-5,78,81,95,98-9,100,105-7,145
 接受女婿,145,159
 猎杀狮子,65-6,96-7
 做母亲,74-5,89,104-5,132
 妻子角色,70-1,83,86-7,91,145
 另见附录乙,187-212
Mistress of Ceremonies 仪式女主人
 头饰,90,91,101,104-5,130
 成人礼仪的,57
 接生婆,57,132
 支付,54,56,58,100,130
 对受礼的女孩的权力,58,132,167
 敬重,57-8,61,69,77,87,90,95,101,131,190,195
 禁忌,122
 培训,57,128,131
 胜利,100-1,197
Mitchell,C. 米切尔 158
Motherhood 做母亲
 婚约外性交的结果,30,33-4
 给女儿种子,74-5
 把女儿交出去,77,89,132,145,196
 荣耀,39,48
 岳母,43
 巫术保护的责任,28,29
 获得孩子的礼仪,30-1,158-9,184
 保护礼仪,18,78,143,145
 象征,104-5
 与女儿的关系,34,40-2,76,123,132,140
 另见祈颂姑,教育,
 生育力,模仿

N

Naven 纳文 119
Ndembo 恩登布人 175
Ngoni 恩高尼人 52,149,155,156,177,180
Nilo-hamites 尼罗哈米特人 18,53
Nilotes 尼罗缇人 53
Nsenga 恩桑卡部落 171,173-4,175,177,184
Nyanja 尼亚加人 158,177,180,184,186

P

Pedi 派迪人 52

Political Organisation 政治组织
　酋长
　　氏族的,37,39,48,150
　　劳务命令,46
　　火,31,32,37,49,142,145
　　头饰,90−1
　　就职,32,37,141,151
　　执法权力,37
　　婚约,32,41,49,143,145
　　战事力量,37
　　与祈颂姑的关系,56−7,81,101,133,142−6,148
　　仪式,31,32,37,46,48,66,95,109−10,140,141,142−6,148,149−51,167
　　性生活,30,33,141
　　神龛,39,48−9,143
　　接任,37,49
　　超自然力量,29,30,36−7,39,46,49,141,142−6,148,150−1,156,167
　　象征,78
　　另见敬重
　酋长职位,35,37−9,48−9,81,143,159
　齐狄姆库鲁,25,36−7,85,101,141,142−3,146,150,167
　头人 37−8,39,40,46,48,134,142−6,167
　结构 36−8
Psychology 心理学 19,55,118−19,153−4,158−9,161,169
Puberty 青春期
　相关的年龄段,53−4,113,130,151
　男孩,17,18,52−4
　割礼,20,53,54
　女孩,17,22,52−5,126
　生殖礼仪,18,19−20,52−3,54,121−5,130
　强调的身体成熟期,20,52,54,123,139,154
　过渡礼仪,18,121,138,162−3
　获得的角色,18,20−1,52−4,122−3,129,141,145,149,151,161−2
　学校,52−3
　成熟考验,18−20,53−4,75−6,97−8,107,121−5,138,152,156,158,162
　仪式类型与分布,17,20,52−5,170−86
　普遍态度,18−21,153−4,168−9
　另见月经,性
Purification 净化
　祭祖前,30−31
　死亡后,32
　就职前,32
　猎获狮子后,33,96
　月经后,19,33,54,66,88−90,104,139,162

　谋杀后,33
　性交后,30−2,50,104,110,145,155,202
　抹白后,89−90,124,137
　另见祈颂姑,火

R

Radcliffec-Brown, A. R. 拉德克利夫-布朗 115,116,117
Read, M. 理德 155,156
Respect 敬重
　对酋长,46−8,57−8,148,156
　对祈颂姑中的长者,64,67−9,85,90,92−5,131,138,143,156,193
　通过衣物,69,92,122
　通过哭,79
　通过跳舞,59,68,73,100,131
　对丈夫,86,88,103−4,140,145,158−9
　通过敬献食物,45,46,64,69,76,85,145
　祈福,142,156
　通过歌,72−3,76,93,131,149,193
　对女婿,42,43,46,133,140,143,150,159
　超自然惩罚,142−4,156
　另见年龄,仪式女主人,做母亲
Rites 礼仪
　祝福,29,30,31,36,40,63,90,141,143,146,164
　诅咒,29,30,34,35,142,201
　占卜,26,38
　森林,27,70−4,92−8,121,124,125
　维护,147,152−3,164,166
　有标志的阶段,161−2
　重新接纳,109−10,122,141
　代表,129
　逆转,154
　分隔,65,74,121−2,141
　地位变化,130−2,151−2,162
　祈求,38,39,146−7,151,153,167−8
　过渡,109,121,161−2
　另见主要条目,如农业,诞生等
Ritual 仪式
　表格分析,142−5
　表现团结,117−18,152
　阐释,22,55−6,112−69,187−211
　法律功能,119,128,162,166
　多重目的,151−2
　时间分析,137,140
　部落模式,114,115,140,141−6,151−2,167
　类型,21 顺序变化,135
　另见人类学,酋长,祈颂姑,青春期,礼仪,社会结构

索　引　**219**

S

Sala 萨拉 17,176
Schapera,I. 萨波罗 139
Schneider,D. 施耐德 159
Sex 性
　与祖先,155
　与血和火的信仰,30－6,123,141,142－5,150
　第一次性交的危险,33,45－6,144,154－5;婚前,33
　巫术性,30－2,34,123,140,142,144,155
　礼仪与象征,30,31－4,45－6,65,67,70,72,74,78,81,82,84,87,91,97,102,104,123－5,142－6,164,188,191
　禁忌,30
　　另见通奸,血,教育,生育力,火,婚姻,政治组织,酋长,青春期,净化
Shila 希拉人 171
Slavery 奴隶制 27,37,46,47
Social Structure 社会结构
　本巴,36,43,47
　契约社会关系,152－3,162
　定义,47
　仪式的表达,59－60,117,118－19,142－4,148－61,164,169
　社会聚合,117－20,152
　社会紧张,118,119,144,153－61
Songs 歌
　阐释,187－212
　　另见模仿,敬重
Sotho 索托 52,53,130
Supernatural Agencies 超自然介体
　信仰,28－36,123,141
　巫师,29,74,124
　精灵
　　祖先,28－9,34,36－9,48－9,63,89,141,142－6,150－1,155,167
　　保护人,28－9,34,38－9
　　邪恶的,29,35－8,197
　魔法,29－30,35,37,74,144,152
　　另见诞生,孩子,死亡,环境,生育力,巫术,婚姻,政治组织,酋长
Swazi 斯瓦兹人 113
Symbols 象征
　仪式中
　　蝙蝠,85,196
　　豆子,80,81,125。另见象征物,家用
　　床,83,125
　　鸟,80;85,105,196,212
　　弓和箭,69,70,73,74,105,106－7,110－11,143,198
　　手镯,102,109,199
　　蝴蝶,80
　　红檀木,60,66,73,74,84,93,94,96－8,124
　　毛毛虫,105,212
　　蜈蚣,105
　　氏族,104,205
　　鳄鱼,81,103,128,158,163,195,203－4
　　白鹭,90,105,124,206－7
　　眼睛,80,81
　　女性人物,60,82－3,88,104,143,209－10
　　木柴,106,107,164,197－8 另见象征物,家用
　　鱼,65,73,85,124,188
　　傻瓜,80,81,88,202
　　菜地垄沟,92,95,102,191,204
　　几内亚鸡,70,80,81,84,191
　　头饰,90,91,101,102,104,195,202－3
　　火炉,101,212
　　锄头,102,164,205－6
　　房子,104,163,208
　　鬣狗,105,190,212
　　树叶杯子,65,73－4,124,188
　　豹子,66,80,89,94,96－7,98,189
　　狮子,33,60,65－6,74,78,89,101,105,108,124,158,189－90,194－5,196－7,199,211
　　男性人物,60,82－3,103,143,210－11
　　婚姻罐,78,110,145
　　猴子,72,187－8,192
　　石臼,101,208－9
　　项链,102,200
　　猫头鹰,80,81
　　猪,70,190－1
　　管子,102,211
　　刺猬,103,207 阳光,82
　　盐;见象征物,家用
　　屏风,90－1
　　种子;见象征物,家用
　　棚子,90－1
　　蛇,60,75,82,87,124,153,193
　　勺子,104,201－2
　　星星,104,124,201
　　板凳,85,195
　　乌龟,71,105,165,191－2,207－8
　　树;见祈颂姑,目睹的仪式
　　水罐,101,104,212
　　洗白,80,81,89,90,93,124,127
　多重解释,164－5 心理学解释,153

T

Thonga 松嘎人 52

Tonga 汤卡人 17,176,180
Transvesticism 易装 20,119,154. 另见祈颂姑,假新郎
Trobriand Islanders 特洛布里安岛人 15,119,161
Tswana 茨瓦纳人 53
Tumbuka-Kamanga 坦姆布卡-卡曼加人 177,180,185

U

Uninitiated 未受成人礼的人
 特点,79,88,120,130
 考验,107

V

Values 价值观
 列表,142-5
 比较研究,117
 经济,21,47
 政治,21,47,48
 社会,47-8,140,152-3
Vandau 宛塔乌人 60
Van Gennep 范热内普 20,21,121,162
VanWarmelo 范沃梅罗 70
Venda 宛达人 52,53,60,70
Village 村落
 接受女婿,43-7,150,158
 创建,27,378,40,48-9,144-5,151
 组成变化,39,42-3,144
 区别于丛林,27,151
 地点转移,27,38,39
 礼仪 32,133,141,144-5

另见婚姻,政治组织,头人

W

War 战争
 本巴人的态度,47,158
 酋长的控制力,37
 服役的权力,40
 象征,66,124
Wife 妻子
 责任,45,70-1,79-80,83,86,87,91,101-6,126,128-9,140,144-5,150,164
 长妻,32,36,40,49,103,141,145
 另见教育,婚姻,做母亲,性
Wiko 维克人 160
Wilson,G. and M. 威尔森夫妇 28
Winamwanga 温南宛卡人 177,180
Wiwa 维佤人 177,180
Women 女人
 对女酋长的态度,48
 本巴,比较其他部落,49
 再婚自由,34,49
 对他人丈夫的敌意,20,154,159-60
 角色,20,47-51,142,148
 社会群体,131,144,149,159
 另见农业,诞生,祈颂姑,食物,做母亲,性,妻子

Y

Yao 亚奥人 17,134,149,158,170,177-8,181-2,183-6

Z

Zulu 祖鲁人 119,154,177

《祈颂姑》读后感

周　星

　　2015年4月,我带着自己的一个课题,"东亚的成人:中日成人礼的比较民俗学研究",来到张举文教授所在的美国崴涞大学东亚学系做一年访学。张举文教授是一位民俗学家,更是仪式研究的专家,由他翻译的法国学者阿诺尔德·范热内普的《过渡礼仪》(商务印书馆,2010),不用说是中国人类学者和民俗学者的必读。他对范热内普"过渡礼仪"理论中"边缘仪式"的"再发现",可以说纠正了英译本和日译本的重大疏漏。我在研究中国和日本的成人礼俗时遇到很多仪式理论方面的困扰,故想就近向张教授请教。

　　访学期间,张教授开始了新的翻译计划,他希望把英国社会人类学者奥德丽·理查兹于1956年出版的人类学名著《祈颂姑:赞比亚本巴女孩的一次成人礼仪》翻译成中文,介绍给中国读者。于是,我有幸成为这部译著的第一位中国读者,张教授每翻译完成一章,就打印出来,让我先睹为快;然后,我们再一起讨论。这样的学习经验,使我受益良多,对于我自己的课题也有很多启示和参考。

　　包括我自己在内,中国人类学者和民俗学者中了解奥德丽·理查兹这位女性社会人类学家及其学术成就的人不多。费孝通先生翻译的英国人类学家弗思在1938年出版的《人文类型》(商务印书馆,1944)一书,曾经提到过理查兹对赞比亚本巴人的家庭所做的田野研究。在理查兹的很多学术兴趣中,"入会礼仪"(initiation)曾经占据着重要的位置,《祈颂姑》可以说正是她这方面最重要的成果。我自己以前只是在别的人类学著述中间接地知道非洲有一种叫作"祈颂姑"(又译"契松古"、"齐松古",希望以后能够统一为"祈颂姑")的女孩成人礼。关于理查兹其人其学,还有《祈颂姑》的学术价值等,张举文教授在他的译序里已经做了全面的介绍和研究,值此译著出版之际,我想就以他的译序为依托,写下自己的一点读后感,一是向张教授表示感谢和敬意,二是也想和读者有一些交流。

首先,《祈颂姑》提供了一个特别珍贵的有关母系社会中女孩成人礼的详尽案例。文化人类学和民俗学关于成人礼有很多文献的积累,但大多是以父系或父权社会中男孩的成人礼为主流,以至于成人礼有时候干脆就被直接称为"成丁礼"。虽然在一些父系社会里也有女孩成人礼的文化,如日本的"成女式"和中国的"笄礼",但它们分别与其社会中的男孩成人礼——如日本的"成人式"和中国的"冠礼"——相比较,在仪式的规模、繁简及重要性等各个方面,均难以相提并论。还有一些母系社会,如中国的摩梭人,其女孩的成人礼(穿裙子礼)虽然在其社会中的重要性不言而喻,但详尽、完整和深入的民族志记录却很少见到。"物以稀为贵",《祈颂姑》的价值自然也就不言而喻了。后来由女性人类学家夏洛特·弗里斯比(Charlotte Johnson Frisbie)对北美印第安人的纳瓦霍(Navajo)部落中女孩成人礼的持续追踪性研究,可以说是延续了理查兹开创的这一学术传统。

理查兹在该书中提到"祈颂姑"仪式在本巴社会中,和其他仪式——诸如以酋长为中心的仪式、以经济目的为中心的仪式等的关系,明确地指出了它作为旨在维系(母系)部落传统之礼仪的重要性。因此,读者透过这本民族志报告,可以洞悉一个母系社会是如何通过此种仪式来为女性赋予地位、力量和价值的,以及又是如何通过它来为其母系社会的延续提供代际原理的。我感觉,以母系社会的"祈颂姑"仪式为参照,来思考一下以父系乃至于父权为特征的中国古代宗法社会或不少地方的宗族社会里的"冠礼"或"成丁礼",将它们做一番比较,或许会挺有意思。

其次,毫无疑问,《祈颂姑》还可被理解为是一部经典的女性人类学著作。张举文教授在译序里已经非常明确地揭示了长期以来在人类学界事实上存在的性别偏见,我觉得,这种偏见不只是对寥若晨星的女性人类学家而言,不公正地影响到了她们的人类学职业生涯,以及对她们学术成就的有意无意的轻视;实际上,偏见还影响到人类学长期以来对于人类社会和文化的解释,以及不少理论方面的建构,诸如社会结构、仪式行为、亲属制度与两性关系,等等,在涉及这些课题领域时,人类学所形成的认知,主要是由男性人类学家针对以男性为主导的社会或文化,大多是在调查对象社区里男性主导的相关事务的基础之上形成的。正是在这层意义上,作为由一位女性人类学家对一个母系社会的女孩成人礼所做的全面记录,《祈颂姑》之为女性人类学的经典实在是当之无愧。诚如后人(拉封丹)所指出的那样,这是从"女性角度"出发对于女性的研究,迄今为止尚没有人能够超越它当时已经达到的高度。

客观地说,类似"祈颂姑"这类仪式通常是绝对不会对外来男性(例如,人类学家)开放的,所以,只有理查兹作为女性人类学家的性别身份,才使得她能够得到这样的机遇。理查兹本人也意识到她的这一身份,认为在类似《祈颂姑》的田野调查中,女性身份有助于调查对象的社区居民降低对外来他者的敌意。我记得1995年在北京大学举办文化人类学高级研讨班期间,日本的女性人类学家中根千枝在接受访谈时,也曾表达过类似的感言。但正如理查兹自己也承认的那样,她对调查对象的社群里男人们是如何看待"祈颂姑"仪式的,其实也只是间接有那么一点了解而已,似乎她也意识到自己性别角色的局限。

理查兹曾对后世的女性人类学产生过重要的影响。在理查兹那个时代,她曾困扰于非洲那些母系社会里的女性是如何维系自己的地位的,因为她发现在母系(部落)社会内部,一般总是会在其母系世袭继嗣的原理和男性(入赘的丈夫和妻子的兄弟)咄咄逼人的竞争支配性权力的尝试之间现实地存在着紧张关系。这些困扰来自非洲殖民地的社会现实,同在1956年,理查兹主编的《东非酋长》得以出版,这是一部政治人类学的文集,反映了编者对非洲诸族群的基层社会形态,包括母系社会的浓厚兴趣。理查兹的思路是将女孩成人礼与母系制乃至于酋长制联系起来,因此,她对于女孩成人礼的研究,其实也是为了揭示本巴这一母系社会里女性的权力和权威得以形成的机制。由此,也就可以把《祈颂姑》视为理查兹试图通过揭示与女性成人礼相关的社会及文化机制去解答上述困惑的努力。1972年,美国亚利桑那大学人类学教授施莱格尔(Alice Schelegel)出版了《男人支配与女人自主:母系社会的家庭权威》(*Male Dominance and Female Autonomy: Domestic Authority in Matrilineal Societies*, Human Relations Area Files)

一书,试图在跨文化民族志资料的基础之上,继续探索与母系社会相关的上述问题。施莱格尔的研究反倒证明母系社会里女性的地位并没有一般所想象的那么高,除非"随妻居"和母系世系群的同时健在,否则,她们就总会面临来自丈夫和自己兄弟权力欲的控制。奥德丽·理查兹的研究似乎告诉我们:母系社会里女性的崇高地位和父系社会里女性的悲惨遭遇,很有可能不过是女权主义运动的"言说"所促成的刻板印象,未必经得起认真的学术研究的检验。

第三,《祈颂姑》是异文化理解的民族志范本,也是反思民族志的先驱性著作。理查兹作为英国社会人类学家马林诺夫斯基的弟子,她的这部民族志报告可以说是较为严格地遵循了导师所要求的原则,亦即基于深入的"参与观察",在整体论的关照之下,特别重视仪式细节,对当地人的观点和解释予以明确关注,试图理解当地人的世界图景,以及把握当地人的主位解释和其日常生活之间的关系,自然,还有系统性地全面搜集和整理资料,等等。《祈颂姑》正是在如此颇为标准的田野工作的基础之上完成的。理查兹的田野调查是一个人类学家从事异文化研究的典型场景,她尽最大努力要去理解她所观察到的人和事,以及仪式、行为、象征,等等,对这一点,读者可以从《祈颂姑》中很多描述场景获得清晰的印象。诚如译序里提到的那样,理查兹是在缺乏现代记录手段,没有任何助手帮助的条件下,尽了最大努力绵密地记录了这个冗长的仪式,并且尽可能地做到了客观和公允。

理查兹的严谨态度和冷静的自我反思,也使《祈颂姑》成为差不多在30年以后,由美国人类学家詹姆斯·克利福德及乔治·E. 马库斯等人的《写文化:民族志的诗学和政治学》(高丙中等译,商务印书馆,2006)所推动的反思民族志写作之潮流的先驱。理查兹清醒地意识到作为调查者,自己的"在场"及其影响。她在这部民族志著述中,非常明确地区分了"描述"和"解释",并且将"当地人的说法"、"表演者的说法"和"观察者的看法"也做了明确区分;她明确提到这个仪式是因为她而举行的;她明确记录了当地人针对调查者的"我"而给出的一些特别的解说;调查者的"我"面临的各种困扰,包括疲惫不堪,没有把彻夜举行的仪式观察到最后;她坦诚地表白自己对仪式某些环节的不解、推测,以及不确定的认识等;甚至还记录了自己对仪式的干预或建议,以及在自己的建议被拒绝之后的感想;还有理查兹自己也承认,没有对"祈颂姑"的仪式当事人(受礼人)作专门的访谈;等等。当然,沿着这个思路,读者还可以举出这部民族志作品的更多缺陷或不足,但我们与其对 80 年前的田野调查记录吹毛求疵,不如向她当年已经有的那些不乏深刻的田野反思表示敬意。

除了前述她对自己的女性身份的自觉,她还对自己作为殖民地宗主国人士之身份的觉悟。理查兹对殖民主义给当地社会和文化带来的尤其是负面的影响颇有认识,对当地女性生活中的各种问题充满同情。应该说,这些反思和自觉在她所处的那个时代确实难能可贵。因此,我们说《祈颂姑》既是一本田野民族志的范本,同时也是反思民族志的先驱性著作。

第四,理查兹的《祈颂姑》是一项专题性的个案研究,但她并没有放弃作为人类学家通过田野工作所展开的理论思考。她的这部民族志著作对于人类学的理论与方法,尤其是对于人类学的仪式研究等方面的理论贡献,张举文教授已经在译序中有了很好的归纳,就我个人的读后感而言,她的理论思考并不是追求标新立异,也不是为了人类学的理论建树而执意动用田野的素材,相反,理查兹始终面对她的田野事实,尝试使用各种相关学科、学派的理论观点而不拘一格,不为某种特定的理论所拘束。

人类学史上相继兴起的一些理论或学派,在我看来,往往是"走极端",常是针对前朝理论的逆反,为了建构新的学说,对那些和自己的理论不怎么合拍的田野事实和现象,或熟视无睹,或轻描淡写,装作没看见,不感兴趣,而对和自己的理论观点较吻合的事实与现象则大写特写。比起理解当地人们的生活,理解他们的社会及文化来,很多人是把在一个地方从事田野工作的目的看作为了给某种理论提供新的证据。这种情形在中国人类学界也较为明显,部分人类学专业的青年学生了解一点人类学的理论观点,就拼命在自己的田野中寻找证据,并以能为那些理论观点增添一点中国"经验"或"材料"而感到自己很"高大上"。

学术史上还有一些人类学家主要是为了给本国公众写作,满足国内公众的趣味而去搜罗异域他乡的田野资料,严格地说,虽然这也没有多大的不妥,但却有可能影响到在田野的现场对所观察的事象任意取舍,甚或影响到田野工作的方式和方向。这方面的例子,以美国人类学家玛格丽特·米德对萨摩亚人成年过程的研究中出现的失误较为典型。米德对萨摩亚人的生活与文化做了浪漫的误读,她只关注自己希望看到的,并且是和美国人经验的青春期紧张感完全不同的部分,最后写成的人类学著作《萨摩亚人的成年——为西方文明所作的原始人类的青年心理研究》(周晓虹等译,商务印书馆,2008),虽然一时获得了巨大的成功,为她赢得了很多荣誉,但纸毕竟包不住火,她田野调查的疏忽和失误,在若干年后得到了另一位澳大利亚人类学家德里克·弗里曼的彻底清理。德里克·弗里曼在《玛格丽特·米德与萨摩亚——一个人类学神话的形成与破灭》(夏循祥、徐豪译,商务印书馆,2008)一书中,强烈地质疑了米德的田野调查,指出米德把萨摩亚人的青春期描述为平和、轻松、随和、没有代际冲突、没有对压抑和"性"的困扰,萨摩亚人的女孩几乎是无忧无虑、开心快乐、毫无痛苦地长大成人,而实际上,萨摩亚人的社会、文化及其青春期远非如此,萨摩亚其实是一个基于血统的等级社会,对少女童真极度崇拜,自杀率很高,侵犯行为多发,青春期的冲突也非常普遍的颇为严峻的社会。导致米德把萨摩亚社会和萨摩亚人的青春期浪漫化的失误,原因不外乎:一是她的田野工作浮皮潦草;二是她理论先行,为了和导师博厄斯一起论证"文化决定论"的理论,特意去寻找合适的田野案例;三是她强烈地意识到西方社会充满代际冲突和紧张感的青春期,正如她专著的副标题所体现的那样,她是为了西方文明而进行的这项对"原始人类的青年心理研究",将"西方文明"和"原始社会"相对置这种二元论的逻辑,引导她要去找寻和描述一个和西方社会的青春期完全不同的案例。

  我觉得,上述为了理论找寻证据的人类学田野作业,并没有把理解当地人的生活作为目的,相比之下,读者可以从《祈颂姑》的字里行间感受到理查兹要去理解田野对象社群人们的生活及其"祈颂姑"仪式各个环节的努力。理查兹很清楚地了解她所处那个时代所有尖端或新锐时髦的理论,但她面对的田野事实和现象,却没有任何一个理论能够提供完整的解释,事实上,阅读《祈颂姑》里对仪式细节的描述,我也不认为现在的人类学理论中能有哪一种能够提供全覆盖的说明。所以,我们看到理查兹在面对她的田野事实和现象时所做的各种理论性的尝试,她谨慎而又朴实地面对那些问题。

曾穷石先生的论文"理查兹与《东非酋长》的政治历程"一文（原载《西北民族研究》2008 年第 2 期），曾提到理查兹对功能主义理论的批评，她认为功能主义无法解释部落社会的变化，过于强调平衡、静态地理解文化等，认为她在方法上是"灵活地游走于当时最重要的两个理论——功能主义和结构主义——之间"。其实，可能还不止，例如，我们在《祈颂姑》里，可以发现理查兹还关注到心理分析的方法，以及尝试运用象征分析的方法，因为她相信"任何努力要阐释一个复杂仪式的人类学家必须运用多种不同的方法"。

现代人类学对于民族志的反思，确实堪称一场革命。它揭示了人类学家们长期以来貌似客观的民族志写作，事实上受到了各种主观的认知、权力、意识形态甚或利益的影响。于是，很多人类学家不再追求民族志的客观准则，而是满足于第一人称的"我"在田野中的见闻和感想；人类学本身也因此从曾经的"文化科学"而演变成为解释的、文化批评的学术。在我看来，此种解构民族志的思潮固然有思想解放的重大意义，但也有走火入魔的危险。我的观点可能有些保守，我是觉得，无论是文化的科学，还是阐释或文化批评的学问，总是要有一定基础的田野作为依托，如果人类学家任由主观感受影响其田野工作和民族志写作，那么，米德曾经的失误几乎也就难以避免，人类学也将慢慢地不再是人类学。无论人类学家如何表述他或她的田野经验，田野都在那里，如果人类学家放弃了对其进行客观、公允和同情之理解的努力，那么，他或她也就和记者、作家、自由撰稿人没有多少区别了。因此，重要的不是仅仅指出企图绝对客观地反映田野事实和现象之不可能，而是说在尽可能客观地接近田野真相的同时，意识和觉悟到田野工作者自身的局限性，并持续不断地学习和反思。

最后，谈几点我个人阅读《祈颂姑》一书时，特别感到意味深长的地方。

理查兹在《祈颂姑》一书中，曾对本巴社会中涉及性－火－血的"危险力"彼此之间具有象征性关联的一些事象非常关注，但她认为很难对这些进行逻辑排序。的确，本巴人有很多这方面的信仰，例如，他们相信性的关系使人"热"，容易给周围带来污染和危险，而污染可以通过"火炉"传给吃了在此火炉上做的饭的孩子或其他人，所以，本巴人经常举行净化仪式。净化仪式需要夫妻互助，两人得分别用陶罐里的水浇在对方手上，并点燃新的干净的火。本巴社会常把一个没有被跳过"祈颂姑"的女孩视为是一个"没有被烧过的泥罐",因此,她便是无用的废物。这对我有较大的启发,以前在写作"汉文化中人的'生涩'、'夹生'与'成熟'"(《民俗研究》2015年第3期)一文时,曾间接引用过"祈颂姑"仪式中的一些细节。在我看来,无论"祈颂姑"的仪式多么复杂和冗长,它也和其他类似仪式一样,均有一个明确的方向性,亦即通过仪式,改变仪式当事人(受礼人)的身份(包括社会角色、地位,甚至身体、气质和心理的状态)。"祈颂姑"不厌其烦地反复通过很多仪式细节来促成这一方向,亦即让女孩在年长女性们的调教中"成长"为虽然潜在着危险却拥有生殖力的女人,其中也包括通过"火"来象征性地对女孩受礼人予以"催熟"。

第二点令我个人深感兴趣的地方是"祈颂姑"仪式的完成,也就同时赋予了女孩受礼人以一种价值,例如,当他们说谁吃了谁的"祈颂姑";或者谁诱惑了女孩,就说他偷了女孩的"祈颂姑";等等,这一类表述确实令人印象深刻。对于本巴的男人来说,谁也不想娶一个没有被跳过"祈颂姑"的女孩,因为她不知道其他女伴所知道的,所以,她就是"没有被烧过的泥罐",没有价值或干脆就不是一个女人。"祈颂姑"仪式使本巴的女性获得了一种叫作"祈颂姑"的价值,理查兹认为,亦即赋予她们获得成为成熟女人的秘密知识的途径,这对于她们在本巴社会中作为成功的女人至关重要。经由仪式的调教而获得的此种价值,或许就是成熟女人的"气质",但"气质"一词似乎又缺少了性的含义。

第三点,在"祈颂姑"仪式中出现了大量的"圣物",这些象征性的器皿在仪式中被随机性(或许在她们的社会里并非随机,而是有一些说道)地赋予了很多意义,例如,由年长的司仪(姑姑)传给受礼人、用来净化她自己和未来丈夫的"婚姻罐"。在这些"圣物"中,既有一些由生活常用器物转用而来,仪式之后又能回归日常的情形,也有专为仪式制作,等它们的使命结束之后便立刻被损毁的情形。理查兹对于这些"圣物"颇为关注,事实上,她还关注到仪式象征的许多方面,如果说这在一定意义上还使她得以成为后来象征人类学的先驱,似乎也不算过分。我感兴趣的是,这些器物在平时的日常生活和在仪式中的意义究竟有何不同?在仪式上被附加了某些意义的"圣物",会不会在日常生活中成为提醒女人们必须牢记某些规矩的提示？赋予这些仪式"圣物"以意义的机制究竟是怎么回事？对于这些问题,《祈颂姑》的民族志文本并没有给出明确的答案,但却勾起了我对于这些"圣物"难以抑制的好奇心,因为它们实在是难以被"物质文化"这样的概念所涵括啊。

2015 年 9 月 17 日
写毕于美国俄勒冈州首府西宁(Salem)的寓所

译 后 记

就在刚写完这篇译后记时,我看到了一份新闻报道。(感触颇深,且将这段话作为引子吧。)英国广播公司(BBC)在媒体播报了《赞比亚乡村里的"酸河"》[①],提到在赞比亚铜矿地带的喀辅埃河(Kafue)受到严重酸污染,附近村民找不到无污染的水,导致当地的村落起诉引起污染的一个国际铜矿公司。而此前(2011年),赞比亚最高法院曾判该公司向当地居民补偿2006年发生过的一次化学污染,但最终受害人得到的补偿极少。本书所关注的本巴人就生活在这个地区。19世纪末,欧洲人开始在这里开矿,以一种"非文化"的方式严重影响了当地的文化传统的传承。如理查兹所记述,本巴男人那时就因为去矿上打工而直接改变了本巴的仪式生活。这么多年来,当地民众与文化依然受到各种侵害。本巴文化会如何持续下去?受过伤害的文化会得到治愈吗?现代化进程中人类个体或整体付出的代价有多少?这是人类现代化本身的问题还是其他问题?当一个群体为了自己的利益去打破另一个群体的生活传统时,人类得到了什么,失去了什么?殖民时代结束后的殖民后遗症还会持续多久?

翻译本书的直接原因有二:一是2014年夏在北京与高丙中教授见面时谈到他主编的"汉译人类学名著丛书"(商务印书馆,包含拙译《过渡礼仪》,2010),彼此都感到有必要继续寻找合适的著作介绍给国内的同人;二是在该年末受周星教授之邀到日本爱知大学给他的一个博士班上课,题目是"仪式研究",但所谈及的话题主要是关于"过渡"与"成人"的问题。2015年初

[①] 'Rivers of Acid' in Zambian Villages, http://www.bbc.com/news/world-africa-34173746,8 Sept. 2015.

春,我有幸接待周星教授到美国访学,在品茶与散步时谈到的总是离不开"成人仪式"、"过渡礼仪",以及"日常生活"等话题。于是,翻译《祈颂姑》的念头愈发清晰,并在他们二位的鼓励与支持下,我一鼓作气将本书翻译出来。

翻译本书的过程充满了精神上的愉悦。其中之乐趣与收获,恐怕唯有得知音者方可赏味。这个知音便是周星教授。每当我译出一部分,他便字斟句酌地研读修改。其认真与睿智,岂可以"谢"来表!期间,我们天南海北神聊,但又始终围绕"成人"与"仪式"之核心。如此两月有余,我完成了译文和译序;周星教授完成了"东亚成人礼的比较民俗学研究"初稿。同时,借周星教授的想法,筹划了秋天在我所工作的威涞大学召开的有关"东亚成人的意义"的一个小型研讨会(特别邀请的来自国内的学者有高丙中、萧放、王杰文等教授,黄涛教授因故未能成行。他们也对本译稿提出了有益的建议,在此致谢)。上述两部草稿,特别是后者,为研讨会构建了理论平台,也为国内有关"成人"的研究铺垫了一些理论思想。特别值得提到的是,周星教授的"读后感"不仅是对《祈颂姑》译著的必要补充,也是对这个课题的概括,而更重要的是它帮助读者从学科史的高度理解人类学在其发展中对成人仪式以及相关问题的研究,尤其点出了国内同人需要注意的问题。

对于此译本的出版,我要特别感谢周星教授与高丙中教授。我也要感谢编辑李霞一如既往的认真与辛勤。当然,我还要感激我的夫人和孩子,没有她们多方面的支持我不可能完成此项目。还要感谢威涞大学亚洲中心(Center for Asian Studies, Willamette University)对本书的翻译与研讨会的举行所给予的科研资助。Lina Truong 和 Sam Chalekian 帮助整理了译本中的书目和插图,在此也一并致谢。

尽管有诸位学者帮助,但译文难免有错,那就当属本人之拙误,待有机会再版时更正。

藉此译后记,就有关翻译方面的几个问题做些说明。

一、有关文化背景的几个关键词

本巴人的粥:赞比亚地区的主要食物是以玉米面为主的粥,有不同的名称。早饭的粥比较稀,午饭和晚饭的粥比较稠,通常加入一些土豆泥。粥是主食。副食通常是一些根茎类的菜或是果类菜如番茄,还可能有些肉或干鱼。现在这种食物被视作传统烹饪,成为一种旅游项目。

本巴人的啤酒:现代的非洲普遍存在两种啤酒:一种是欧洲式的,如在世界各地看见的那种经过发酵和过滤的清啤酒;一种是传统的未经过滤的。在非洲各国于1960年代独立前,当地人都是制作和饮用传统的啤酒。在赞比亚地区,如同南部非洲其他地区,传统啤酒的制作主要是妇女的工作。主要原料是玉米、高粱或其他谷类。如《祈颂姑》书中所述,本巴地区主要使用糁米,或多种谷物混合。将米煮后加些发酵引子搅拌即可。刚酿制的一般比较稠,像粥,味酸,随着时间而逐渐发酵。新鲜啤酒没有经过一段时间的酒精度高。目前在南部非洲地区这种传统啤酒仍是当地人最喜欢的酒类饮品。

本巴女孩的成人礼:本巴人的社会制度是母系。本巴的女孩成人礼一般是在女孩13—14岁的时候举行,且大多是在女孩订婚之后。值得注意的是,本巴女孩的成人礼不涉及身体的切割;本巴的男孩没有特别的成人礼。这不同于非洲很多其他地区。

二、有关仪式研究的几个关键词的翻译

Initiation 一词的本义是"吸纳某人加入某群体或组织"或"开始某活动"。因为通常这样的活动都是以仪式方式进行,所以,"initiation rites"或"rites of initiation"通常特指(中文意义上的):"成人礼仪"、"入会礼仪"或"加入礼仪"、"接纳礼仪",需要根据具体语境来确定该词的特指意义。根据本书的内容,initiation 被译为"成人礼仪"、"成人仪式"或"成人礼"。(另见,《过渡礼仪》的翻译)。

Interpretation 在本译文中被译为"阐释",对应于"解释(explanation)"。这似乎也是作者理查兹要强调的两个概念的不同。但是,作者在最后部分有几次混用了两个词,译文则随英文用法保留不变。

Rite,ritual 和 ceremony 几个词在英文中常被交叉使用。在《祈颂姑》中,作者也多次用这三个词指"祈颂姑",或是整个仪式或是其中的某部分。有时 ceremonial 一词也被用来指某个礼仪。为此,中文翻译为了表达原意,且避免中文语义混淆,一般用"仪式"翻译"ritual"和"ceremony",强调整个过程或整体性,用"礼"或"礼仪"翻译"rite",指整个大仪式中的某个组成部分,但不是完全一致,因为英文在使用这些词时有极大的随机性。(另见《过渡礼仪》(150—152 页)有关术语的翻译。)

三、有关专有名词的翻译

本译文主要依据《世界人名翻译大辞典》(新华社译名室编,1993)和《英语姓名译名手册》(第二次修订本,1989)来翻译人名和地名。有些惯用术语则依习惯译法。重要术语和人名在第一次出现时给出原文。原著中所用本巴语全部保留。

四、本书的翻译

本译文根据原著 1982 年的第二版译出。为了展现原著的历史背景,帮助读者完整了解原著、作者,以及现今的状况,中译本加入了作者为第一版写的序言和前言。(原著的第二版省略了作者第一版的序言和前言。)虽然作者的第二版序言与第一版的基本相同,但中译本也将其包括在内。为了方便读者了解理查兹的学术生涯,译序后附录了有关理查兹生平与研究评述著作,并在书后另附了理查兹的大事年谱和出版文献目录。

中译本将原著正文页码列为边码,方便检索和对照。

中译本完整保留和翻译原著中的图示、附录中的图示,以及体例。此外,中译本也附加了一些图示以便读者更好理解原著。

原书正文体例尽量保留,但有个别段落为了方便阅读,将一段分为两段。原著中的排版错误,如符号和正文小标题格式和省缺等,在中译本中补正。

译　者

2015 年冬至于美国俄勒冈州西宁市崴涞大学

Willamette University

Salem, Oregon, USA

图书在版编目(CIP)数据

祈颂姑:赞比亚本巴女孩的一次成人仪式/(英)奥德丽·理查兹著;张举文译.—北京:商务印书馆,2017
(汉译人类学名著丛书)
ISBN 978-7-100-15402-4

Ⅰ.①祈… Ⅱ.①奥…②张… Ⅲ.①成年人—礼仪—研究—赞比亚 Ⅳ.①K894.732.7

中国版本图书馆 CIP 数据核字(2017)第 244652 号

权利保留,侵权必究。

汉译人类学名著丛书

祈颂姑
——赞比亚本巴女孩的一次成人仪式
〔英〕奥德丽·理查兹 著
张举文 译

商 务 印 书 馆 出 版
(北京王府井大街36号 邮政编码100710)
商 务 印 书 馆 发 行
北京市十月印刷有限公司印刷
ISBN 978-7-100-15402-4

2017年12月第1版　　　　　开本787×960　1/16
2017年12月北京第1次印刷　印张17 插页2
定价:45.00元